高等职业教育（本科）财经商贸类专业系列教材

商务数据分析基础

主　编　康星宇　王莉红

副主编　李京京　孙　静

参　编　崔阶萱　郭少聪　雷　悦

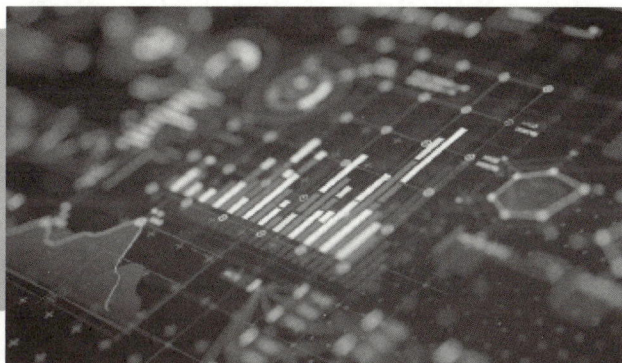

机械工业出版社
CHINA MACHINE PRESS

本书系统介绍商务数据分析涉及的基础知识、常用工具、方法、场景应用及实操过程。全书共6个模块，首先从商务数据分析认知入手，介绍数据分析的基础知识、数据分析常用的指标及数据分析模型；然后从商务数据收集、商务数据处理、商务数据分析、商务数据可视化等数据分析的流程切入，结合具体的场景进行详细讲解；最后撰写商务数据分析报告。

　　本书层次分明、重点突出、步骤清晰、通俗易懂，案例丰富且配套资源实用，既适合高等职业教育院校、中等职业教育院校、应用型本科院校及培训机构开展相关教学，也适合商务数据分析从业人员、对数据分析感兴趣的读者阅读使用。

图书在版编目（CIP）数据

商务数据分析基础 / 康星宇，王莉红主编． —北京：机械工业出版社，2023.1
（2025.8 重印）
高等职业教育（本科）财经商贸类专业系列教材
ISBN 978-7-111-71938-0

Ⅰ．①商…　Ⅱ．①康…　②王…　Ⅲ．①商业统计—统计数据—统计分析—高等职业教育—教材　Ⅳ．① F712.3

中国版本图书馆 CIP 数据核字（2022）第 204520 号

机械工业出版社（北京市百万庄大街 22 号　邮政编码 100037）
策划编辑：孔文梅　　　　　　责任编辑：孔文梅　张美杰
责任校对：潘　蕊　张　薇　　封面设计：马精明
责任印制：常天培

北京联兴盛业印刷股份有限公司印刷

2025 年 8 月第 1 版第 5 次印刷
184mm×260mm・13.5 印张・291 千字
标准书号：ISBN 978-7-111-71938-0
定价：45.00 元

电话服务　　　　　　　　　　网络服务
客服电话：010-88361066　　机 工 官 网：www.cmpbook.com
　　　　　010-88379833　　机 工 官 博：weibo.com/cmp1952
　　　　　010-68326294　　金 书 网：www.golden-book.com
封底无防伪标均为盗版　机工教育服务网：www.cmpedu.com

随着信息通信技术的日渐成熟，数据成为重要的生产因素，已经渗透到当今每一个行业和业务职能领域。面对纷繁复杂的市场变化，企业渴求通过数据来探寻自我，挖掘潜在的商机，实现盈利点的跳跃。未来企业的生产计划将由大批量按计划生产转向个性化定制生产，通过数据精准预测需求，商务数据分析贯穿在商品采购、网店运营、市场推广、客户服务、物流管理、经营决策等工作全过程。拥有海量的数据并充分利用，已经成为企业制胜的法宝。各行各业的数字化转型是大势所趋，对数据分析人才的需求大幅上升。为此，我们在借鉴了国内外商务数据分析理论的基础上，结合多年教学实践，针对商务数据分析人才的现实需要及教学的现实需求，完成了本书的编写工作。

本书秉承理论与实践相结合的理念，以提升商务数据分析技能为核心，以培养高素质技能型人才为目标，以 Excel 软件为基本工具，依据数据分析的流程，系统介绍商务数据分析中的基本问题，结构清晰、语言简洁、案例详尽、图文并茂。

全书内容从商务数据分析的作用、商务数据分析的指标、商务数据分析方法论等角度认识商务数据分析；从商务数据的收集、处理、分析、可视化与商务数据分析报告撰写等角度详解商务数据分析的步骤。每个模块由案例引入，有效地激发学生求知的欲望；中间设置适当的互动栏目，引发学生思考；每个模块后安排了实战任务、模块小结和同步习题，以加强实践教学，强化职业技能培养，巩固所学知识。

本书具有如下特点。

第一，定位精准，重点突出。本书注重学生基础理论和基本技能的培养，将理论知识与实践中的案例相结合，构成了理实一体化的教材组织结构。无论读者是文科还是理科出身，都能够通过本书掌握数据分析的基本知识和基本技能，并顺利地将其应用于商务实践之中。

第二，体例清晰，内容翔实。本书内容依据数据分析的流程展开，深入浅出，实例分析具体丰富。本书对知识的讲解注重循序渐进、逐级提高，各个模块既相互独立又有机联系、逻辑清晰。同时，本书的每个模块后都有同步习题，体现了"由简单到复杂、由单项到综合"的实践教学特色。

第三，注重应用，操作性强。本书以案例为驱动实现边操作边学习，以职业活动为导向设计框架和内容，设置了"拓展知识""想一想""案例阅读""实战任务"等栏目，实现了教学做一体化目标。此外，可通过扫描二维码的方式观看微课视频，帮助读者生动、直观地强化学习。

第四，素质培养，立德树人。本书以习近平新时代中国特色社会主义思想为指导，坚持知识传授和价值引领相统一，将爱国、敬业、诚信、友善等社会主义核心价值观与家国情怀、学思统一、开拓进取、爱岗敬业等精神融入各个模块的编排，通过"拓展知识""案例在线""实战任务"等环节开阔学生眼界、塑造学生品格，实现知识技能与文化修养的传承。

本书由河北工业职业技术大学康星宇、王莉红担任主编，李京京、孙静担任副主编，康星宇负责全书框架设计、编写大纲与编写体例拟定、全书定稿，王莉红负责全书整理和统稿工作。具体分工如下：康星宇编写模块 2 和模块 4，李京京编写模块 6，孙静编写模块 1，崔阶萱编写模块 3，郭少聪编写模块 5。瀚海睿智大数据科技有限公司总经理雷悦为本书的编写提供了翔实的案例和数据，并给予大力的技术支持。韩彩霞、戎钰等参与了教材配套资源建设。

由于编者水平有限及商务数据分析不断发展，书中难免会有疏漏与不足之处，恳请广大读者批评指正。

为方便教学，本书配备了课件、微课、数据包、习题答案等教学资源，凡使用本书的教师均可登录机械工业出版社教育服务网 www.cmpedu.com 下载。咨询可致电：010-88379375，服务 QQ：945379158。

编　者

二维码索引

目录

前言

二维码索引

模块1
商务数据分析认知

学 习 目 标

知识目标

◆ 了解商务数据分析的概念

◆ 熟悉商务数据分析过程

◆ 熟悉各类统计指标，掌握相关计算方法

◆ 掌握电子商务数据分析的指标

◆ 理解四种数据分析方法论

技能目标

◆ 能够按照数据分析过程开展相关分析工作

◆ 能够根据需求独立完成相关数据分析指标的收集和计算

引导案例

啤酒与纸尿裤

"啤酒与纸尿裤"的故事产生于20世纪90年代的美国沃尔玛超市中。沃尔玛的超市管理人员分析销售数据时发现了一个令人难以理解的现象：在某些特定的情况下，"啤酒"与"纸尿裤"这两件看上去毫无关系的商品会经常出现在同一个购物篮中。这种独特的销售现象引起了管理人员的注意，经过后续调查发现，这种现象出现在年轻的父亲身上。

美国有婴儿的家庭中，一般是母亲在家中照看婴儿，年轻的父亲前去超市购买纸尿裤。父亲在购买纸尿裤的同时，往往会顺便为自己购买啤酒，这样就会出现啤酒与纸尿裤这两件看上去不相干的商品经常出现在同一个购物篮中的现象。如果这个年轻的父亲在卖场只能买到两件商品之一，则他很有可能会放弃购物而到另一家商店，直到可以同时买到啤酒与纸尿裤为止。沃尔玛发现了这一独特的现象，开始在卖场尝试将啤酒与纸尿裤摆放在相同的区域，让年轻的父亲可以同时找到这两件商品，并很快地完成购物；而沃尔玛超市也可以让这些客户一次购买两件商品，而不是一件，从而获得了很好的商品销售收入，这就是"啤酒与纸尿裤"故事的由来。

当然，"啤酒与纸尿裤"的故事必须具有技术方面的支持。1993年，美国学者艾格拉沃（Agrawal）提出通过分析购物篮中的商品集合，从而找出商品之间关联关系的关联算法，并根据商品之间的关系，找出客户的购买行为。艾格拉沃从数学及计算机算法角度提出了商品关联关系的计算方法——Apriori算法。沃尔玛从20个世纪90年代开始尝试将Apriori算法引入POS机数据分析中，并获得了成功，于是产生了"啤酒与纸尿裤"的故事。

【引入问题】

1. 通过"啤酒与纸尿裤"的故事你看到了什么？
2. 你认为这对企业有什么启示作用？

认识数据分析

1.1 商务数据分析基础知识

最早提出"大数据"时代到来的是全球知名咨询公司麦肯锡，麦肯锡称："数据，已经渗透到当今每一个行业和业务职能领域，成为重要的生产因素。人们对于海量数据的挖掘和运用，预示着新一波生产率增长和消费者盈余浪潮的到来。"随着云时代的来临，大数据吸引了越来越多的关注，它逐渐成为我们生活、工作的重要组成部分。随着企业对大数据价值的认知程度不断提升，从数据中发现问题，不断优化、提升用户体验，为用户创造更多的价值，已成为企业发展的优先选项。数据分析正成为企业的日常运营工作，它使企业能够跟随瞬息万变的潮流而不断更新，使企业占据有竞争力的优势。

1.1.1 商务数据分析的含义

数据分析的数学基础在 20 世纪早期就已确立，但直到计算机出现，才使得实际操作成为可能，并使得数据分析得以推广。数据分析（Data Analysis）是指用适当的统计方法对收集来的大量第一手资料和第二手资料进行分析，以求最大化地开发数据资料的功能，发挥数据的作用。它是为了提取有用信息和形成结论而对数据加以详细研究和概括总结的过程。

数据也称观测值，是实验、测量、观察、调查等的结果，常以数量的形式给出。数据分析的目的是把隐藏在一大批看似杂乱无章的数据背后的信息集中和提炼出来，总结出所研究对象的内在规律。在实际工作中，数据分析能够帮助管理者进行判断和决策，以便采取适当策略与行动。例如，企业的高层希望通过市场分析和研究，把握当前产品的市场动向，从而制订合理的产品研发和销售计划，这就必须依赖数据分析才能完成。

商务数据分析是运用分析工具研究商业数据信息，搭建数据分析与商业管理的桥梁，指导商业决策的一门新兴学科。通过对相关数据的有效统计、分析和使用，形成预测模型，促进客户、商业伙伴之间的沟通及技术优化应用，通常需要计算机软件的支持。

数据分析按其目的和功能可分为描述性数据分析、探索性数据分析和验证性数据分析。

1. 描述性数据分析

描述性数据分析属于初级数据分析，常见的分析方法有对比分析法、平均分析法、交叉分析法等。它主要是对相关数据做统计性描述，主要包括数据的频数分析、集中趋势分析、离散程度分析、数据的分布及一些基本的统计图形。描述性数据分析是寻求对"谁""什么事情""什么时候""什么地点"这样一些问题的回答。它可以描述不同消费者群体在需要、态度、行为等方面的差异。描述的结果，尽管不能对"为什么"给出回答，但也可用作解决营销问题所需的全部信息。比如，某店铺71%的顾客是18～50岁之间的女性群体，这种描述性数据为店铺提供了重要的决策信息，使店铺以女性为主开展促销活动。

2. 探索性数据分析

探索性数据分析属于高级数据分析，常见的分析方法有相关分析、因子分析、回归分析等。其中，探索性数据分析侧重于在数据之中发现新的特征，它是一种更加贴合实际情况的分析方法，它强调让数据自身"说话"，通过探索性数据分析我们可以最真实、直接地观察到数据的结构及特征。比如，某公司的市场份额去年下降了，公司无法——查知原因，就可用探索性数据分析来发掘问题，是经济衰退的影响，还是广告支出的减少，抑或是消费者的习惯改变了等原因。

3. 验证性数据分析

验证性数据分析同样属于高级数据分析，它侧重于检验已有假设的真伪证明。例如，借助它我们可以通过分析顾客的购买频率、主观评估、消费比例来验证顾客忠诚度。验证性数据分析往往通过结构方程建模来测试。在实际科研中，验证性因子分析的过程也就是测度模型的检验过程。

1.1.2 商务数据分析的作用

无论是互联网企业，还是传统型企业，都需要数据分析。在数据分析行业发展成熟的国家，90%的市场决策和经营决策都是通过数据分析研究确定的，数据分析正逐渐成为科学研究、企业经营、政府决策等过程着重考虑的问题。例如，公司需要决定一些方向或者推出某种新型产品，就需要数据分析来将一些凌乱的数据进行整合汇总，从而判断出具体的方向。因此，在企业的经营分析中，商务数据分析共有三大作用。

1. 现状分析

简单来说，就是告诉你过去发生了什么。具体体现在：

第一，告诉你企业现阶段的整体运营情况，通过各个经营指标的完成情况来衡量企业的运营状态，以说明企业整体运营是好了还是坏了，好的程度如何，坏的程度又到哪里。

第二，告诉你企业各项业务的构成，让你了解企业各项业务的发展及变动情况，对企业运营状况有更深入的了解。

现状分析一般通过日常通报来完成，如日报、周报、月报等形式。

2. 原因分析

简单来说，就是告诉你某一现状为什么发生。

经过第一阶段的现状分析，我们对企业的运营情况有了一个基本的了解，但是不知道运营情况具体好在哪里，差在哪里，是什么原因引起的。这时候我们就需要开展原因分析，以进一步确定业务变动的具体原因。

例如，2022 年 2 月运营收入环比下降 5%，是什么原因导致的呢？是各项业务收入都出现下降，还是个别业务收入下降引起的？是各个地区业务收入都出现下降，还是个别地区业务收入下降引起的？这就需要我们开展原因分析，进一步确定收入下降的具体原因，对运营策略做出调整与优化。

原因分析一般通过专题分析来完成，根据企业运营情况选择针对某一现状进行原因分析。

3. 预测分析

简单来说，就是告诉你将来会发生什么。

在了解企业运营现状后，有时候还需要对企业未来发展趋势做出预测，为制定企业运营目标及策略提供有效的参考与决策依据，以保证企业的可持续健康发展。

预测分析一般通过专题分析来完成，通常在制订企业季度、年度等计划时进行，其开展的频率没有现状分析及原因分析高。

数据分析的三种作用，总结来看，可以分析过去、现在和未来。掌握过去企业整体运营情况，分析企业现在所存在的隐患，预测公司未来的发展趋势。

1.1.3 商务数据分析的过程

数据在我们现如今的工作学习中发挥着越来越重要的作用，被越来越多的人认识和了解，这就需要我们掌握数据分析的过程。商务数据分析的过程可划分为六个步骤：数据规划、数据收集、数据处理、数据分析、数据展现、报告撰写。

1. 数据规划

要建造一栋大楼，我们首先要做的就是总体规划了，一项完整的数据分析工程，其复杂性并不亚于大楼的建造，因此数据规划就显得异常重要了。

（1）识别信息需求。这是确保数据分析过程有效性的首要条件。为了让数据分析过程更有针对性、目的性、高效性，企业应根据决策和过程控制的需求，提出对信息的当前阶段和长远的需求。只有需求明确，数据分析才不会偏离方向，否则得出的数据分析结果没有指导意义。

（2）确定分析对象。明确了需求之后，就要确定分析对象，这主要是为了解决向谁收集以及收集哪些指标的问题。指标是用来衡量具体运营效果的内容定位，比如浏览量、销售额、转化率等。指标的选择源于具体的业务需求，类似于杜邦分析法，首先要找到分析的核心关键指标，然后在找到核心关键指标的基础上，将其与关键事件或行为结合，逐级分解为多项指标的乘积，以此来分析企业的经营绩效。在具体选择分析指标时应遵循的原则是记录那些可能对指标产生影响的维度。

2. 数据收集

数据规划为我们清晰地指引了方向，接下来就是按照确定的数据分析框架，收集相关数据的过程。按照收集到的数据资料性质分，有一手数据资料与二手数据资料。一手数据资料主要是指自己直接收集整理所获得的资料。我们常用的方法有：问卷调查法、用户访谈法、观察法、用户行为数据分析等。而二手数据资料主要是借用他人的经验或者成果加工整理后得到的数据。这里我们可以借助文献资料、相关网站、各类研究报告或数据库等。

3. 数据处理

数据处理是指对收集到的数据进行加工处理，从而在大量的、杂乱无章的、难以理解的数据中，提取并推导出对解决问题有价值、有意义的数据。一般的数据都需要进行一定的处理才能用于后续的数据分析工作，这是鉴于数据本身不能保证百分之百准确，那么即使采用最先进的数据分析方法，得到的结果也可能不具备任何参考价值，甚至还会误导企业决策。为此，数据收集后就需要进行加工处理，这主要包括数据清洗、数据转换、数据提取和数据计算等处理方法。

4. 数据分析

数据分析是指使用适当的数据分析方法和工具，对处理过的数据进行分析，提取有价值的信息，形成有效结论的过程。一般的数据分析可以通过 Excel 完成，而高级的数据分析就要采用专业的分析软件进行，如数据分析工具 SPSS、SAS、Python、R 语言等。

5. 数据展现

通过数据分析，隐藏在数据内部的关系和规律就会逐渐浮现出来，由于图、表能更加有效、直观地传递出数据间的关系与规律，因此我们常用表格和图形等方式展现出来。常见的数据图表包括饼图、柱形图、条形图、折线图、散点图和雷达图等，也可对这些图表进一步加工整理，变为我们需要的图形，金字塔图、矩阵图、漏斗图、帕累托图等。

6. 报告撰写

数据分析报告是对整个数据分析过程的一个总结和呈现。通过报告把数据分析的起因、经过、结果和建议完整地表现出来，供决策者参考。一份优秀的分析报告，能透过现象看本质，能使企业更加深入而系统地了解自身情况、用户需求，掌握市场规律，分析企业经营中遇到的问题，从而科学地制定决策。为此，我们在撰写报告时需要做到以下两点。

首先，层次清晰、图文并茂。结构清晰、主次分明可以使阅读对象正确理解报告内容；图文并茂，可以令数据更加生动、易于理解，有助于读者更形象、直观地看清楚问题和结论，从而产生思考。

其次，要有明确的结论和建议。结论的提出应简洁而明晰，建议应针对结论而提出具体措施、方案或行动步骤。没有明确结论的分析称不上分析，而决策者不仅仅是要找出问题，更重要的是得到建议或解决方案，以便他们在决策时参考。

1.2　商务数据分析的指标

一定程度上，数据能揭示出产品用户的行为和习惯，通过这些关键数据也能帮助和改进产品设计方案。同时，站在公司或产品经理的角度，他们会关注一些关键数据指标，如转化率、留存率等。为此，了解和掌握数据分析的指标就显得异常重要了。

1.2.1　统计指标

统计指标，又称为指标，是指对获得的资料进行加工、整理后得到的大量综合反映客观现象总体数量特征的概念和数值，一个完整的统计指标包括指标名称和指标数值两个部分。它反映现象在具体的时间、地点和条件下的综合数量表现。根据作用、表现形式的不同，统计指标可以分为总量指标、相对指标和平均指标。

1. 总量指标

总量指标是反映社会经济现象在一定时间、地点、条件下的总规模和总水平的统计指标。总量指标通常以绝对数的形式表现，故又称绝对数或者绝对指标。它可以反映一个国家、地区、部门或者单位的基本情况，是人们认识社会经济现象，获得总体认识的客观依据和起点。

【拓展知识】

根据中国互联网络信息中心（CNNIC）发布的第49次《中国互联网络发展状况统计报告》，我国数字产业化进程加速，产业规模持续扩大。截至2021年12月，三家基础电信企业的移动电话用户总数达16.43亿，全年增加4 875万户，其中，5G手机终端连接数达3.55亿户。2021年，我国电信业务收入累计完成1.47万亿元，同比增长8.0%；规模以上互联网和相关服务企业完成业务收入15 500亿元，同比增长21.2%；信息技术服务业完成业务收入60 312亿元，同比增长20%；软件业完成业务收入94 994亿元，同比增长17.7%；规模以上电子信息制造业实现营业收入141 285亿元，同比增长14.7%。

上面资料中的数字都表明被研究对象总体的实际情况，从中我们可以看到总量指标的数值大小与所研究的总体范围大小有关，总体范围越大，总量指标一般也越大，反之则越小。它是计算相对指标和平均指标的基础。相对指标和平均指标一般是由两个有联系的总量指标对比计算出来的，是总量指标的派生指标。

2. 相对指标

总量指标虽然可以综合反映社会经济现象的规模水平，但由于经济现象的复杂性，仅根据总量指标仍难以对客观事物做出正确的判断，相对指标就是在总量指标的基础上进行对比而产生的统计指标，它有利于反映经济现象之间的联系状况。

相对指标是社会经济现象中两个有联系的统计指标数值的对比值，它反映了现象之间的数量对比关系和联系程度，通常以相对数的形式表现，故又称相对数。相对指标的表现形式一般用无名数或复名数表示，其中无名数是一种抽象化的数值，常用倍数或系数、成数、百分数和千分数来表示；复名数是分子、分母的名数同时使用，主要用于某些强度相对指标数值的表现。

相对指标主要分为以下几种：

（1）计划完成相对指标。它是用来检查、监督计划执行情况的相对指标，通常用"%"表示，又称计划完成百分比或计划完成相对数，是实际完成数与计划任务数之比。通过计划完成相对指标可以准确地说明各项计划指标的完成程度、计划执行进度，找到计划执行中的薄弱环节，及时发现问题，提出措施，为经营管理提供依据。其计算公式为

统计指标

$$计划完成相对指标 = \frac{实际完成数}{计划任务数} \times 100\%$$

【例1-1】

1. 某企业计划 2022 年实现商品销售额 1 500 万元，实际完成 1 680 万元，则计划完成百分比为：（1 680÷1 500）×100% =112%。

2. 某企业计划 2022 年全年实现商品销售额 2 000 万元，截至 2022 年 6 月末，共实现销售额 1 200 万元，则上半年完成全年销售任务的比例为：（1 200÷2 000）×100% =60%。

（2）结构相对指标。它是总体内部各组的数值与总体数值相比计算得到的，通常用"%"表示，又称比重指标或结构相对数，反映总体内容的构成情况。通过不同时期相对数的变动，可以看出事物的变化过程及其发展趋势。其计算公式为

$$结构相对指标 = \frac{总体部分数值}{总体全部数值} \times 100\%$$

【例1-2】

截至 2021 年 6 月，我国网民规模为 10.11 亿人，其中手机网民规模为 10.07 亿人，则截至 2021 年上半年网民中使用手机上网的比例为：（10.07÷10.11）×100% =99.60%。

（3）比例相对指标。它是同一总体内不同组成部分的指标数值对比的结果，又称比例相对数，用来表明总体内部的比例关系，通常可以用百分数或比例的形式表示。其计算公式为

$$比例相对指标 = \frac{总体中某部分数值}{总体中另一部分数值} \times 100\%$$

【例1-3】

截至2021年6月，我国网民中男性达5.17亿人，女性4.93亿人，则截至2021年上半年网民中男女比例为51:49。

或网民中男女比例相对指标为：（5.17÷4.93）×100% =104.87%。

比例相对指标和结构相对指标有着密切联系，比例相对指标也是一种结构性比例，只是两者对比方法不同。在实际工作中，往往把这两者结合起来应用，既可以分析总体各部分构成比例的协调程度，也可以研究总体结构是否合理。

（4）比较相对指标。它是指同一时间同类指标在不同空间之间对比得到的相对指标，又称比较相对数，可以用百分数表示，也可以用倍数表示。用于比较的指标既可以是总量指标，也可以是相对指标或平均指标。它表明同类现象在不同条件下的数量对比关系，能反映出事物在不同地区、不同部门、不同单位间的差别程度，找出工作中的差距，从而为提高企业的经营水平提供依据。其计算公式为

$$比较相对指标 = \frac{甲某类指标数值}{乙同类指标数值} \times 100\%$$

【例1-4】

截至2020年年底，山西省网民规模达到2 439万人，互联网普及率为65.4%；河北省网民数量达5 375万人，互联网普及率为70.8%。则河北省网民数是山西省网民数的2.2倍（5 375÷2 439 =2.20）；山西省互联网普及率是河北省互联网普及率的92.37%[（65.4%÷70.8%）×100% =92.37%]。

（5）强度相对指标。它是两个性质不同，但有一定联系的总量指标对比的结果，是用来表明现象的强度、密度和普遍程度的综合指标，又称强度相对数。它与其他相对数比较是一种特殊的相对数，因为前四种相对数均为同类现象的指标对比。而强度相对数则是两个不同类现象的指标对比，一般用复名数表示，少数用百分数或千分数表示，如利润率、增长率等，说明一个国家、地区的经济实力或为社会服务的能力，或说明企业经济效益的好坏。其计算公式为

$$强度相对指标 = \frac{某一总量指标数值}{另一有联系但性质不同的总量指标数值}$$

【例1-5】

2022 年 2 月，某网店消费者支付金额为 47 218 元，访客数为 3 215 人，那么这家网店在 2 月份的 UV 价值（即平均每个进店的访客产生的价值）为：47 218 ÷ 3 215 = 14.69（元 / 人）。

（6）动态相对指标。它是同类指标在不同时期的对比，用以表明某事物在不同时期的发展变化情况，又称为发展速度或动态相对数，计算结果通常用百分数或倍数表示。其计算公式为

$$动态相对指标 = \frac{报告期水平}{基期水平} \times 100\%$$

【例1-6】

2021 年全国网上零售额 13.1 万亿元，较 2020 年的 11.8 万亿元增加了 1.30 万亿元，同比增长 11.02%。

3. 平均指标

平均指标又称平均数，是指在同质总体中将各单位某一数量标志的差异抽象化，用以反映同一时间同类现象的一般水平，或不同时间同类现象的一般水平，前者称为静态平均数，后者称为动态平均数。

$$平均指标 = \frac{总体标志总量}{总体单位数}$$

【例1-7】

某店铺 2022 年 3 月 1 日全天的顾客支付金额为 76 195.5 元，支付的买家数为 872 人，则该店铺在这一天的客单价为：76 195.5 ÷ 872 = 87.38（元 / 人）。

平均指标能很好地反映数据的集中程度，代表现象的一般水平，故有利于比较现象在不同地区之间的差异、反映现象在不同时间上的发展变化情况。常用的平均指标有算术平均数、调和平均数、几何平均数、众数、中位数等。

1.2.2　电子商务数据分析的指标

电子商务相对于传统零售业来说，最大的特点就是一切都可以通过数据来监控和改

进。当用户在电子商务网站上有了购买行为之后，其交易信息就被保存在企业自己的数据库里面，企业通过数据库中的数据可以看到用户从哪里来、买了些什么、买了多少、花了多少钱等信息。根据这些数据，我们可以估计每位客户的价值，及针对每位客户进行扩展营销的可能性。电子商务数据分析指标能让我们更好地从数据量化的层面来了解运营的状况，为此构建电子商务数据分析的指标体系就显得尤为重要。电子商务数据分析指标体系主要包括五类指标，即流量指标、商品指标、客户指标、销售指标、服务指标。

1. 流量指标

流量指标用于对网站的访客进行分析，基于这些数据可以发现问题，针对访客行为对网站或网店进行改进。流量指标通常包括流量数量指标、流量质量指标、流量效果指标。

（1）流量数量指标。

1）独立访客数（Unique Visitor，UV），即访客数，俗称流量，是指电商网站或网店页面被访问的去重人数。同一个人在一定时间内多次访问只记为一个用户。所有终端访客数为 PC 端访客数和无线端访客数相加去重。独立访客数是产生其他数据的基础，如果店内没有访客，就不会产生任何的数据。这里还需注意监控各渠道流量占比，找到需侧重的引流渠道，针对不同的渠道，做有针对性的营销。

2）页面访问数（Page View，PV），俗称浏览量，用户每一次对电商网站或网店中的每个页面访问均被记录一次，用户对同一页面的多次访问，访问量累计。所有终端的浏览量等于 PC 端浏览量和无线端浏览量之和。

3）人均访问量，即页面访问数／独立访客数，该指标代表流量精准度、页面访问深度、产品同行业的竞争力。人均访问量高，证明网站或网店页面承接及关联能力强，往往转换率也会有相应的提高。店铺经营者一定是想尽一切办法来留住买家，增加客户浏览时长，因为这对于宝贝（产品）权重、相关数据效果都会有一个明显的促进和提升。

4）访问次数，是指访客在网站或网店上的会话次数，一次会话过程中可能浏览多个页面。页面访问数（浏览量）是以页面角度衡量加载次数的统计指标，而访问次数则是访客角度衡量访问的分析指标。如果网站的用户黏性足够好，同一用户一天中多次登录网站，那么访问次数就会明显大于访客数。

电子商务数据分析指标体系

（2）流量质量指标。

1）跳出率（Bounce Rate），即在一定时间内只浏览了一个页面的访客数／店铺总访客数，是指只浏览了一个页面便离开了的访客数占比，跳出率是非常重要的访客黏性指标，它显示了访客对网站或网店的兴趣程度：跳出率是一个逆指标，越低说明流量质量越好，访客对我们的内容越感兴趣，这些访客越可能是我们的有效用户、忠实用户。跳出率只能衡量该页作为着陆页面的网络营销效果，如果花钱做推广吸引了很多访客到宣传产品页，

但着陆页的跳出率又很高，可以反映在推广的渠道、目标人群设定、广告的设计、着陆页的用户体验等方面出现不足。

2）退出率，是指用户从该页退出的页面访问数／进入该页的页面访问数的百分比。退出率和跳出率不一样，跳出率是基于着陆页面的，退出率是针对所有受访问的页面的（包括但不限于着陆页），任何页面都有退出率，但当一个页面没有作为入口页面时是没有跳出率的。

3）平均访问时长，即总访问时长／访问次数，是指访客平均每次在网站或网店上的停留时长，这个指标越长说明访客停留在页面上的时间越长，用户对我们的内容越感兴趣。

4）平均访问页数，即浏览量／访问次数，是指平均每次访问浏览的页面数量，我们也称之为访问深度。平均访问页数越多说明访客对网站或网店兴趣越大，商品页面间关联程度越好。同时这也有助于商品信息的传递、品牌印象的生成、促进关联销售。

（3）流量效果指标。

1）流量价值，即销售额／访客数，是指平均每个访客带来的成交金额，因此也被称为访客价值或 UV 价值。流量价值越高，代表流量的效用越高，决策者可以根据流量价值调整广告策略。假设某店铺的流量价值是 15 元，则说明此店铺引入一个流量（访客）的成本只要低于 15 元都是值得的。

2）转化次数，也叫作转化页面到达次数，指访客达到转化目标页面的次数。转化就是访客做了任意一项网站管理者希望访客做的事，如希望访客在网站上完成注册、下订单、付款等。

3）访问转化率，即转化次数／访问次数，是访问转化的效率，数值越高说明越多的访客完成了运营者希望访客进行的操作。

2. 商品指标

商品指标用于了解网站或网店内的商品种类、库存情况、哪些商品卖得好、哪些商品有利于捆绑销售等。

1）SPU（Standard Product Unit），即标准化产品单元，是商品信息聚合的最小单位，是一组可复用、易检索的标准化信息的集合，该集合描述了一个产品的特性。通俗点讲，属性值、特性相同的商品就可以称为一个 SPU。

2）SKU（Stock Keeping Unit），即库存量单位，是指商品库存进出计量的基本单元，是对每一个产品和服务的唯一标示符。对电商而言，SPU 是指一款商品。若一款商品多色，则有多个 SKU。具体来说，还包括上架 SKU 数（是指商品在网站上具有独立的信息并可被找到）、浏览 SKU 数（是指商品的页面被用户浏览过的 SKU 数，如果一个 SKU 被浏览多次，则只计算一次）、售卖 SKU 数（是指用户购买的 SKU 数，如果一个 SKU 被用户购买多次，则只计算一次）、妥投 SKU 数（是指完成妥投状态的商品数）等。

【案例阅读】

请根据图1-1的资料分析这款商品包含的SKU情况。

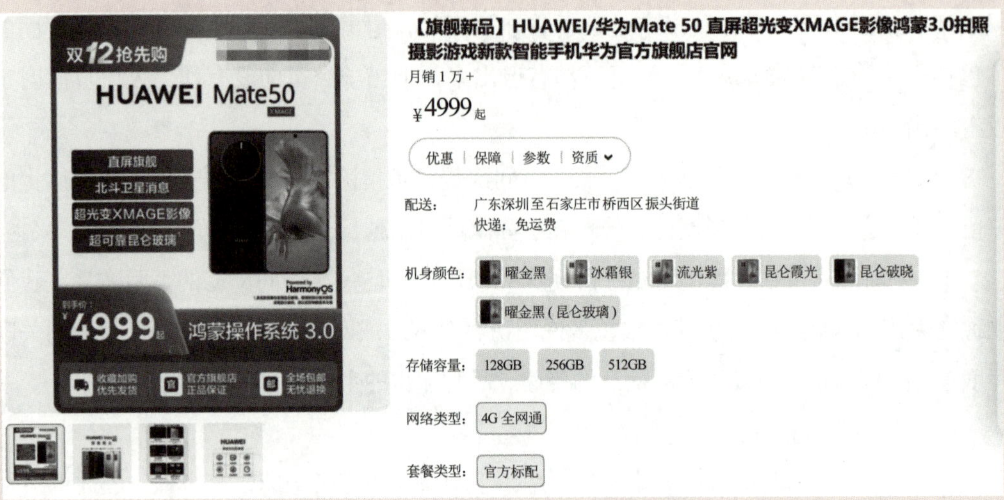

图1-1　某店铺某款商品销售页面

从上面的商品信息，我们可以看到这是该店铺中一款SPU——华为Mate 50 商品，因为这款商品一共有曜金黑、冰霜银、流光紫、昆仑霞光、昆仑破晓、曜金黑（昆仑玻璃）六色可选，存储容量有128GB、256GB、512GB三种可选，因此该款商品包括了18（6×3=18）个SKU。

3. 客户指标

在面向客户制定运营策略、营销策略时，我们希望能够针对不同的客户推行不同的策略，实现精准化运营，以期获取最大的转化率。想要实现精细化运营，需要满足用户的深层需求，和客户构建起联系，对客户进行多维度用户画像，提供个性化服务；对会员进行分级维护，不同等级匹配不同权益，实现效益最大化。

在客户分类中，RFM 模型是一个经典的分类模型，R（Recency）代表最近一次消费、F（Frequency）代表消费频次、M（Monetary）代表消费金额。利用该模型能对企业客户进行分类，可以分析不同群体的客户价值。例如淘宝会员的淘气值，它根据用户购买的商品类别、商品种类和信誉等综合计算得出，由购物分、奖励分和基础分构成。购物分主要根据"购买金额 + 购买频次 + 近 12 个月的购买数据"进行计算；奖励分由用户购买的商品类别、评价等平台活跃行为得出；基础分根据用户的信誉评级得出，包含用户的账户信息、评价历史、购物历史等数据。

（1）客户综合指标。

1）支付买家数，也称买家数，是指统计时间内店内商品被买家拍下并付款的去重人数。

2）客单价，是指统计时间内每一个客户平均购买商品的金额，即：买家支付金额／支付买家数。因为它是决定我们经营效果的重要指标，我们必须关注。

3）单位访客获取成本，是指在流量推广中，广告活动产生的投放费用与广告活动带来的独立访客数的比值。单位访客成本最好与平均每个访客带来的收入以及这些访客带来的转化率进行关联分析。若单位访客成本上升，但访客转化率和单位访客收入不变或下降，则很可能流量推广出现问题，尤其要关注渠道推广的作弊问题。

（2）老客户指标。

常见老客户指标包括老访客数、消费频率、最近一次购买时间、客户消费金额和重复购买率。

1）老访客数，又称支付老买家数，是统计时间内有过支付行为的买家，在统计时间内有过至少一次购买行为的买家数。

2）消费频率，是指客户在一定期间内所购买的次数。

3）最近一次购买时间，表示客户最近一次购买的时间离现在有多远。

4）客户消费金额，指客户在最近一段时间内购买的金额。

5）重复购买率，指消费者对该品牌产品或者服务的重复购买次数。有按客户计算法和按交易计算法两种计算方式。

消费频率越高，最近一次购买时间离现在越近，消费金额越高的客户越有价值；重复购买率越高，反映出消费者对品牌的忠诚度就越高，反之则越低。重复购买率高说明对新客户的依赖不大，可节省更多的市场推广费用。根据重复购买率可以确定公司的经营重心：重复购买率不足 40%，侧重用户获取模式，说明经营重心应放在新用户的获取上；重复购买率大于 60%，应将经营重心放在客户忠诚度上；重复购买率在 40% ～ 60% 之间应采用混合模式，既兼顾新客户的获取，又注重回头客的招揽。各种模式间没有优劣之分。

（3）新客户指标。

1）新访客数，是统计时间内无支付行为的买家，在统计时间内有过至少一次购买行为的买家数。新访客数可以衡量营销活动开发新用户的效果。

2）新访客比率，即新访客数／访客数，就是一段时间内新访客数占总访客数的比例。整体访客数不断增加，并且其中的新访客比例较高，说明网站运营在不断进步。

3）新访客客单价，是指第一次在店铺中产生消费行为的客户所产生交易额与新访客数的比值。

4）新访客获取成本，是指在流量推广中，广告活动产生的投放费用与广告活动带来的新访客数的比值。

4. 销售指标

（1）订单指标。

1）下单买家数，是指统计时间内访客完成网上下单的去重买家人数总和。一个人拍下多件或多笔，只算一个人。所有终端下单买家数为 PC 端和移动端下单买家去重人数，即同一个人既在 PC 端下单，又在移动端下单，所有终端下单买家数记为 1。

2）下单金额，又称订单金额，是指统计时间内，访客拍下商品的累计金额。需要注意的是，订单金额中包括拍下未付款订单金额。

3）支付买家数，是指统计时间内拍下订单并后续支付的人数。

4）支付金额，是指统计时间内买家所有已支付订单的总金额。支付金额中未剔除售中售后退款金额。

（2）销售转化指标。

销售转化指标用于分析用户从浏览到支付整个过程的数据，有助于提升商品转化率。网店的顾客靠近支付的行动都称为转化，顾客通常有四个转化动作：浏览商品详情、加入收藏夹、加入购物车、直接下单。因为用户从看到商品到结束的模型形似一个漏斗，所以我们经常会用漏斗图来衡量转化效率。要注意的是，我们不但要看总体的转化率，还要关注转化过程中每一步的转化率，为此我们有必要认识相关的转化指标，来衡量用户的购物行为，并通过对不同商品的转化指标进行对比，或者对不同日期的转化指标进行对比，来反映店铺经营状况。

1）点击转化率。点击转化率＝点击量／展现量，就是在整个展现次数里面，有多少比率的客户点击了你的产品，进去看了产品的详细信息。想提升点击转化率，最关键的因素是产品主图和产品标题的质量。

2）支付转化率。支付转化率＝支付买家数／访客数，在统计时间内，来访客户转化为支付买家的比例。这是一个很重要的指标，假设转化率为零，那么不管你引进多少访客，最终收益都是零。支付转化率衍生出静默转化率和询单转化率。静默转化率＝静默下单支付买家数／访客数，其用来考核商品详情页的销售情况。询单转化率＝询单下单支付买家数／询单访客数，其用来考核客服的销售情况。

3）购物车支付转化率＝加入购物车商品支付买家数／加入购物车购买家数

4）下单转化率＝下单买家数／访客数（UV），它代表流量精准度、产品同行的竞争力。

5）下单－支付买家数转化率＝支付买家数／下单买家数

6）下单－支付金额转化率＝支付金额／下单金额

7）下单－支付时长＝下单时间到支付时间的差值

（3）总体销售业绩指标。

1）成交额（Gross Merchandise Volume，GMV），是指统计时间内的成交总额，只要客户下单，生成订单号，便可以计算在 GMV 里面，一般包含拍下未支付订单金额、拒收订单金额和退货订单金额。

2）销售金额，是指统计时间内出售的商品金额总额，也可叫作买家支付金额。这其中未剔除事后退款金额，对于在预售阶段的商品，在买家付清所有货款的当天货款才计入销售额。

3）销售毛利，是指统计时间内销售收入与成本的差值。销售毛利中只扣除了商品原始成本，不扣除没有计入成本的期间费用（管理费用、财务费用、销售费用）。

4）毛利率，是衡量电商企业盈利能力的指标，是销售毛利与销售收入的比值。

5）投资回报率（ROI，Return on Investment），是指企业从一项投资活动中得到的经济回报，在电商企业经常指某一活动期间，产生的交易金额与活动投放成本金额的比值。

5. 服务指标

服务指标是衡量顾客对企业满意度的指标，也是判断企业是否提供了优质服务的依据。

1）卖家服务评级系统（Detail Seller Rating，DSR）。

【拓展知识】

2007年5月起，eBay开始启用卖家服务评级系统，自此多电商平台将卖家服务评级纳入核心评价指标。如淘宝DSR指的是其动态评分系统，包括描述、服务和物流等三大指标。

◇ 描述：要求卖家实事求是，要把商品最真实的情况展示给买家，杜绝过分夸大和造假。

◇ 服务：主要的考察对象是客服，包括旺旺响应时间、礼貌用语、售后纠纷解决情况等。

◇ 物流：包括发货时间、发货速度、快递方服务态度、商品包装情况等。

2）买家好评率，指统计时间内好评的买家数量与该时间段买家数量的比值。

3）买家差评率，指统计时间内差评的买家数量与该时间段买家数量的比值。尤其是买家差评率，是非常值得关注的指标，需要监控起来，一旦发现买家差评率在加速上升，一定要提高警惕，分析引起差评率上升的原因，及时改进。

4）投诉率，买家投诉人数与买家数量的比值，投诉量和投诉率都需要及时监控，以便发现问题，及时优化。

5）退款率，即退款成功笔数与支付子订单数的比值；支付子订单是一起结算的总订单中的一个产品的订单。我们一定要关注因商品品质和客户纠纷引起的退款，即品质退款率和纠纷退款率。

我们从以上5个方面介绍了电子商务数据分析的指标，事实上电子商务数据分析指标远不止这些，遇到具体问题我们还需具体分析。

1.3 商务数据分析模型

数据分析模型就是用已有的一些理论作为分析思路，使其体系化、结构化，然后再按此分析思路确定衡量的数据指标，最后使输出的结论更具有说服性和理论性。它是对数据分析的宏观指导，就像是一个数据分析的前期规划，指导着后期数据分析工作的开展。我们只有掌握了数据分析方法论，才能知道怎样做好数据分析工作，如数据采用何种方法分析、有几个方面需要分析、各个方面有何指标。数据分析法是指具体的分析方法，常见的有对比分析、交叉分析、相关分析、回归分析等，数据分析方法主要是从微观角度指导数据分析。

数据分析作为企业运营中极具战略意义的一环，不管从宏观还是微观分析，通过表层数据挖掘问题，是每个数据人的必修课。所以，我们不仅需要重视数据分析法，更要重视数据分析方法论的学习。

1.3.1　5W2H分析模型

5W2H 分析模型也称七问分析法，常用于用户行为分析和业务专题分析，是在第二次世界大战中由美国陆军兵器修理部首创的。因该方法简便，易于理解和使用，富有启发意义，广泛用于企业管理和技术活动，对于决策和执行性的活动措施非常有帮助，也有助于弥补考虑问题的疏漏。借助该方法我们可以掌握数据分析中的核心工作。

5W2H 分析模型用五个 W 开头的英语单词（What、When、Where、Who、Why）和两个 H 开头的英语单词（How、How much）进行设问，寻找数据分析思路，进行需求分析，从而确定分析方法、指标等相关工作，最终以合理的方式展现出来，如图 1-2 所示。

图1-2　5W2H分析法

（1）What ——是什么？目的是什么？做什么工作？要准备什么？有什么协助？有什么风险？

（2）When ——何时？何时开始？何时结束？何时最适宜？何时是关键节点？

（3）Why ——为什么要做？可不可以不做？为何采用这种方法做（有无更简便的方法或替代方案）？为何是这种结果（下次能否避免）？

（4）Who ——谁？由谁来做？由谁监督？由谁协助？

（5）Where ——何处做？何处开始？何处结束？

（6）How ——怎么做？如何提高效率？如何实施？方法是什么？过程如何监控？

（7）How much ——多少？做到什么程度？花费多少？数量如何？质量水平如何？费用产出比如何？

我们在数据分析工作开始前就需要考虑好几个问题。首先我们需要考虑：我们为什么分析；分析目标是什么；如果数据波动，原因是什么；数据存在波动，那么数据如何处理。其次我们需要考虑我们想达到什么效果，通过分析数据来找到问题，解决问题。当然，我们还需要考虑我们需要什么。这些都是我们需要确定的。最重要的一点是如何采集数据。我们得确定是直接从数据库调取数据，还是交给程序员导出；如何整理以及如何分析数据，从而得出问题的答案。还要想好如何展现数据、如何输出数据，以及如何具体执行。

5W2H 分析模型有助于我们理清思路、杜绝盲目地做事，从而提高工作效率，它可以让我们熟悉有系统的提问技巧，能够清晰表述问题，以协助我们发掘问题的真正根源所在，并可能创造改善途径。如果现行的做法已顺利通过七个问题的审核，便可认为这一做法可取。如果七个问题中有一个答复不能令人满意，则表示这方面有改进余地。如果哪方面的答复有独创的优点，则可以扩大这方面的效用。

1.3.2　PEST分析模型

PEST 分析模型是帮助企业检阅其外部宏观环境的一种方法，是指对政治（Politics）、经济（Economy）、社会（Society）和技术（Technology）这四类影响企业的主要外部环境因素进行分析。宏观环境是企业外在的不可控因素，是对企业带来机会和威胁的主要社会力量。企业一般只能通过调整企业内部可以控制的因素来适应其变化和发展。

1. 政治环境

政治环境主要包括国内外政治形势、政治制度与体制、方针政策以及政府制定的有关法律、法规，这些因素常常影响制约企业的经营行为，尤其是影响企业较长期的投资行为。由于其对企业的影响是直接的、不可预测和不可逆转的，所以这是企业首先要考虑的因素。

不同的国家对企业活动有着不同的限制和要求。即使同一个国家，在不同时期，其政府的方针特点、政策倾向对企业活动的态度和影响也是不断变化的。

从国内来说，国家的方针政策，不仅会影响国民经济的发展方向和速度，也直接关系到社会购买力的提高与市场消费需求的增长状况。国家的法律法规，特别是与经济相关的立法，不仅规范着企业的行为，也会使消费需求的数量、质量和结构发生变化，将直接影响企业的生产与销售。

从国际上说，政治环境主要涉及政治权利和政治冲突问题。特别是在经济全球化的趋势下，认真了解、追踪这两者对企业的影响，随时准备应对相关国际政治环境的变化，及时调整自己的策略显得更为重要。

如果我们要对某企业投资，首先就要看其所在国家和地区政局的稳定和安全性，在此基础上，要着重考虑政府对发展地方经济的支持力度和政务工作的效率。为了促进当地经济的发展，一般来说，所在国家和地方政府会出台一系列优惠政策来吸引投资者，为企业提供优质、高效的行政服务，切实保障企业的利益。但企业在某些国家和地区也会遇到一些地方政府部门存在官僚主义，直接干预过多，办事效率低，地方保护主义严重等现象。

企业应选择稳定安全、能提供高效优质服务的政治环境。国际化经营的企业还需要考虑目标国对外来企业和外来商品的政策及态度等。

2. 经济环境

经济环境包括的因素很多，一般是指构成企业生存和发展的社会经济状况及趋势、经济制度、经济结构、产业布局、资源状况等。企业要密切关注国家经济政策的变化，因为，政府制定的经济政策对某一行业及其企业的影响，既可以是鼓励和保护性的，也可以是限制和排斥性的。经济环境主要包括宏观和微观两个方面的内容。

宏观经济环境主要指一个国家经济政策、人口数量及其增长趋势，国民收入、国民生产总值及其变化情况以及通过这些指标能够反映的国民经济发展水平和发展速度。微观经济环境主要指企业所在地区或所服务地区的消费者的收入水平、消费偏好、储蓄情况、就业程度等因素。

构成经济环境的关键经济变量包括：GDP 及其增长率、利率水平、货币政策、可支配收入水平、居民消费（储蓄）倾向、通货膨胀率、消费模式、失业趋势、劳动生产率水平、汇率、证券市场状况、外国经济状况、进出口因素、不同地区和消费群体间的收入差别、价格波动等。

3. 社会文化环境

社会文化环境是指企业所处地区在社会与文化方面所具备的基本条件，包括民族特征、文化传统、价值观、宗教信仰、教育水平、社会结构、风俗习惯等因素。它在很大程度上决定着人们的价值观念和购买行为，影响着消费者购买产品的动机、种类、时间、方式以至地点。企业经营活动必须适应所涉及国家或地区的文化和传统习惯，才能为当地消费者所接受。因为社会文化因素对企业的影响是间接的、潜在的和持久的，所以必须引起重视。

受教育程度不仅影响消费者收入水平，还直接影响消费者对商品的鉴赏能力、购买的理性程度和其他方面。纵观历史上各民族消费习惯的产生和发展，可以发现宗教是影响人们消费行为的重要因素。在不同社会文化环境下生活的人们，有不同的价值观念，极大地影响着消费需求及购买行为。比如，崇尚节俭是我国传统民风及民族意识的一个方面，人们一向以节俭为荣，以挥霍奢华为耻。这种朴素的民风和节俭心理，表现在消费行为时就是精打细算，在购买商品时就是谨慎花钱，注重质量，讲究经久耐用。即使是收入水平较高的家庭，也会将其收入的相当部分用于储蓄，以备不时之需。消费习俗是人们世代相袭固化而成的消费风尚，是风俗习惯的重要内容。往往在饮食、服饰、居住、婚丧、节日及人情往来等方面表现出独特的心理特征和行为方式。此外，道德规范、审美观念、流行等也都是影响支配消费者购买行为的重要社会文化因素。

社会文化作为人们一种适合本民族、本地区、本阶层的是非观念，会强烈影响消费者的购买行为，使生活在同一社会文化范围的成员个性具有相同的方面，它是购买行为的习惯性、相对稳定性的重要成因。所以，应当注意分析、研究和了解社会文化环境。

4. 科学技术环境

科学技术是指企业所处的环境中科技要素及与该要素直接相关的各种社会现象的集合，包括国家科技体制、科技政策、科技水平和科技发展趋势等因素。科学技术作为企业的第一生产力，具有相当重要且长远的影响，如信息技术的介入使零售业态及消费者购物方式发生翻天覆地的改变，同时也对众多企业经营管理者提出了新的要求。因此，对各行业内的企业来说，不仅要密切关注所在行业的技术发展动态和竞争者技术开发、新产品开发方面的动向，及时了解是否有当前技术的替代技术出现，发现可能给企业带来竞争利益的新技术、新材料和新工艺；还应了解国家对科技开发的投资和支持重点、技术转移和技术商品化速度、专利及其保护情况、该领域发展动态和研究费用总额等。

1.3.3　逻辑树分析模型

逻辑树又被称为问题树、演绎树或分解树等，因为是麦肯锡公司最先提出的，故也称为麦肯锡逻辑树。它是由一个问题按逻辑关系派生出一连串的子问题，使原本无从下手的大问题逐渐分解为能够着手解决的问题，这种思考方式就是逻辑树分析法。

逻辑树的作用就是帮助理清思路，避免进行重复和无关的思考；保证解决问题过程的完整性；能将工作细分为便于操作的任务，明确地把责任落实到个人。但逻辑树在使用时必须遵循三个原则：首先是要素化，即把相同问题总结归纳成要素；其次是框架化，是将各个要素组织成框架，遵守不重不漏的原则；第三是关联化，即框架内的各要素保持必要的相互关系，简单而不孤立。

逻辑树有议题树、假设树、是否树等三种常见类型。

1. 议题树

当对问题不了解，或者需要对问题进行全面的分解以确保不遗漏任何一个方面时，可以使用议题树。

议题树首先可由左至右画出树状图，最左边是已知问题，即思考的目标问题——树干，然后考虑哪些问题与已知问题有关，将这些问题作为第一层树枝，一个大的树枝上还可以继续延伸出更小的树枝，也就是针对个别问题再深入细究，依次得到第二层、第三层、第四层等，逐层递推列出所有与已知问题相关联的问题。借助它我们可以将原本模糊笼统的问题具体化，通过分析找到问题的关键点，针对关键驱动点，集思广益找出解决方案。

需要注意的是，相邻层级要具有逻辑上的内在直接联系，同一层级上的内容则需遵守相互独立、完全穷尽的原则。只有这样构建的议题树，才能完整展现所有不同原因、结构化的逻辑树。

2. 假设树

当对问题已经有了较为充足的了解，并且针对问题提出了某种假设的解决方案，需要验证假设是否成立时，应该采用假设树。

假设树针对所提出的假设，不求展现问题的全貌，只要能够验证假设合理或者不合理即可，这是其与议题树最大的不同。假设树集中于假设的解决方案，加快解决问题的进程。

对于某种假设方案，只有当所有论点都支持该方案时，该假设方案可以得到验证，否则会被推翻。对于每一个论点同样可以进行分解，直至分解到可以被基本假设证实或证伪。

3. 是否树

是否树的结构比前两种要简单很多，其主要形式是：先提出一个问题，然后对这一问题进行是否判断，分析的结果只能是"是"或者"否"，然后接着进行下一轮判断分析，继续得出分析结果"是"或者"否"。

在使用是否树进行分析前，对一些结果应已有标准方案。如果答案为"是"，就可以应用事先准备好的标准方案。如果答案为"否"，那就需要再进行下一轮的判断分析，对具体情况进行具体分析，根据结果确定解决方案。是否树多在对问题及其结构已经足够了解时使用。

这三种逻辑树的区别可参见表1-1。

表1-1　三种常见逻辑树的区别

类型	结构图	作用	使用情景
议题树	议题—问题1（子问题、子问题）、问题2（子问题、子问题）……	将问题分解为可以分别处理的利于操作的小问题	问题的初始阶段，尚不明确具体情况，需要对问题进行全盘分析时
假设树	假设问题—论据1（子问题、子问题）、论据2（子问题、子问题）……	较早集中于潜在的解决方案，加快解决问题的进程	对问题已经有一定了解了，并且有了一种假设方案，对假设方案进行验证时
是否树	问题—是→建议1、否→问题—是→建议2、否→建议3	确认对目前要做的决定有关键意义的问题	对问题不仅足够了解，且针对一些结果已经有了标准方案，需要在方案中进行选择时

1.3.4　用户行为理论分析模型

用户使用行为是指用户为获取、使用物品或服务所采用的各种行动，用户对产品有一个认知、熟悉的过程，然后试用，再决定是否继续消费使用，最后成为忠实用户。用户行为理论主要用于用户行为研究分析，借助它能分析出用户的主要行为路径，梳理网站分析的各关键指标之间的逻辑关系，构建符合公司实际业务的网站分析指标体系。

【案例阅读】

根据用户行为的一步步进行，分析指标包括：独立访客数、页面浏览量、人均页面访问量、访问来源、平均停留时长、跳出率、页面偏好、搜索访问次数占比、注册用户数、注册转化率、登录用户数、人均登录、访问登录比、订购量、订购频次、内容、转化率、回访者比率、访问深度、用户流失数、流失率等，详见图1-3。

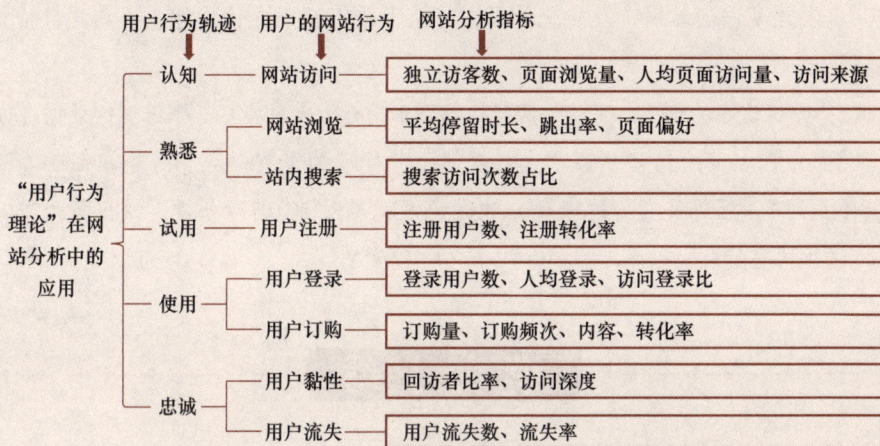

图1-3　基于"用户行为理论"的网站分析图

实战任务

任务背景

某淘宝店要对其销售的商品做分析，希望能发现问题，为下一阶段采取的销售策略提供数据依据。

任务分析

我们在商品分析时应该结合流量、销售、访客、促销、服务等指标对每个单品进行分析，从分析结果可以看到单个SKU的整体销售情况、价格的合理性及消费者对颜色的喜好程度和购买趋向等。

任务操作

步骤1：分析价格的合理性。根据卖家的加购指标、下单指标、支付指标和平均支付价格进行分析，若指标较高，就意味着顾客对卖家设定的价格是普遍能接受的。指标平稳，说明顾客对该商品的消费已有理性的认识。但波动太大的话，卖家就要及时调整产品价格，适时做些推广宣传了。

步骤2：分析各颜色的销售情况。对于颜色喜好程度，可以从SKU的下单指标和支付指标两个指标维度来分析。若这两个指标都较高，说明该颜色商品还是很受欢迎的；反之，则要进行下架清仓处理了。

步骤3：分析结构的合理性。这一点需要从下单指标、支付指标、平均支付价格去判断。若下单和支付集中在一两个SKU上，说明其他的SKU消费者还是不太感兴趣，这时就要结合另外一个指标"平均支付价格"，考虑是否因为价格影响了其他SKU的成交。

步骤4：分析营销的有效性。"满就减""满就送""折扣"等，都是卖家常用的促销手段，卖家若要评估其引流及转化效果，可从下单指标、支付指标、平均支付价格三个指标去判断。

步骤5：分析访客的行为。可从加购指标、下单指标、支付指标三个维度的数据去分析。

步骤6：分析宝贝的销售趋势。这是店铺运营管理的重要一环。每个单品都有很多的SKU，但不是所有的SKU都有好的表现，这时卖家就要对SKU进行分析，找出每个单品销售的弱点，进行调整优化。

模块小结

本模块阐述了商务数据分析的含义、作用、过程，介绍了常用的统计指标和电子商务数据分析指标以及四种常用的商务数据分析模型。这为后面内容的学习奠定了基础。

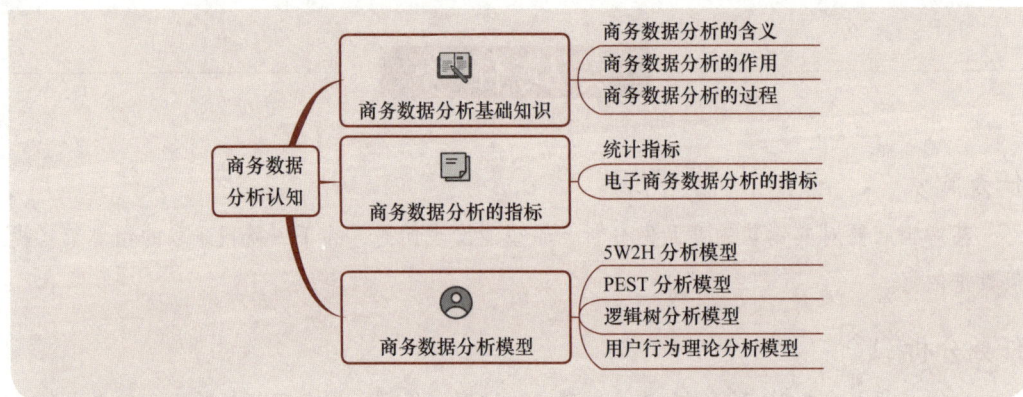

		商务数据分析的含义
		商务数据分析的作用
	商务数据分析基础知识	商务数据分析的过程
商务数据分析认知	商务数据分析的指标	统计指标
		电子商务数据分析的指标
		5W2H 分析模型
		PEST 分析模型
	商务数据分析模型	逻辑树分析模型
		用户行为理论分析模型

案例在线

第七次全国人口普查"亮点"

2020年11月1日零时，第七次全国人口普查正式开始。人口普查是一次重大国情国力调查，涉及各家各户、每一个人。以往的普查登记主要以普查员入户访问、填写普查表的方式进行，普查登记完成后，需要将普查表上的信息录入到计算机中，实现普查信息的电子化。这样不仅需要投入大量的人力、物力和时间，还容易在录入过程中产生误差，一定程度上影响了数据质量。

第七次全国人口普查采取电子化方式开展普查登记，使用智能手机采集数据，依托云计算、大数据等核心技术和能力，应用了更加智能化、高效率的登记方式。此次人口普查既可以由普查对象通过互联网自主填报，也可以由普查员使用PAD或智能手机入户登记数据直接上报，通过企业微信的人口普查小程序即可快速完成相关数据的采集和实时上传。同时，本次普查还广泛应用部门行政记录，通过在普查指标设置中增加公民身份号码，实现与公安、卫健等部门行政记录的比对核查。

第七次全国人口普查登记方式的改变，减少了数据收集上报的中间环节，全面提升了普查工作效率和普查数据质量，也加强了对个人信息安全的保障。

同步练习

一、单选题

1. "2021年'双十一'全网成交额逼近9 651.2亿元"，请问这里的"全网成交额"从统计指标来看属于（　　　　）。

  A. 总量指标　　　　B. 相对指标　　　　C. 平均指标　　　　D. 成交额指标

2. 下列不属于销售指标的是（　　　　）。

  A. 成交额　　　　B. 浏览量　　　　C. 有效订单数　　　　D. 支付买家数

3. 某服装店铺上新一款女式毛衣，这款产品有红、黑、紫三种色彩，每种色彩各有S、M、L、XL4种尺码，那么它的SKU有（　　　　）个。

  A. 4　　　　B. 12　　　　C. 3　　　　D. 7

4. 关于RFM模型表述错误的是（　　　　）。

  A. M代表访问店铺的次数　　　　B. F代表消费频次

  C. R代表最近一次消费　　　　D. M表示消费金额

5. 下列数据指标中不属于服务指标的是（　　　　）。

  A. 投诉率　　　　B. 退款率　　　　C. 跳出率　　　　D. 好评率

二、多选题

1. 数据分析按其目的和功能可分为（　　　　）。

  A. 描述性数据分析　　　　B. 说明性数据分析

  C. 探索性数据分析　　　　D. 验证性数据分析

2. 常见的数据分析模型包括（　　　　）。

  A. 对比分析　　　　B. 相关分析　　　　C. 逻辑树　　　　D. 用户行为理论

3. 要综合评价一个老客户，我们通常会参考（　　　　）。

  A. 消费频率　　　　B. 重复购买率　　　　C. 客单价　　　　D. 最近一次购买时间

4．下列指标中属于流量指标的是（　　　　）。

    A．独立访客数　　　B．流量价值　　　C．成交额　　　　D．跳出率

5．运营人员通过监控发现店铺跳出率过高，造成跳出率过高的原因是（　　　　）。

    A．商品价格设置过高，导致店铺有流量引入但跳出率高

    B．店铺访客数增加

    C．客服回复不及时，没有有效解决客户疑问

    D．商品详情页信息不完整，没有突显商品卖点

三、判断题

1．描述性数据分析属于初级数据分析，常见的分析方法有对比分析法、平均分析法、交叉分析法等。　　　　　　　　　　　　　　　　　　　　　　　　　　　（　　　）

2．数据处理是指使用适当的数据分析方法和工具，对处理过的数据进行分析，提取有价值的信息，形成有效结论的过程。　　　　　　　　　　　　　　　　　　（　　　）

3．客户指标中的复购率反映了客户对品牌的忠诚度。　　　　　　　　　（　　　）

4．小铭在一天内访问某手机的商品详情页达5次之多，那么其带来的商品访客数为1人。　　　　　　　　　　　　　　　　　　　　　　　　　　　　　　　　　（　　　）

5．5W2H分析模型的作用就是帮助理清思路，避免进行重复和无关的思考；保证解决问题过程的完整性；能将工作细分为便于操作的任务，明确地把责任落实到个人。

                                          （　　　）

四、技能训练题

1．简述数据分析的过程。

2．张总要求小李所在的部门在3月30日前完成淘宝平台母婴行业近三个月的市场竞争分析，并通知其3月30日开会讨论下一季度销售计划。

请用5W2H分析法对该案例进行分析，说明该指示下的重点工作。

模块2
商务数据收集

学 习 目 标

知识目标

◆ 了解数据的类型

◆ 了解数据的呈现形式

◆ 熟悉数据的来源渠道

◆ 掌握数据收集的工具

◆ 熟悉数据存储的方法

技能目标

◆ 能够熟练使用数据收集工具

◆ 能够独立完成数据收集

◆ 能够应用数据存储的方法

引导案例

　　某品牌是一家专注于健康饮食的小电器企业。随着电子商务的快速发展，该品牌在天猫平台开设了旗舰店，经过一年多的运营和推广，店铺生意毫无起色，而推广费用却没少花。为此，该品牌准备对店铺的客户数据进行分析。

　　在收集数据前，需要结合数据分析的需求确定收集范围、采集指标和采集工具。该品牌计划采集网店从开业到目前的已有客户数据，将其与行业客户人群画像进行比对，希望从中找到问题所在。通过生意参谋的"品类360"板块可以查看搜索人群画像、店铺访问人群画像、店铺支付人群画像等数据。采集相关数据发现：从性别来看，该品牌店铺客户的男女性别比例为 6:4，而行业搜索人群的男女性别比例为 3:7；从年龄构成来看，行业主力消费人群中 26 ～ 30 岁和 31 ～ 35 岁的人群占整个消费人群的 65% 左右，该店铺客户的年龄占比也与之存在较大差异。

理解数据

通过分析发现，该品牌店铺的设计风格和推广目标人群均与主流消费群体背离，从而导致店铺业绩毫无起色。

【引入问题】

1. 该案例中进行数据收集的原因是什么？

2. 该案例中进行了哪些数据采集与分析？有何意义？

数据的收集是进行数据分析的基础，商务数据分析的后续所有工作内容均围绕这一环节所收集的数据展开。

2.1 理解数据

数据用来展现和解释所搜集、分析和提炼的事实和数字。数据在生活中的应用随处可见，是进行测量、评估和预测的基础。对数据的正确理解是数据分析的一个重要前提。

2.1.1 数据的类型

按照统计学原理，依据所采用的计量尺度不同，可以将数据分为数值型数据、分类数据和顺序数据。

1. 数值型数据

数值型数据是按数字尺度测量的观察值，其结果表现为具体的数值。现实中所处理的大多数数据都是数值型数据，如收入 300 元、年龄 2 岁、考试分数 100 分、重量 3 公斤、销售量 35 100 个、好评率 95% 等。对数值型数值，我们就可以直接用算术方法进行汇总和分析。

2. 分类数据

分类数据是按照现象的某种属性对其进行分类或分组而得到的反映事物类型的数据，又称定类数据。分类数据是只能归于某一类别的非数字型数据，如性别、部门、商品类型、价格区间等，有很多方法会产生分类数据的概念分层。为了便于计算机处理，通常用数字代码来表述各个类别，比如，用 1 表示"男性"，0 表示"女性"，但是 1 和 0 等只是数据的代码，它们之间没有数量上的关系和差异。

【案例阅读】

玲玲是一个酷爱摄影的大学生，平时放假在家的时候，她经常会和家人一块儿出去旅游，和家人留下了很多快乐的瞬间。寒假的一天，她正和家人计划着去哪儿旅游，顺便把单反相机拿出来检查一下，结果发现快没电了，为了使这次出游更顺利，她决定在淘宝网买个移动电源，以备不时之需。

玲玲打开淘宝网站，依次单击"家电/数码/手机"→"数码"→"移动电源"。这里的"数码""移动电源"就是分类数据，如图2-1所示。

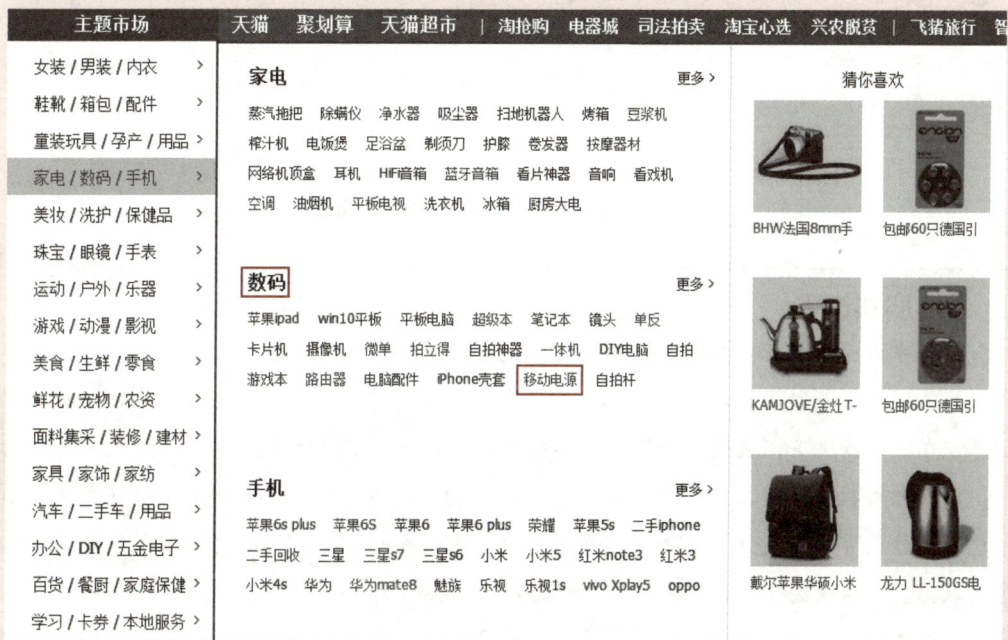

图2-1 淘宝网商品分类界面

3. 顺序数据

顺序数据是只能归于某一有序类别的非数字型数据，是特殊的分类数据。顺序数据虽然也是类别，但这些类别是有序的，一般用来表示顺序、等级。比如：产品可以分为一等品、二等品、三等品、次品等，考试成绩可以分为优、良、中、及格、不及格等，一个人的受教育程度可以分为小学、初中、高中、大学及以上，等等。

在Excel中用单元格格式可以查看所有的数据类型，操作步骤如下：

步骤1：在Excel中选择任意一个单元格，单击鼠标右键，在弹出的菜单中选择"设置单元格格式"，会出现"设置单元格格式"对话框。

步骤2：在"设置单元格格式"对话框中，单击"数字"选项卡，可以看到各种数据分类，如数值、货币、会计专用、日期、时间、文本等，如图2-2所示。

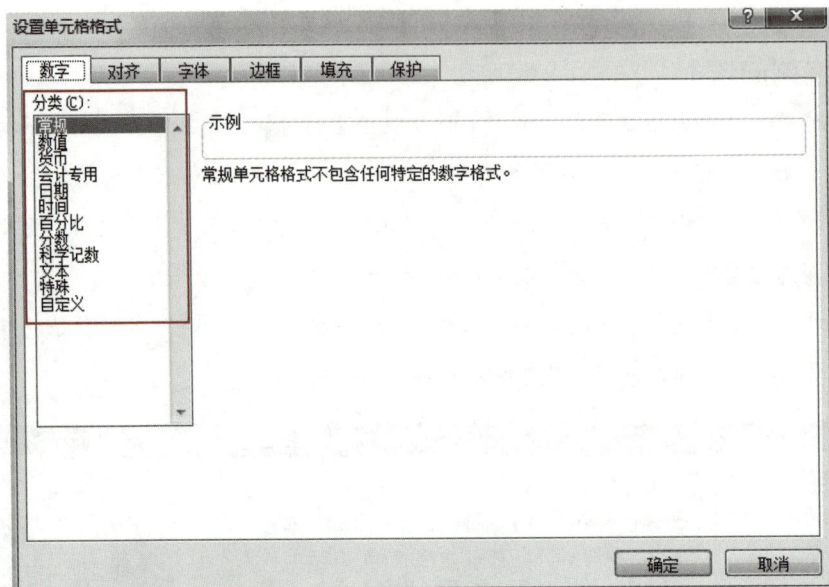

图2-2　Excel数据类型

【拓展知识】

Excel中常见的数据类型有数值型（含日期）、文本型和逻辑型。

数值型数据一般由数字、正负号、小数点、货币符号、百分号等组成，可以进行算术运算。在默认情况下，数值自动沿单元格右对齐，有效数字为15位。

文本型数据由汉字、字符串或数字串组成，特点是可以进行字符串运算，不能进行算术运算（除数字串以外）。若在单元格中输入：100件、职员、N101等，都被认为是文本型的数据。默认情况下，在单元格输入的文本型数据，自动左对齐显示。

逻辑型数据只有两个，TRUE（真值）和FALSE（假值），可以直接在单元格输入逻辑值TRUE或FALSE，也可以通过输入公式得到计算的结果为逻辑值。

2.1.2　数据的呈现形式

数据分析研究的不是一个或两个数据，而是一整套数据的组合，是由许多数据组成的一个总体。这种数据总体通常以两种形式呈现。

1. 不同个体在同一标志上的不同取值

在 Excel 中，这样的数据可以排成一列，也可以排成一行或一个矩形块。某公司 50 名职工的基本工资数据资料如图 2-3 和图 2-4 所示。

2. 数据清单

不同个体在多个标志上的取值所组成的二维表格，在 Excel 中称为数据清单。

数据清单由标题行（表头）和数据部分组成。数据清单第一行是标题行，由字段名组成。从第二行起是数据部分（不允许出现空白行、空白列）。每一行数据称为一个记录。每一

列称为一个字段。同一列中数据的类型和格式应当完全相同。如图 2-5 所示，数据清单 B
列为文本型数据，C 列为数值型数据。

	A
1	基本工资
2	3250
3	3290
4	3270
5	3320
6	3370
7	2950
8	3180
9	3500
10	3460
11	3420

图2-3　单列数据

	A	B	C	D	E
1	50名职工的基本工资				
2	3250	3350	3270	2880	3320
3	3290	3620	3350	2950	3200
4	3270	3210	3430	3360	2900
5	3320	3430	3500	3400	3480
6	3370	2980	3220	3380	3360
7	2950	3240	3340	3410	3210
8	3180	3230	3450	3460	3390
9	3500	3410	3280	3220	3180
10	3460	3550	3310	3630	2980
11	3420	3250	3150	3250	3110

图2-4　矩形块数据

	A	B	C	D	E	F	G	
1	职工情况简表							← 标题行
2	编号	性别	年龄	学历	科室	职务等级	工资	
3	10001	男	35	本科	科室3	经理	5500.50	
4	10002	女	36	硕士	科室1	总监	6300.55	
5	10003	女	38	大专	科室3	普通员工	3300.74	
6	10004	男	26	大专	科室2	普通员工	2930.50	
7	10005	女	40	本科	科室2	普通员工	3810.20	
8	10006	男	32	本科	科室3	主管	4500.36	
9	10007	女	29	本科	科室2	普通员工	3500.20	
10	10008	女	28	本科	科室1	普通员工	3300.03	
11	10009	女	35	博士	科室3	总监	6800.00	
12	10010	男	46	本科	科室3	经理	5730.20	
13	10011	女	33	本科	科室3	普通员工	3750.30	
14	10012	男	31	硕士	科室2	普通员工	3820.22	
15	10013	男	37	本科	科室2	主管	4630.20	
16	10014	女	27	大专	科室1	普通员工	3220.30	
17	10015	女	25	大专	科室3	普通员工	2880.30	

字段名　字段值　记录

图2-5　数据清单

在一个工作表中，最好只存放一个数据清单，且放置在工作表的左上角。如果要放置
多个数据清单，可以用"列表"功能实现每个数据清单均为独立的列表。数据清单与其他
数据之间必须留出至少一个空白行和一个空白列。多个相关的数据清单在一起，就称为一
个数据库。

2.1.3　大数据

最早提出"大数据"（Big Data）时代到来的是全球知名咨询公司麦肯锡，麦肯锡称：
"数据，已经渗透到当今每一个行业和业务职能领域，成为重要的生产因素。人们对于海
量数据的挖掘和运用，预示着新一波生产率增长和消费者盈余浪潮的到来。"

大数据在物理学、生物学、环境生态学等领域以及军事、金融、通信等行业存在已有
时日，因近年来互联网和信息行业的发展而引起人们关注。大数据是云计算、物联网之后
IT 行业又一颠覆性的技术革命。云计算主要为数据资产提供了保管、访问的场所和渠道，
而数据才是真正有价值的资产。企业内部的经营交易信息、互联网世界中的商品物流信息、
人与人之间的交互信息、位置信息等，其数量将远远超越现有企业 IT 架构和基础设施的
承载能力，实时性要求也将大大超越现有的计算能力。

1. 大数据的特征

（1）大量性（Volume）。大数据的起始计量单位至少是 PB（1 024TB）。随着信息技术的高速发展，数据也开始呈爆发式增长，社交网络、移动网络、服务工具等，都成为数据的主要来源。比如微博，每日产生的数据是极为庞大的，迫切需要智能的算法、强大的数据处理平台和新的数据处理技术，来统计、分析、预测和实时处理如此大规模的数据。

（2）多样性（Variety）。大数据的种类和来源广泛且多样化，不仅包括传统的格式化数据，还包括来自互联网的网络日志、视频、图片、地理位置等。任何形式的数据都可以产生作用，目前应用最广泛的就是推荐系统，如淘宝、网易云音乐、微博等，这些平台都会通过对用户的日志数据进行处理，分析出用户的习惯、喜好及需求，从而进一步向用户推荐。日志数据是结构化明显的数据，还有一些数据结构化不明显，如图片、音频、视频等，这些数据因果关系弱，就需要人工对其进行标注。

（3）高速性（Velocity）。大数据的产生非常迅速，主要通过互联网传输。互联网成为生活中不可缺少的一部分，每个人每天都在向大数据提供大量的资料，并且这些数据是需要及时处理的，那么保存这些数据就成为需要解决的问题。用大量的资源去储存很少量的数据，是非常不划算的，而且就平台而言，几天或者几个月前的数据要及时进行清理，这样也是比较麻烦的。对于这种情况，大数据对处理速度有非常严格的要求，服务器中大量的资源都用于处理和计算数据，很多平台都需要做到实时分析。

（4）价值性（Value）。相比于传统的数据，大数据最大的价值在于通过从大量不相关的各种类型的数据，挖掘出对未来趋势与模式预测分析有价值的数据，并通过机器学习方法、人工智能方法或数据挖掘方法深度分析，发现新规律和新知识，并运用于农业、金融、医疗等各个领域，从而最终达到改善社会治理、提高生产效率、推进科学研究的效果。

【案例阅读】

大数据技术对于疫情预防、溯源、治疗、追踪，以及城市管理、物流、信息发布、问题解答，乃至病毒基因测序等方面都有很高的价值。

面对突发公共卫生事件，面对多方来源的海量数据，如何联合政企单位科学运用大数据技术，为公众提供更完整、连续、准确、及时的防疫信息，为专家提供追溯疾病源头的方法，为决策者提供传染病发展的趋势，是大数据应用于防疫的三大重要任务。

1. 大数据可以分析"涉疫"人员流动轨迹

通过集成电信运营商、互联网公司、交通部门等单位的信息，大数据可以分析出人员流动轨迹。具体来说，利用数据分析、数据挖掘等技术，一方面可以通过手机信令等包含地理位置和时间戳信息的数据分析绘制病患的行动轨迹；另一方面，根据病患确诊日期前一段时间的行动轨迹和同行时间较长的伴随人员，大数据可以推断出病患密切接触者。综合分析确诊病患、疑似病患和相关接触者的行动轨迹，可以准确刻画跨地域漫入、漫出的不同类别人员的流动情况。既为精准施治提供有力指导，也为预测高风险地区和潜在高风险地区提供有力依据。

2. 大数据可以追溯传染病源头

利用人工智能、深度学习等新兴技术，联合出行轨迹信息、社交信息、消费数据、暴露接触史等大量数据进行科学建模，可以根据病患确诊顺序和密切接触人员等信息定位时空碰撞点，进而推算出疾病可能的传播路径，为传染病溯源分析提供理论依据。

3. 大数据可以预测疫情发展态势

通过高危人群，即确诊病患和病患密切接触者的运动情况，结合疫情新增确诊、疑似、死亡、治愈的病例数，借助传播动力学模型、动态感染模型、回归模型等大数据模型和技术，不仅可以分析展示发病热力分布和密切接触者的风险热力分布，还可以预测疫情峰值拐点等重要信息。根据预测的疫情发展态势，卫生部门可以针对发病热力分布，对重点区域强化卫生措施；依据风险热力分布，对可能扩散的区域提前陈设防疫防控资源，避免出现二次爆发、局部爆发和多点爆发。同时，疫情发展趋势预测对于政府部门确定复工时间、出台公共管理和促进经济发展的措施都将起到很重要的作用。无论对决策者还是普通人，心中有"数"，才能提前陈设，防患于未然。

2. 大数据的价值

（1）细分顾客群体。大数据可以对顾客群体细分，然后对不同群体进行个性化营销与精准营销。瞄准特定的顾客群体来进行营销和服务是商家一直以来的追求。云存储的海量数据和"大数据"的分析技术使得对消费者的实时和极端的细分有了成本效率极高的可能。

（2）模拟实境。运用大数据模拟实境，发掘新的需求和提高投入回报率。现在越来越多的产品中都装有传感器，汽车和智能手机的普及使得可收集数据呈现爆炸性增长。微博、微信等社交新媒体也在产生着海量的数据。云计算和大数据分析技术使得商家可以在成本效率较高的情况下，实时地把这些数据连同交易行为的数据进行储存和分析。交易过程、产品使用和人类行为都可以数据化。大数据技术可以把这些数据整合起来进行数据挖掘，从而在某些情况下通过模型模拟来判断不同变量（比如不同地区不同促销方案）的情况下何种方案投入回报率最高。

（3）提高投入回报率。提高大数据成果在各相关部门的分享程度，提高整个管理链条和产业链条的投入回报率。大数据能力强的部门可以通过云计算、互联网和内部搜索引擎把大数据成果和大数据能力比较薄弱的部门分享，帮助它们利用大数据创造商业价值。

（4）出租数据储存空间。企业和个人有着海量信息存储的需求，只有将数据妥善存储，才有可能进一步挖掘其潜在价值。具体而言，这种业务模式又可以细分为针对个人用户文件存储和针对企业用户文件存储两大类。该业务模式主要是通过易于使用的应用程序，用户可以方便地将各种数据对象放在云端，然后再像使用水、电一样按用量付费。

（5）管理客户关系。客户关系管理的目的是根据客户的属性（包括自然属性和行为属性），从不同角度深层次分析客户、了解客户，以此增加新的客户、提高客户的忠诚度、降低客户流失率、促进客户消费等。对中小客户来说，专门的客户关系管理（Customer Relationship Management，CRM）系统显然大而贵。不少中小商家将聊天软件作为初级的客户关系管理系统来使用，比如把老客户加到群里，在群里或朋友圈发布新产品预告、特价销售通知，完成售前售后服务等。

（6）数据搜索。数据搜索是一个并不新鲜的应用，随着大数据时代的到来，实时、全范围的搜索需求变得越来越强烈。我们需要能搜索社交网络中的各种数据，并对用户行为进行分析。数据搜索的商业应用价值是将实时的数据处理与分析和广告联系起来，即实时广告业务和应用内移动广告的社交服务。

2.2 获取数据

获取数据也叫采集数据，是按照确定的数据分析计划和框架内容，有目的地收集、整合相关数据的过程，是进行数据分析的基础，为后续的分析工作提供数据准备。

只有及时、有效、准确且合法的数据，才能分析出对决策有帮助的结果。

【想一想】
某电子商务企业为了能够让更多的客户了解并浏览自己的网店，通过第三方渠道购买客户资料获取客户联系信息，并通过短信、邮件等方式对客户进行营销。请问，这种数据收集方式会不会受到法律保护？请说明原因。

2.2.1 数据的来源

数据的来源是多渠道的，可以是相关数据库的存储数据，也可以是第三方平台或工具收集的数据等。一般情况下，常见的数据来源可以分为内部数据和外部数据。

数据的来源

1. 内部数据

内部数据主要来源于企业内部，包括企业管理系统数据、网站数据库数据以及平台数据。

（1）企业管理系统数据。通常指从企业布局的管理系统中获取的相关数据。例如，从ERP系统中可以获取相关的仓储数据、物流数据和财务数据等；从CRM系统中则可以获取精准的客户关系数据。

（2）网站数据库数据。数据库是网站用来存储和管理用户信息、操作日志、统计分析等全部网站数据的软件。常用的数据库有MySQL、Oracle、SQL Server、MongoDB等。

（3）平台数据。平台数据每时每刻都在产生，可通过平台提供的相关软件直接获得，一般应定期收集和更新，这也是日常统计分析报表中的基础数据来源，用于日常的监控和分析。

内部数据还可以来源于市场调查或实验的数据。对于独立站点流量数据还可以使用百度统计、友盟＋等工具进行统计采集。

【拓展知识】

ERP系统，即企业资源计划系统。该系统采用系统集成的手段，对企业管理的架构与机制进行全面整合，使企业财力、人力、物力、信息等资源得到合理配置，企业经营（生产）管理业务流程得以规范和优化，实现提升企业核心竞争力，提高企业经济效益和管理水平的目标。

ERP系统包括的主要功能有供应链管理、销售与市场、分销、客户服务、财务管理、制造管理、库存管理、工厂与设备维护、人力资源、报表、制造执行系统、工作流服务和企业信息系统等。此外，还包括金融投资管理、质量管理、运输管理、项目管理、法规与标准和过程控制等补充功能。

2. 外部数据

在进行行业发展数据和竞争对手数据收集时，通常需要借助外部数据。外部数据的获取相对于内部数据的获取要困难些，尤其需要注意的是数据的真实性和有效性。外部数据的收集渠道有以下几种。

（1）政府机构及经济管理部门。一般为统计部门、工商行政管理部门、税务部门、专业委员会和工业主管部门等。国家统计局和各地方统计局都定期发布统计公报等信息，并定期出版各类统计年鉴，内容包括全国人口总数、国民收入、居民购买力水平以及有关的经济政策、法规等。政府统计部门的资料中含有有关产业的统计数据，包括详尽的库存情况、生产情况、需求情况等。这些数据均是很有权威性和价值的信息，具有综合性强、辐射面广的特点。如国家统计局网站每个阶段会发布全国统计和国民经济核算等数据，其首页如图2-6所示。

图2-6 国家统计局网站首页

（2）行业协会或商会。各种行业协会或商会通常定期或不定期地通过内部刊物或网站发布各种资料，包括已经发表和保存的有关行业法规、市场信息、销售情况、会员经营状况、发展趋势等信息资料。这些信息系统资料齐全、信息灵敏度高。为了满足各类用户的需要，它们通常还提供资料的代购、咨询、检索和定向服务。

（3）新闻媒体、出版社。各地电视台、广播、报纸、杂志及文献资料，含有丰富的经济信息、市场信息和技术情报等正规信息资料。

（4）专业权威的数据网站及数据机构。权威网站、数据机构发布的各种行业报告、白皮书等。常见的网站和数据机构有易观、艾瑞、TalkingData等，这些平台提供的行业或企业数据参考性较高，是重要的行业及企业数据采集渠道。

（5）电子商务平台。电子商务平台上聚集着众多行业卖家和买家，也是电子商务数据产生的重要来源。可以通过数据收集工具对平台数据进行收集。

（6）指数工具。如百度指数、微信指数等工具依托于平台海量用户搜索数据，将相应搜索数据趋势、需求图谱、用户画像等数据通过指数工具向用户公开，该类型数据可为市场行业、用户需求和用户画像数据分析提供重要参考依据。

【拓展知识】

百度指数：是基于百度搜索数据，反映关键词在过去一段时间内网络曝光及用户关注度等情况的平台。

微信指数：是基于微信大数据的移动端指数产品，为用户提供微信运营、微信营销、微信推广相关的专业大数据服务。

在 Excel 中，可以通过执行"数据"→"获取外部数据"命令进行外部数据的导入，如图 2-7 所示。

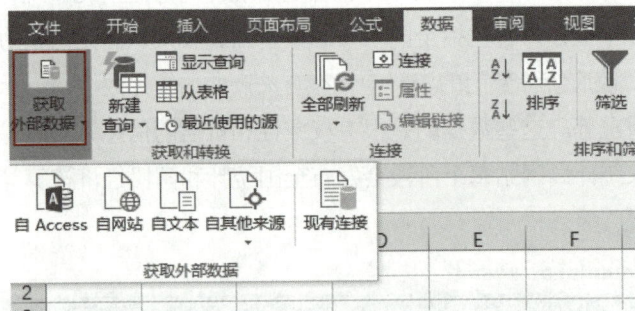

图2-7　在Excel中获取外部数据

网络数据源是如今信息时代不可或缺的数据源，如产品报价、股票行情、统计局网站公布的经济数据等。而且，Excel 中还设置了"刷新控件"的功能，即导入的网站数据可以进行即时更新，当网页的数据发生变化时，不需要重新导入数据就能获取最新数据。导入网站数据的具体操作步骤如下。

步骤 1：单击"数据"选项卡，选择"获取外部数据"→"自网站"选项，Excel 会弹出"新建 Web 查询"对话框。

步骤2：在对话框的地址栏里输入或粘贴要导入数据的网址，此处输入国家统计局"消费者"数据的网址。单击"转到"按钮，对话框中将显示相应的页面，单击要导入表格左上角的 按钮，使其图标变为 ，如图2-8所示。

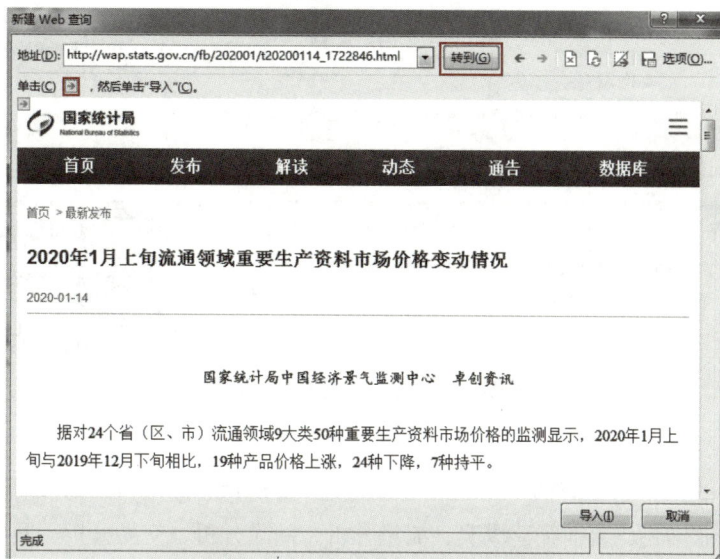

图2-8　导入网站数据

步骤3：单击"导入"按钮，弹出"导入数据"的对话框，在工作表中选择需要放置数据的区域，单击"确定"按钮，网站中的数据将自动导入 Excel 中。

2.2.2　数据收集工具

数据收集工具是使用数据采集技术，通过识别数据渠道中所需数据指标，将数据进行摘录整理，形成数据文档的工具。掌握数据收集工具的使用是数据收集人员快速准确获取数据的基础。常用的数据收集工具有以下几种。

数据收集工具

1. 生意参谋

生意参谋是阿里巴巴旗下的商家统一数据平台，适用于包括淘宝、天猫、1688等在内的阿里系平台，为商家提供流量、商品、交易等店铺经营全链路的数据披露、分析、解读、预测等功能，不仅是店铺和市场数据的重要来源渠道，而且是淘宝或天猫平台卖家的重要数据采集工具。通过生意参谋，数据采集人员不仅可以采集自己店铺的各项运营数据，如流量、交易、服务、产品等，而且可以通过市场行情板块获取淘宝或天猫平台的行业销售经营数据，生意参谋首页如图2-9所示。

从功能角度来分，生意参谋分为标准版与专业版。标准版可以查询基础功能，而专业版功能全面，可以查询所在大类下的所有子类目。从面向的用户来分，生意参谋可分为零售电商版（面向淘宝和天猫商家，手机端为千牛插件）和生意参谋1688版（面向1688商家）。

图2-9　生意参谋

以下是生意参谋的七个主要功能。

（1）首页。全面展示店铺经营全链路的各项核心数据，包括店铺实时数据、商品实时排行、店铺行业排名、店铺经营概况、流量分析、商品分析、交易分析、服务分析、营销分析和市场行情。

（2）实时直播。提供店铺实时流量交易数据、实时地域分布、流量来源分布、实时热门商品排行榜、实时催付榜单、实时客户访问等功能，还有超炫的实时数据大屏模式。商户利用此功能可洞悉实时数据，抢占生意先机。

（3）经营分析。经营分析板块包括流量分析、商品分析、交易分析和营销推广。流量分析展现全店流量概况、流量来源及去向、访客分析及装修分析。商品分析提供店铺所有商品的详细效果数据，包括五大功能模块，即商品概况、商品效果、异常商品、分类分析、采购进货。交易分析包括交易概况和交易构成两大功能，可从店铺整体到不同粒度细分店铺交易情况，方便商家及时掌控店铺交易情况，同时提供资金回流行动点。营销推广包括营销工具和营销效果两大功能，可帮助商家精准营销，提升销量。

（4）市场行情。市场行情专业版包括三大功能，即行业洞察、搜索词分析、人群画像。行业洞察具备行业直播、行业大盘分析、品牌分析、产品分析、属性分析、商品店铺多维度排行等多个功能；搜索词分析可以查看行业热词榜，还能直接搜索某个关键词，获取其近期表现；人群画像直接监控三大人群，包括买家人群、卖家人群、搜索人群。此外，市场行情的大部分指标可自由选择时间段，包括1天、7天、自然日、自然周、自然月或自定义时间；可选择的平台包括淘宝、天猫和全网，终端则包括PC端、无线端和全部终端。

（5）自助取数。自助取数是可供商家自由提取数据的工具，可提供不同时段（如自然天、自然周、自然月）、不同维度（如店铺或商品）的数据查询服务。

（6）专题工具。目前提供竞争情报、选词助手、行业排行、单品分析、商品温度计、销量预测等专项功能。①竞争情报是一款提供给淘宝和天猫商家使用的用于分析竞争对手的工具，可精准定位竞争群体、分析竞争差距，并提供经营优化建议。②选词助手从PC 端和无线端出发，主要呈现店铺引流搜索词和行业相关搜索词的搜索情况及转化情况。③行业排行主要展示六大排行榜，分别是热销商品榜、流量商品榜、热销店铺榜单、流量店铺榜、热门搜索词、飙升搜索词，所有终端、PC 端、无线端可分开查看。④单品分析主要从来源去向、销售分析、访客分析、促销分析四个角度出发，对单品进行分析，商家可从中多角度了解商品表现情况，掌握商品实际效果。⑤商品温度计提供商品转化效果的数据分析，同时可对影响商品转化的因素进行检测，检测指标包括页面性能、标题、价格、属性、促销导购、描述、评价等。⑥销量预测可通过大数据分析，为商家推荐店内最具销售潜力的商品，并监控库存；同时，支持商家自定义监控规则，预估商品未来 7 天销量等。此外，可为商家提供商品定价参考。

（7）帮助中心。帮助中心主要包括功能介绍、视频课程、指标注释、来源注释、常见问题等五大板块。该功能内容丰富，形式多样，可帮助商家快速提升数据化运营能力。

2. 京东商智

2012 年，京东推出了"京东数据罗盘"数据统计工具，用数据助力商家店铺运营；2017 年 4 月，京东正式发布了大数据智能工具"京东商智"，作为京东数据罗盘的升级产品。为了更好地满足人工智能时代电商营销的大数据需求，京东商智不断做出改版和升级。京东商智分为高级版、品牌版、商家版、采销版、高级版首页如图 2-10 所示。

图 2-10　京东商智高级版首页

京东商智品牌版主要面向京东商城的品牌商及供应商，提供精准全面的数据运营和营销分析；商家版主要为京东开放平台的商家（POP 商家）提供店铺数据化运营分析；而采销版则是面向京东内部的采销（运营）提供数据服务。除此之外，京东商智还可以针对客户的行业需求提供定制化版本，满足客户对特定行业、特定维度的数据分析需求。

3. 客户关系管理系统

客户关系管理（Customer Relationship Management，CRM）是一种基于互联网的应用系统，通过对企业业务流程的重组来整合用户信息资源，以更有效的方法管理客户关系，在企业内部实现信息和资源的共享，从而降低企业运营成本，为客户提供更经济、快捷、周到的服务，以保持和吸引更多的客户，最终达到企业利润最大化的目的。

由于 CRM 主要是针对客户的数据管理软件，因此 CRM 数据对于各种业务人员和财务人员的作用更大，其运用范围主要包括以下 8 个方面。

（1）客户联系的提醒。今天或明天应联系的客户、逾期未及时联系的客户、逾期未及时下单或长期没有业务往来的客户等。

（2）客户资料的查询和分析统计。按客户名称关键词模糊查询，防止撞单；每天客户联系拜访情况的查询和分析。

（3）业务员数据查询与提醒。包括业绩查询和统计，应收款的提醒，以及工资、提成及费用的查询等。

（4）销售数据查询与分析统计。包括订单查询及交货提醒、统计销售部门业绩和打印出货单等。

（5）应收款提醒。周六、周日有哪些应收款，逾期未收的应收款等。

（6）应收款统计分析。哪些客户应收款比例较大、哪些客户逾期款累计金额超限、哪些客户账龄过长等。

（7）收／付款查询和统计。任一时期的收／付款进账／出账明细，按收／付款方式、按业务员、年、月等进行分类统计，显示各种统计图表，反映企业资金流入、流出情况。

（8）费用查询和统计。查看企业各类费用和明细的支出情况，并可按费用大小、费用项目、年、月、业务员进行统计，显示统计图表。

CRM 软件有很多种，按照软件关注的重点，分为操作型和分析型两大类，也有两者并重的。操作型软件更加关注业务流程和信息记录，提供更便捷的操作和人性化的界面；而分析型软件往往基于大量的企业日常数据，对数据进行挖掘分析，找出客户、产品、服务的特征，从而修正企业的产品策略、市场策略。

4. 百度指数

百度指数是以海量网民的行为数据为基础的数据分享平台。百度指数能够展示某个关键词在百度的搜索规模有多大、一段时间内的涨跌态势，关注这些词的网民是什么样的、分布在哪里、同时还搜索了哪些相关的词，以帮助用户优化数字营销活动方案的内容和数据。

在百度指数的首页（网址为 http://index.baidu.com）登录后，在搜索框中输入关键词，单击"开始探索"，即可进入百度指数页面查看相关数据，如图 2-11 所示。

百度指数的主要功能模块包括基于单个关键词的趋势研究、需求图谱、人群画像；基于行业的整体趋势、地域分布、人群属性和搜索时间特征，如图 2-12 所示。

图2-11　登录百度指数首页

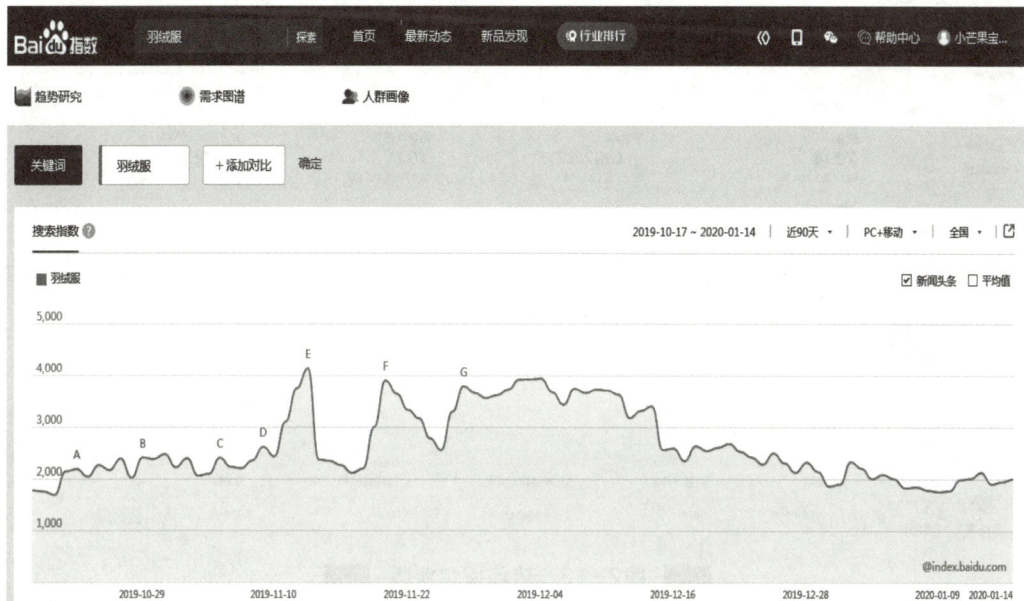

图2-12　百度指数功能模块

5. 店侦探

店侦探是一款全面跟踪天猫及淘宝店铺运营数据，提供数据采集、数据分析的数据工具。通过对各个店铺、宝贝运营数据进行采集分析，可以快速掌握竞争对手店铺交易情况、流量来源（关键词）情况、活动明细、买家购买行为、操作跟踪等数据信息，通过分析对手每日的数据，从而整盘自己店铺，学习对手的同时提防同行的竞争手段，从而给卖家的营销策略提供可靠持续的数据支持，在数据化运营中能起到重要的参考作用。

店侦探分为专业版、企业版和旗舰版，不同版本的功能和监控店铺的数量是不同的，其主要功能包括：①交易分析，能查看任意店铺每日销量、每日销售分析、重点宝贝的 SKU 销售分析；②引流分析，全面提供直通车关键词的点击率、转化率、均价等，掌控 PC 端和移动端，从多维度分析揭秘对手爆款关键词及排名走势；③运营跟踪，提供对手改标题、改价格、更改主图、调整上下架时间等日常运营操作；④营销分析，能查看聚划算、淘抢购、天天特价、淘金币、集分宝、会员购、易购、返还网、大淘客等站内外活动；⑤宝贝分析，可查看全店宝贝详情、日常跟踪、新品打标、搜索降权监控、上新跟踪、下线跟踪、上下架分布等。店侦探企业版如图 2-13 所示。

6. 火车采集器

火车采集器是一款专业的网络数据抓取、处理、分析、挖掘软件，通过灵活的配置，可以很轻松迅速地从网页上抓取结构化的文本、图片、文件等资源信息，经编辑、筛选、处理后，可选择发布到网站后台各类文件或其他数据库系统中。火车采集器操作界面如图 2-14 所示。

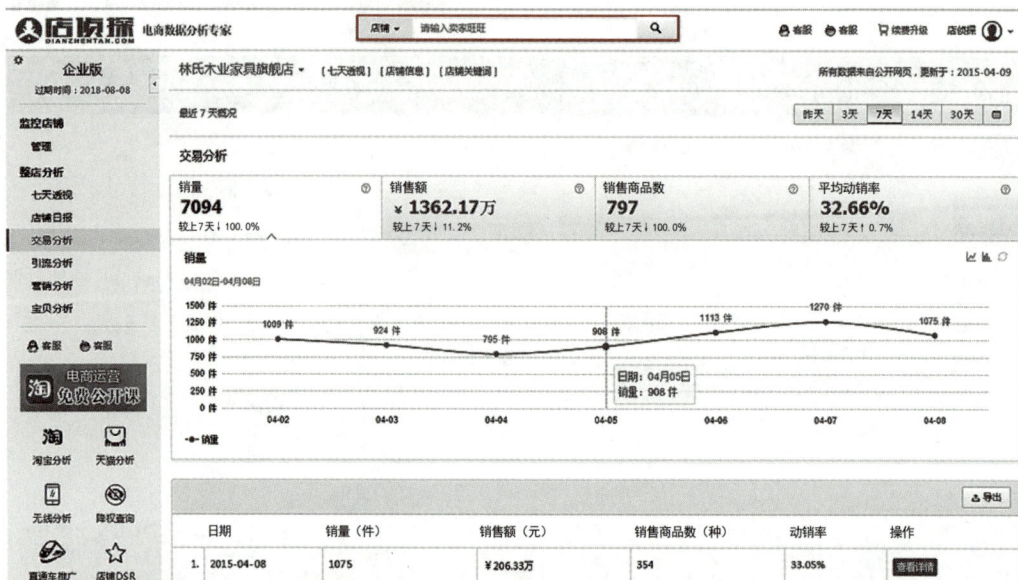

图2-13　店侦探企业版

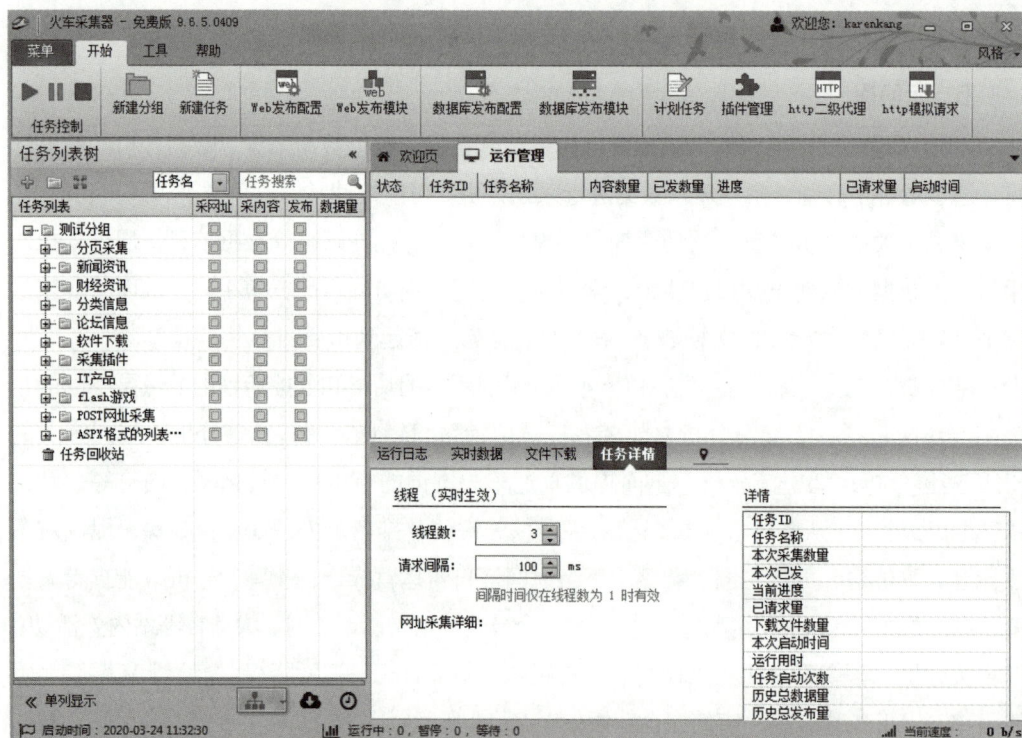

图2-14　火车采集器操作界面

火车采集器有采集数据和发布数据两个功能，可以根据实际情况灵活使用，比如可以先采集不发布，有时间了再发布，或是同时采集发布，或是先做发布配置，也可以在采集结束后再添加发布配置。使用火车采集器，可以瞬间建立一个拥有庞大内容的网站，如某视频网站运营人员对火车采集器采集到的视频数据进行流量分析、排序，分析用户喜好，选取受众偏好的内容进行更新，并且自制视频获取更大收益；除定时自动发布之外，火车采集器还能保障精品内容不断涌现，有更多时间用来提升网站流量，助力内容与营销升级。

【想一想】

在网络中搜索相关的数据收集工具，并进行注册，然后通过实际操作，总结各个工具都有哪些功能。

7. 八爪鱼采集器

八爪鱼采集器是一款使用简单、功能强大的网络爬虫工具，完全可视化操作，无须编写代码，可以在很短的时间内，轻松从各种不同的网站或者网页获取大量的规范化数据，帮助任何需要从网页获取信息的客户实现数据自动化采集和编辑，摆脱对人工搜索及收集数据的依赖，从而降低获取信息的成本，提高效率。八爪鱼采集器操作界面如图2-15所示。

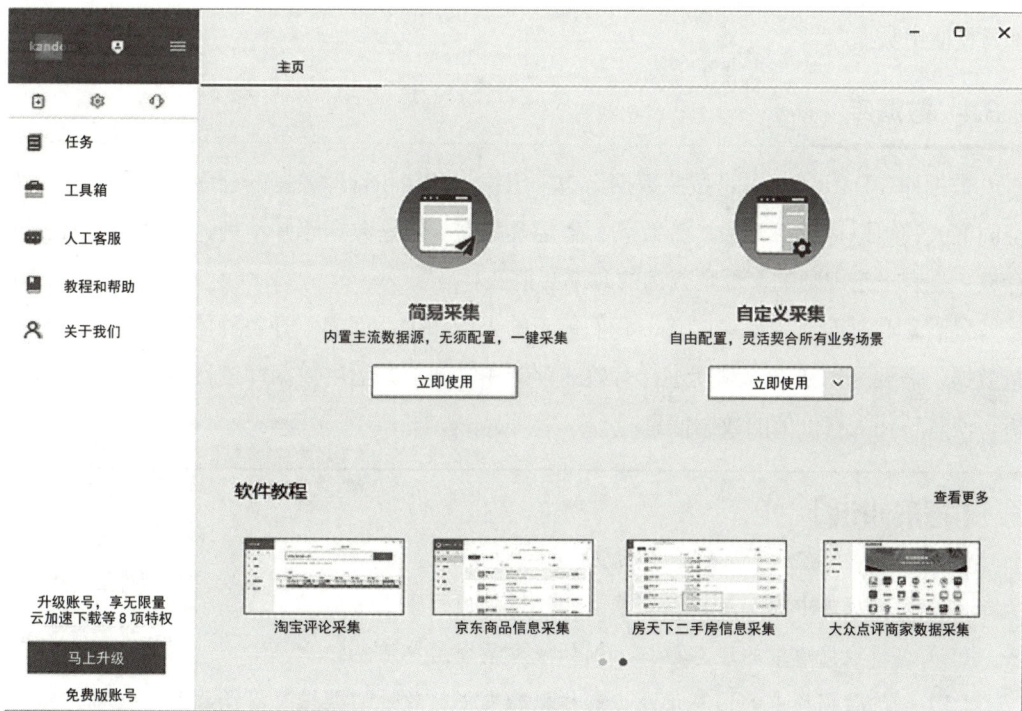

图2-15 八爪鱼采集器操作界面

利用八爪鱼采集器可以非常容易地从任何网页精确采集所需的数据，生成自定义的、规整的数据格式。八爪鱼数据采集器能做的包括但并不局限于以下内容：

（1）金融数据，如季报、年报、财务报告，包括每日最新净值自动采集。

（2）各大新闻门户网站实时监控，自动更新及上传最新发布的新闻。

（3）监控竞争对手最新信息，包括商品价格及库存。

（4）监控各大社交网站、博客，自动抓取企业产品的相关评论。

（5）收集最新最全的职场招聘信息。

（6）监控各大地产相关网站，采集新房、二手房最新行情。

（7）采集各大汽车网站具体的新车、二手车信息。

（8）发现和收集潜在客户信息。

（9）采集行业网站的产品目录及产品信息。

（10）在各大电商平台之间同步商品信息，做到在一个平台发布，其他平台自动更新。

另外，R 语言、Python、RapidMiner 等工具也可以用于数据收集，但需要采集人员具备计算机编程基础，使用难度较大。

2.3　存储数据

在信息高度密集的今天，数据库在生活中的应用随处可见。当我们在电话簿中查找姓名时，在浏览器上搜索时，登录网络验证名称和密码时，在银行自动柜员机查询金额时，都是在使用数据库。

2.3.1　数据库

数据库（Database）是按照数据结构来组织、存储和管理数据的仓库。数据库的存储空间很大，可以存放百万条、千万条、上亿条数据。但是数据库并不是随意地将数据进行存放，是有一定规则的，否则查询的效率会很低。

随着现代社会进入信息时代，我们每天的工作和生活都离不开各种信息。对这样的海量数据，需要采用数据库对其进行有效的存储和管理，并运用数据库进行合理的处理与分析，使其转化为有价值的数据信息。

【拓展知识】

通用数据库具有以下几项基本功能。

（1）向数据库中添加新数据记录，例如增加用户登录信息。

（2）编辑数据库中的现有数据，例如修改某个用户信息。

（3）删除数据库中的信息记录，例如删除失去时效性的数据，以释放存储空间。

（4）以不同方式组织和查看数据，例如对数据进行查询、处理和分析。

数据库管理系统（Database Management System，DBMS）是为管理数据库而设计的电脑软件系统，是一种系统软件，负责数据库中的数据组织、数据操作、数据维护、控制及保护和数据服务等。数据库管理系统是数据系统的核心，主要功能有：数据模式定义，数据存取的物理构建，数据操纵，数据的完整性、安全性定义和检查，数据库的并发控制与故障恢复，数据的服务。

数据库和数据库管理系统在 IT 软件中扮演着不可或缺的角色。比如，某公司建设了员工管理系统，员工的信息都会存放在数据库中。当登录员工管理系统查询某员工的工资信息时，部署在服务器上的程序会连接数据库管理系统进行查询，并从数据库中取出该员工的工资数据，最后显示到前端系统页面上。

【拓展知识】

数据库（Database）：保存有组织的数据的容器（通常是一个文件或一组文件）。

数据表（Table）：某种特定类型数据的结构化清单。

模式（Schema）：关于数据库和表的布局及特性的信息。模式定义了数据在表中如何存储，包含存储什么样的数据、数据如何分解、各部分信息如何命名等信息。数据库和表都有模式。

列（Column）：表中的一个字段。所有表都是由一个或多个列组成。

行（Row）：表中的一个记录。

主键（Primary Key）：一列（或一组列），其值能够唯一标识表中每一行。

一般来说，数据库按照数据的组织方式分为两大类：关系型数据库和非关系型数据库。

1. 关系型数据库

关系型数据库是使用最广泛的数据库。采用关系模型来组织数据的数据库，以行和列的形式存储数据，以便于用户理解。关系型数据库这一系列的行和列被称为表，一组表组成了数据库。用户通过查询来检索数据库中的数据，而查询是一个用于限定数据库中某些区域的执行代码。关系模型可以简单理解为二维表格模型，而一个关系型数据库就是由二维表及其之间的关系组成的一个数据组织。关系型数据库主要结构为：库 + 表 + 表之间的关系 + 字段。关系型数据库把复杂的数据结构归结为简单的二元关系（二维表），如图 2-16 所示。

ID	姓名	性别	年龄	...
1001	张三	男	25	...
1002	李四	男	33	...
1003	王五	女	28	...
1004	赵六	男	22	...
1005	孙七	男	31	...
...	...	...	...	...

图2-16 关系型数据库二维表示例

图 2-17 是一个二维表的示例，通常该表第一行为字段名称，描述该字段的作用，下面是具体的数据。在定义该表时需要指定字段的名称及类型。目前主流的关系型数据库有 Oracle、SQL Server、DB2、MySQL、PostgreSQL、Microsoft Access 等。

【拓展知识】

Access数据库是Microsoft Office办公软件中一个极为重要的组成部分，是一种关系型数据库管理系统软件，它能够帮助用户处理各种海量信息，不仅能存储数据，还能够对数据进行处理和分析，数据处理功能比Excel更胜一筹，其操作界面如图2-17所示。

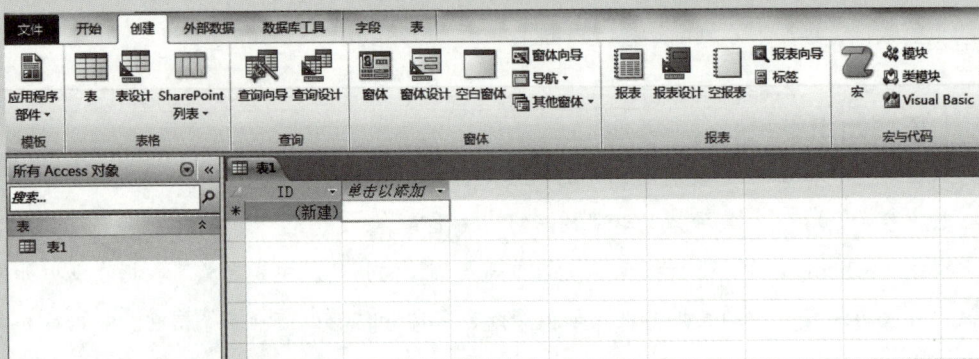

图2-17　Access数据库操作界面

Access数据库窗口中包含"模块""表格""查询""窗体""报表""宏与代码"六大对象。在数据库中，"表格"用来存储数据；"查询"用来查找数据；"窗体""报表"用于获取数据；而"宏与代码"和"模块"则用来实现数据的自动化操作。Access数据库还提供了多种向导、生成器、模板，把数据存储、数据查询、界面设计、报表生成等操作规范化，为建立功能完善的数据库管理系统提供了方便，也使得普通用户不必编写代码，就可以完成大部分数据管理的任务，操作简便，容易使用和掌握。

2. 非关系型数据库

非关系型数据库又称 NoSQL，由于数据类型多种多样，关系型数据库并不适用于所有的数据，因此针对不同的数据类型，出现了不同的非关系型数据库，非关系型数据库的产生并不是要彻底否定关系型数据库，而是作为传统数据库的有效补充。

常见的非关系型数据库有键值数据库、列存储数据库、文档数据库、图数据库、时序数据库、搜索引擎数据库等，其主要特点及应用场景如表 2-1 所示。

表2-1　常见非关系型数据库的主要特点及应用场景

数据库类型	主要特点	应用场景	典型开源产品
键值数据库	使用哈希表存储键和指向特定的数据的指针	内容缓存、购物车	Redis
列存储数据库	键仍然存在，但指针指向多个列，以列簇式存储相关数据	分布式文件系统、大数据分析	HBase
文档数据库	以文档形式（JSON/BSON/XML）存取数据，Schema-Free 弱模式结构	应用日志系统、网站／博客平台	MongoDB
图数据库	以图存储数据，实体顶点，边代表关系	社交网络、推荐引擎	Neo4J
时序数据库	按时间顺序收集，存储和处理数据	物联网应用、事件跟踪	InfluxData
搜索引擎数据库	搜索保存在其他存储和服务中的数据	网页、索引查询	Solr

关系型数据库与非关系型数据库各有优点和缺点，需要仔细分析业务问题的实际需要，充分理解数据库的存储、查询等功能和性能，选择不同的数据库来支撑业务系统。在实际业务系统中，也可能采用两种类型的数据库配合使用。

2.3.2　SQL

SQL（Structured Query Language，结构化查询语言）是访问和操作关系型数据库的标准语言。只要是关系型数据库，都可以使用 SQL 进行访问和控制。SQL 标准的发展历程和主要的新增功能如图 2-18 所示。

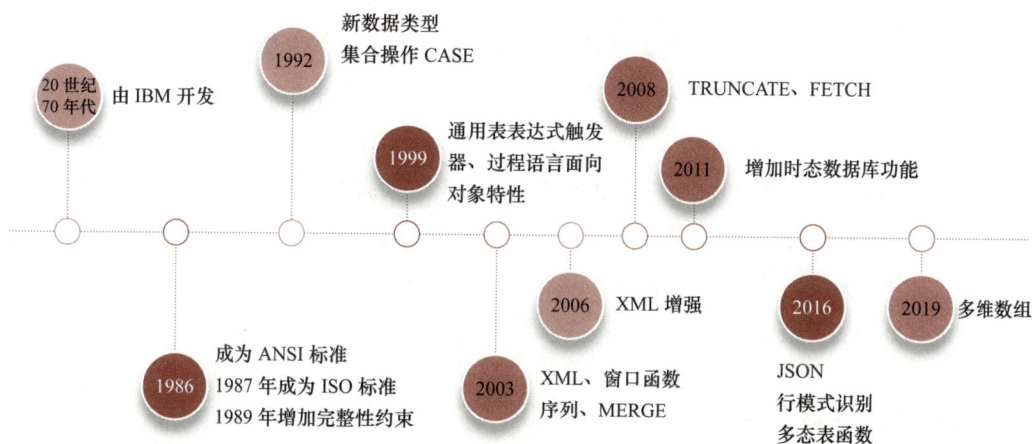

图2-18　SQL标准的发展历程和主要的新增功能

1. SQL的特点

SQL 是一种基于关系代数和关系演算的非过程化语言，它指定用户学习哪些操作，而不指定如何去操作数据，具有非过程化、简单易学、易迁移、高度统一等特点。

（1）非过程化。在使用 SQL 的过程中，用户并不需要理解 SQL 的具体操作方法，只需要通过 SQL 描述想要获得的结果集合的条件，至于数据库系统如何取得结果，则由数据库查询优化系统负责生成具体的执行计划去完成。

（2）简单易学。SQL 的设计非常精简，只需要有限的命令就可以完成复杂的查询操作，而且其语法接近自然语言，易于理解。

（3）易迁移。主流的关系型数据库系统都支持以 SQL 为标准的查询操作，虽然不同的数据库管理系统对 SQL 的标准有所扩展，但是从一个数据库管理系统迁移到另一个数据库管理系统的难度并不高。

（4）高度统一。SQL 具有高度的统一性，依照标准有统一的语法结构、统一的风格，使得对数据库的操作也具有完备性。

【拓展知识】

在数字经济时代，数据成为像能源、资本一般的新型生产要素。数据要素可加速全要素生产效率，发挥数字技术对经济发展的放大、叠加、倍增作用，承载数据要素的存储平台对数字信息基础设施建设至关重要。中国存储市场正处于高速增长期，据互联网数据中心（Internet Data Center，IDC）报告显示，2021年以来，中国外置存储市场始终保持较快增长。2021年上半年，中国外置存储市场规模达23.9亿美元，同比增长33.5%。其中，华为的市场份额占据领先地位，达到29.6%；其次是新华三、浪潮、联想及海康威视，市场份额分别是12%、10.4%、7.9%和6.1%。

过去，传统存储面对的应用主要是数据库、文件和流媒体等传统应用。今天，在新兴技术驱动下，存储主要面对的是云计算、大数据和人工智能等大规模数据应用场景。据IDC预测，2025年，全球数据量将达到175ZB（泽字节），5年年均复合增长率31.8%，而数据中心存储量占比将超过70%。新的行业发展趋势对数据存储提出了新要求。在万物互联时代，对于存储产品来说，安全不仅包括存储安全、访问安全，还要能防攻击。比如，中国天眼FAST是当今世界上口径最大、灵敏度最高的射电望远镜，具有强大的脉冲星搜寻能力，自2017年投入运行以来共发现300多颗脉冲星，也产生了巨大的天文级大数据。为其提供数据存储的平台不仅要"接得住、存得下"，还要具备很强的安全能力。

2. SQL的语法结构

SQL 语法结构包括以下内容。

（1）字句：是语句和查询的组成部分。

（2）表达式：可以生成标量值，也可以生成由列和行数据组成的表。

（3）谓词：给需要评估的 SQL 三值逻辑（Three-Valued Logic，3VL）或布尔真值指定条件，并限制语句和查询的效果，或改变程序流程。

（4）查询：基于特定条件检索数据。这是 SQL 的一个重要组成部分。

（5）语句：可以持久地影响纲要和数据，也可以控制数据库事务、程序流程、连接、会话或诊断。

3. SQL的分类

通常将主要的 SQL 语句分为数据查询语言、数据操纵语言、数据定义语言、事务控制语言、数据控制语言和游标控制语言。

（1）数据查询语言（Data Query Language，DQL）。数据查询语言也就是 Select 语句，用于查询数据库中的数据和信息。

（2）数据操纵语言（Data Manipulation Language，DML）。数据操纵语言是用于数据库操作，对数据库中的对象运行数据访问工作的编程语句。该语言用于对表中的数据进行增加（Insert）、修改（Update）、删除（Delete）以及合并（Merge）操作，这四个指令合称CRUD（Create，Retrieve，Update，Delete），即增删改查。

（3）数据定义语言（Data Definition Language，DDL）。数据定义语言是SQL语言集中负责数据结构定义与数据库对象定义的语言。主要用于定义数据库中的对象（例如表或索引），包括创建（Create）对象、修改（Alter）对象和删除（Drop）对象等。

（4）事务控制语言（Transaction Control Language，TCL）。事务控制语言用于管理数据库的事务，主要包括启动事务（Start Transaction）、提交事务（Commit Transaction）、回退事务（Rollback Transaction）和结束事务（End Transaction）。

（5）数据控制语言（Data Control Language，DCL）。数据控制语言是一种可对数据访问权进行控制的指令，它可以控制特定用户账户对数据表、查看表、预存程序、用户自定义函数等数据库对象的控制权，主要有授权（Grant）和撤销（Revoke）。

（6）游标控制语言（Cursor Control Language，CCL）。游标控制语言规定了SQL语句在宿主语言程序中的使用规则，包含了声明游标（Declare Cursor）、取值（Fetch Into）和更新当前位置（Update Where Current）等语句。

实 战 任 务

任务 2-1

任务背景

在电商企业经营过程中，对竞争对手进行分析，可以帮助决策者和管理层了解竞争对手的发展势头，为企业的战略制定与调整提供数据支持。

某网店准备销售智能马桶产品，为了确定一个合理的市场销售价格，要求数据分析岗位的员工采集竞争对手月销量超过300的商品数据，包括销售价格、品牌、销量等。

任务分析

竞争数据采集的关键之处在于确定竞争对手、确定采集指标。本任务中网店所处平台为淘宝平台，并明确要求采集竞争对手商品数据，因此选择采集淘宝平台上竞争对手智能马桶产品的价格、品牌、销量等数据。

任务操作

步骤1：确定数据来源。根据商品销售平台，确定数据来源。如在淘宝平台进行销售，则竞争店铺在淘宝平台。

步骤2：确定采集指标。包括销售价格、品牌、月销量三项关键数据的采集，除此之外还应包括商品名称、商品链接等指标，以方便后期对竞争商品进行跟踪分析。

步骤3：制作数据采集表。根据步骤2所确定的采集指标制作数据采集表，如表2-2所示。

表2-2　智能马桶产品竞争数据采集表

商品名称	品牌	销售价格	月销量	商品链接

步骤4：确定采集范围。根据任务要求，采集数据为月销量超过300的商品数据，因此，采集过程中首先需要按照销量排序，然后选择月销量超过300的商品，按照步骤2中所确定的数据指标进行采集。

步骤5：数据采集。在淘宝平台，搜索智能马桶相关关键词，按照销量排序，选择月销量超过300的竞争对手商品进行商品名称、商品链接、品牌、销售价格、月销量等数据的采集，并填入数据采集表。

步骤6：分析评价。根据数据采集表中的数据进行分析评价。

任务 2-2

任务背景

随着经济的发展和消费水平的提高，休闲食品正在逐渐升级成为百姓日常的必需消费品。运用数据收集工具对休闲食品电商品牌三只松鼠、百草味、良品铺子的搜索规模、关注度和客户人群的主要区域进行分析。

任务分析

百度指数能够告诉用户：某个关键词在百度的搜索规模有多大，一段时间内的涨跌态势以及相关的新闻舆论变化，关注这些词的网民是什么样的，分布在哪里，同时还搜索了哪些相关的词，帮助用户优化数字营销活动方案。

任务操作

步骤1：注册并登录百度指数首页，在搜索框中输入关键词。

步骤2：在默认显示模块"趋势研究"中添加关键词。依次查看并收集30天、90天、半年的整体趋势、PC端趋势还有移动端趋势。

步骤3：根据"需求图谱"，查看关注度情况和相关词热度。

步骤4：收集人群画像中地域分布和人群属性两个板块的信息。

步骤5：根据收集到的信息和数据进行分析评价。

任务 2-3

任务背景

随着大数据与云计算架构的发展，以及信息产业的迅猛发展和普及，存储行业发生了很大的改变。无论是数据量的处理，还是数据类型的多样性方面都发生了很大的变化，数据库的种类也变得多种多样。从数据的处理类型来分，数据库已有超过10个类别，其中包括关系型数据库、内存数据库、文档数据库、图数据库、对象数据库、时序数据库等。

任务分析

MySQL是一个应用较广的关系型数据库管理系统之一。MySQL所使用的SQL语言是用于访问数据库的常用标准化语言，由于其具有体积小、速度快、开放源码等特点，一般中小型网站的开发都选择MySQL作为网站数据库。

任务操作

步骤1：熟悉MySQL环境，检查软硬件配置是否达到MySQL的安装要求。

步骤2：安装数据库管理系统MySQL服务器。

步骤3：启动并登录MySQL服务器。

步骤4：认识MySQL界面工具。

步骤5：利用MySQL命令行窗口创建数据库及表。

步骤6：利用界面工具创建数据库及表。

模 块 小 结

本模块阐述了数据的类型、数据的呈现形式、数据来源、数据收集工具、数据存储方法。数据的收集为数据分析提供了素材和依据。

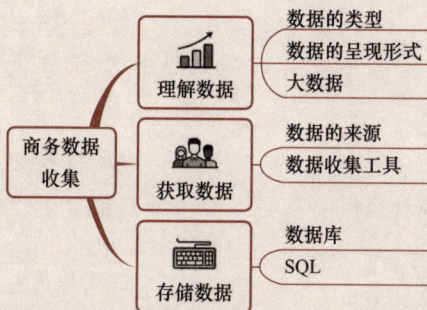

因不当获取数据库信息引发的纠纷案

原告杭州A科技公司系"女装网"的经营者，该网站上有经销商匿名发布的加盟意向，其投入了大量人力、物力进行人工审核，对审核通过的数据进一步加贴标签并进行人工分类筛选，最终放入平台经销商数据库。后发现被告浙江C网络科技公司以"撞库"方式非法获取、使用"女装网"上的账号及密码登录"女装网"并查看经销商数据库信息。

杭州铁路运输法院经审理后认为，根据被控侵权行为实施的时间、地点、与职务的内在联系、行为表现及利益归属等因素，认定涉案被控侵权行为应为被告公司的行为，而非个人行为。涉案经销商数据信息可给原告带来直接的经济利益，属于应当受法律保护的权益。从被控侵权行为的方式、手段、目的和后果分析，确实违反诚实信用原则和公认的商业道德。原、被告双方当事人的商业模式、企业定位、用户群体存在高度重合性，在互联网服装领域是直接竞争关系，所以涉案被控侵权行为给杭州A科技公司造成了损害。法院最终判定被告浙江C网络科技公司立即停止侵权，并赔偿原告杭州A科技公司经济损失共计35万元，同时承担消除影响的民事责任。

"撞库"是指黑客通过收集互联网已泄露的账号和密码信息，生成对应的字典表，尝试批量登录其他网站后，得到一系列可以登录的用户信息。很多用户在不同网站使用的是相同的账号和密码，因此黑客可以通过获取用户在A网站的账号尝试登录B网站，这就可以理解为撞库攻击。超越边界的获取数据库行为会损害未来网络用户的利益，网络用户利益的根本提高来自经济发展，而经济的持续发展必然依赖于公平竞争的市场秩序。

同步练习

一、单选题

1. 在电子表格中输入身份证号码时，宜采用的数据格式是（　　）。

    A. 数值　　　　　B. 货币　　　　　C. 科学记数　　　　D. 文本

2. 常见的数据来源渠道主要有内部数据和外部数据，以下属于外部数据的是（　　）。

    A. 企业CRM　　　　　　　　　　B. 百度指数

    C. 独立站的百度统计数据　　　　D. 店铺后台订单系统

3. 下列收集数据的行为属于违法行为的是（　　）。

    A. 使用生意参谋工具导出自己店铺运营数据

    B. 使用百度指数工具获取关键词搜索指数及用户画像数据

C. 使用数据采集工具采集其他网站公开数据信息

D. 通过技术手段进入竞争对手网站数据库获取网站流量及销售数据

5. 竞争数据收集不涉及（　　）。

　A. 行业规模　　　　B. 热销爆款　　　　C. 员工学历　　　　D. 活动促销

6. （　　）为商家提供流量、商品、交易等店铺经营全链路的数据披露、分析、解读、预测等功能，不仅是店铺和市场数据的重要来源渠道，也是淘宝/天猫平台卖家的重要数据采集工具。

　A. 店侦探　　　　B. 淘数据　　　　C. 京东商智　　　　D. 生意参谋

7. 一手资料主要是经过自己直接收集整理以及从直接经验中所获得的资料。下列不属于一手资料的是（　　）。

　A. 用户访谈情况　　　　　　　B. 用户的行为数据

　C. 商务部发布的研究报告　　　D. 问卷调研情况

二、多选题

1. 大数据的特征有（　　）。

　A. 大量性　　　　B. 多样性　　　　C. 高速性　　　　D. 价值性

2. 常见的非关系型数据库有（　　）。

　A. 键值数据库　　　　　　　　B. 列存储数据库

　C. 图数据库　　　　　　　　　D. 搜索引擎数据库

3. 百度指数的主要功能模块包括基于单个词的（　　）。

　A. 人群画像　　　　B. 需求图谱　　　　C. 趋势研究　　　　D. 行业排行

4. 下列属于数据收集工具的是（　　）。

　A. 店侦探　　　　B. 后羿采集器　　　　C. 京东商智　　　　D. 小红书

5. 外部数据的收集渠道有（　　）。

　A. 出版社　　　　　　　　　　B. 行业协会

　C. 政府机构及经济管理部门　　D. 电子商务平台

三、判断题

1. 分类数据是按照现象的某种属性对其进行分类或分组而得到的反映事物类型的数据。（　　）

2. 一手资料主要是经过自己直接收集整理以及从直接经验中所获得的资料。商务部发布的研究报告属于一手资料。（　　）

3. 数据库按照数据的组织方式分为两大类：关系型数据库和非关系型数据库。（　　）

4. 大数据的来源广泛且多样化，无论是什么形式的数据都可以产生作用。（　　）

5. 只要是关系型数据库，都不可以使用SQL进行访问和控制。（　　）

四、技能训练题

1. 注册店侦探工具，用其采集淘宝网销量前三页的智能手表的销售价格与付款人数数据。

2. 明晨是一家电子商务代运营公司的数据分析专员，刚刚接洽了一家商贸公司。该商贸公司有着较为丰富的线下货源渠道，想在天猫或者淘宝平台上销售具有自主品牌的雨具类产品，因此特地前来咨询。明晨应收集数据提供以下相关建议：

（1）在天猫或者淘宝平台上销售具有自主品牌的雨具类产品是否可行？主要依据是什么？

（2）具体品类建议及理由。

（3）商品主推款式、价格区间及理由。

模块3
商务数据处理

学习目标

知识目标

◆ 了解数据处理的作用

◆ 熟悉数据清洗、加工及抽样的基本方法

◆ 掌握数据处理的相关技巧

技能目标

◆ 能够熟练使用数据处理工具

◆ 能够独立对数据进行清洗、加工及抽样等操作

引导案例

某女装网店进行搜索引擎优化（Search Engine Optimization，SEO）过程中需要对一款毛衣的标题进行优化。优质的标题能使商品的排名更靠前，商品的访问量和成交转化率会得到提升。卖家通过多种渠道采集到上千条核心关键词、长尾词和拓展词等数据。采集到的数据存在杂乱无章、残缺不全等问题，需要用适当的处理方法进行整理加工，形成适合数据分析的要求样式。该网店对完成清洗的有效数据进行统计、计算、排序和筛选后，得到了排名前三的关键词，如图3-1所示。

	关键词	推荐理由	展现指数	竞争指数	市场平均出价	点击率	点击转化率
2	内搭毛衣 女	热搜	1,672,582	15,344	49元	5.05%	1.16%
3	女打底毛衣 女		655,262	4,897	69元	4.99%	0.86%
4	圆领毛衣 女		495,685	2,753	129元	5.32%	0.79%

图3-1　排名前三的关键词

【引入问题】

1. 该案例中使用了哪些数据处理方法？
2. 试分析数据处理在数据分析中的作用。

数据的处理是整个数据分析过程中必不可少的环节，其结果质量直接关系到数据分析的最终结论。

3.1　数据清洗

数据清洗是将收集数据中存在内容、格式错误的数据进行处理纠正，处理方式主要包括重复数据处理、缺失数据处理、逻辑错误处理。

3.1.1　重复数据处理

重复数据处理是指清除数据列表中重复的记录。在收集数据时，经常会出现数据被重复记录的情况，重复数据会影响数据处理结果的准确性，导致数据分析出现偏差，因此需要将其删除。常用的处理方式有三种，分别为删除重复数据、快速识别重复数据和对重复数据进行计数。删除重复数据的操作步骤如下：

重复数据处理

选择数据表中任意一个单元格，单击"数据"功能选项卡，在选项卡中选择"删除重复项"即可，如图 3-2 所示。

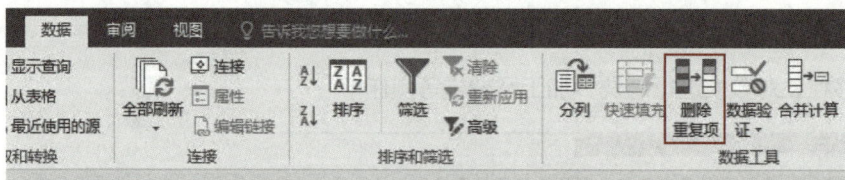

图3-2　删除重复项

【想一想】

如何完成以下操作：①仅对重复数据进行标记；②统计重复数据的个数。

3.1.2　缺失数据处理

在数据分析中经常会遇到数据记录中某些属性的值不完整的情况。数据记录表中单元格如果出现空值，我们就认为数据存在缺失。缺失值产生的原因主要有三种：①无法获取准确信息；②由于人为原因导致某些信息被遗漏或删除；③数据存储失败导致数据缺失。处理缺失数据的常用方法是先寻找缺失值位置，在进行缺失值的处理。常用的寻找缺失值的方法有两种，分别是直接筛选和定位空值。

第一种直接筛选，一般用于数据量比较少的情况。选中需要筛选的数据，在"数据"功能选项卡的"排序和筛选"功能组中，选择"筛选"，在下拉菜单中选择"空白"，就可将空白的单元格筛选出来，找到缺失值。

第二种定位空值。一般用于数据量比较多的情况。下面演示如何使用"定位空值"法将"年龄"字段中的空值均替换为"20"，操作步骤如下：

步骤 1：选择"年龄"所在的 E 列，在开始功能选项卡"编辑"功能组中，选择"查找和选择"，在下拉菜单中选择"定位条件"子菜单，如图 3-3 所示。

步骤 2：在弹出的"定位条件"对话框中，选择"空值"选项，单击"确定"，如图 3-4 所示。

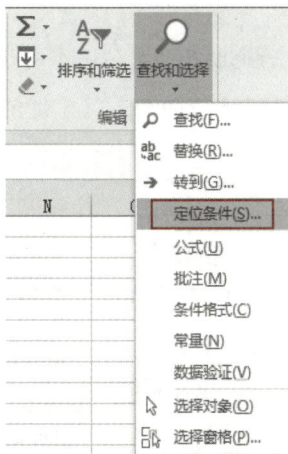

图3-3　选择"定位条件"命令

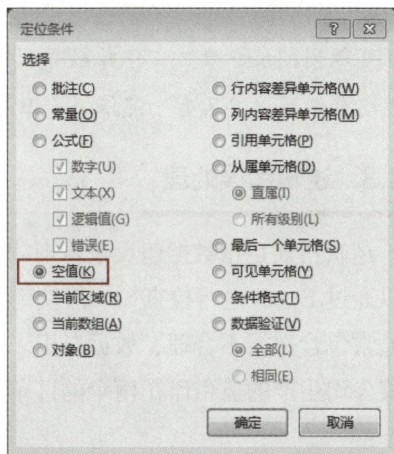

图3-4　"定位条件"对话框

步骤 3："年龄"所在的 E 列中所有的空值即可被一次性选中，如图 3-5 所示。

步骤 4：直接输入替代值"20"，按"Ctrl+Enter"组合键确认，就可以一次性完成该列所有选中的空白单元格的填充，如图 3-6 所示。

1	姓名	性别	身高	体重	年龄
2	廖云涛	男	165	51	19
3	林立强	女	159	58	20
4	刘晗	女	164	56	
5	刘苏	男	164	52	20
6	罗文杰	男	175	75	18
7	罗泽坤	男	172	72	20
8	马柯	女	170	48	
9	梅闻鼎	男	160	55	20
10	穆威	女	165	60	
11	潘国梁	男	172	68	19
12	饶斌	男	175	60	
13	孙晨浩	男	170	55	18
14	孙锐	男	171	55	18
15	童俊涛	男	178	61	19

图3-5　查找到所有空白单元格

1	姓名	性别	身高	体重	年龄
2	廖云涛	男	165	51	19
3	林立强	女	159	58	20
4	刘晗	女	164	56	20
5	刘苏	男	164	52	20
6	罗文杰	男	175	75	18
7	罗泽坤	男	172	72	20
8	马柯	女	170	48	20
9	梅闻鼎	男	160	55	20
10	穆威	女	165	60	20
11	潘国梁	男	172	68	19
12	饶斌	男	175	60	20
13	孙晨浩	男	170	55	18
14	孙锐	男	171	55	18
15	童俊涛	男	178	61	19

图3-6　统一输入替代值

【拓展知识】

处理缺失数据的三种方法：

1. 删除缺失值

优点：数据更加完整，便于数据处理。

缺点：缺少了部分样本可能导致整体结果出现偏差。

2. 保留缺失值

当缺失值有明确意义的时候，可以选择保留缺失值，保证样本的完整性。但是保留的前提是你要知道保留缺失值的意义是什么，出现缺失的原因是什么。

3. 寻找替代值

可以用均值、众数、中位数等代替缺失值，也可以人为地赋予缺失值一个具体的值。虽然这样做既简单又有一定依据，但是也可能会缺失值失去其本身的含义，有利有弊。

3.1.3 逻辑错误处理

逻辑错误是指数据违反逻辑规律的要求和逻辑规则而产生的错误，可以通过 Excel 进行检查，一般使用逻辑推理就可以发现问题。逻辑错误通常包含数据不合理、数据自相矛盾、数据不符合规律等。下面我们以某公司生产的蓝色印花雨伞的订单表为例，给大家做演示，操作步骤如下：

缺失数据处理、
逻辑错误处理

由于该商品限购 1 件，因此"购买数量"大于 1 的记录即为逻辑错误，需要将其标注出来。

步骤 1：选中"购买数量"D 列，在"开始"功能选项卡的"样式"功能组中，选择"条件格式"，在下拉菜单中选择"突出显示单元格规则→大于"，如图 3-7 所示。

步骤 2：在弹出的"大于"对话框中，填入数值"1"，在"设置为"下拉列表中选择"浅红填充色深红色文本"，单击"确定"，如图 3-8 所示。

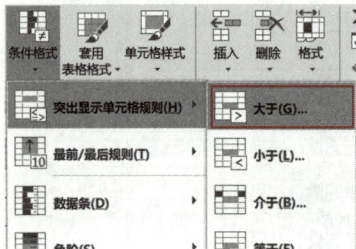

■ 图3-7 选择"大于"命令   ■ 图3-8 "大于"对话框

步骤 3："购买数量"中存在错误的数据被标注"浅红填充色深红色文本"，如图 3-9 所示。

步骤 4：将标注为"浅红填充色深红色文本"的错误值更改为"1"，如图 3-10 所示。

	A	B	C	D
1	买家会员名	商品名称	购买单价	购买数量
2	windy2134	限购1件蓝色印花雨伞	16	1
3	旺旺牛奶	限购1件蓝色印花雨伞	16	1
4	t_1485337872663_0778	限购1件蓝色印花雨伞	16	2
5	罗静sun	限购1件蓝色印花雨伞	16	1
6	legend1111	限购1件蓝色印花雨伞	16	1
7	到这里来yz000	限购1件蓝色印花雨伞	16	1
8	锐锐sauhfui	限购1件蓝色印花雨伞	16	1
9	tb45389345	限购1件蓝色印花雨伞	16	3
10	米兰72138947356901	限购1件蓝色印花雨伞	16	1
11	t_150713846712_0261	限购1件蓝色印花雨伞	16	1
12	感恩的心	限购1件蓝色印花雨伞	16	1
13	十里桃花	限购1件蓝色印花雨伞	16	2
14	春风得意3287146	限购1件蓝色印花雨伞	16	1

图3-9　标注错误数据

	A	B	C	D
1	买家会员名	商品名称	购买单价	购买数量
2	windy2134	限购1件蓝色印花雨伞	16	1
3	旺旺牛奶	限购1件蓝色印花雨伞	16	1
4	t_1485337872663_0778	限购1件蓝色印花雨伞	16	1
5	罗静sun	限购1件蓝色印花雨伞	16	1
6	legend1111	限购1件蓝色印花雨伞	16	1
7	到这里来yz000	限购1件蓝色印花雨伞	16	1
8	锐锐sauhfui	限购1件蓝色印花雨伞	16	1
9	tb45389345	限购1件蓝色印花雨伞	16	1
10	米兰72138947356901	限购1件蓝色印花雨伞	16	1
11	t_150713846712_0261	限购1件蓝色印花雨伞	16	1
12	感恩的心	限购1件蓝色印花雨伞	16	1
13	十里桃花	限购1件蓝色印花雨伞	16	1
14	春风得意3287146	限购1件蓝色印花雨伞	16	1

图3-10　修正数据

3.2　数据加工

　　一般情况下，经过清洗之后的数据依然无法满足数据分析需求，还要对数据进行进一步的加工处理，最终形成我们所需要的规范、简洁、清晰的样本数据。数据加工的手段主要有数据转换、数据分组、数据抽取和数据计算。

3.2.1　数据转换

　　不同的数据源可能存在不同的形式，数据转换主要是指对数据进行规格化操作，把数据转换成规范、清晰、易于分析的形式。

1. 结构转换

在对数据进行分析的过程中，常用的数据表都是一维的，便于进行数据管理和数据再加工。因此，一般建议基础数据最好采用一维表。判断数据表是二维表还是一维表最简单的方法是看列的内容是否是一个独立参数。如果每一列都是独立的参数，则为一维表；如果两列和两列以上是相同类型的参数，则为二维表。

某品牌零售企业在天猫、苏宁、京东、当当四个电商平台各季度的销售情况如图 3-11 所示。我们可以发现给出的数据表中有两列以上是相同类型的参数，所以该数据表为二维表。为了今后便于对数据进行处理和分析，现将该二维表转化为一维表。操作步骤如下：

▲	A	B	C	D	E
1	店铺	季度一	季度二	季度三	季度四
2	天猫旗舰店	212	165	137	306
3	苏宁旗舰店	134	108	90	216
4	京东旗舰店	175	156	116	289
5	当当旗舰店	145	122	101	260

图3-11　某品牌零售企业电商平台销售情况

数据转换、
数据分组

步骤1：单击表格中的任意单元格，选择"数据"功能选项卡"获取和转换"功能组中的"从表格"，如图 3-12 所示。

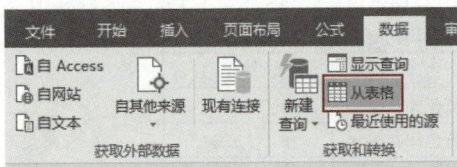

图3-12　选择"从表格"命令　　　**图3-13　"创建表"对话框**

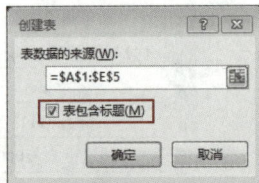

步骤2：在弹出的"创建表"对话框中，勾选"表包含标题"，单击"确定"，如图 3-13 所示。

步骤3：在弹出的查询编辑器中，选择"转换"→"逆透视列"→"逆透视其他列"，如图 3-14 所示。

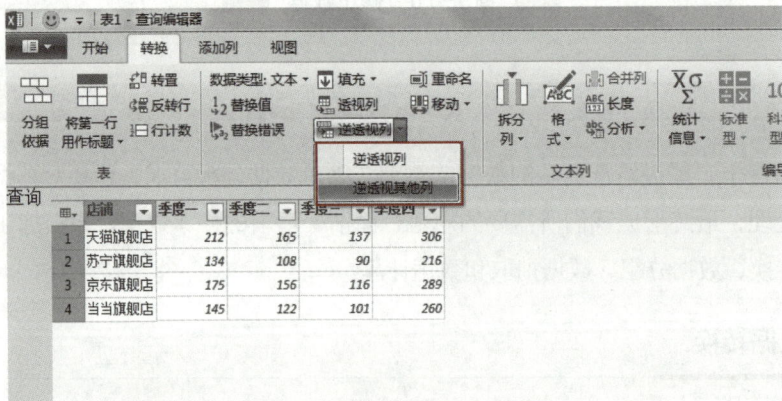

图3-14　查询编辑器（逆透视其他列）

步骤4：选择后将出现如图 3-15 所示的界面，单击"开始"→"关闭并上载"。

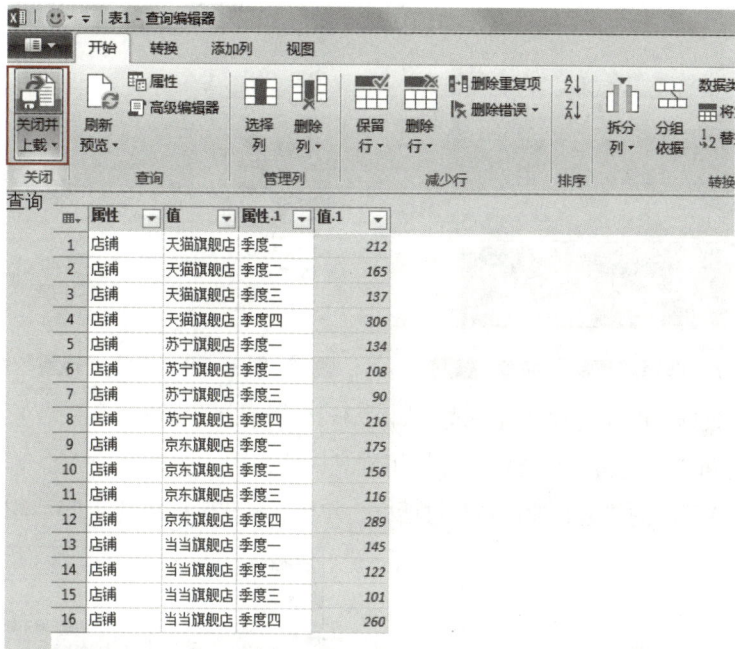

图3-15　查询编辑器（关闭并上载）

步骤5：随后自动生成一维表形式的查询工作表，如图 3-16 所示。可以根据需要修改标题字段的名称、表格样式等。

图3-16　一维表形式的查询工作表

2. 行列转换

在进行数据分析时，经常要从不同的维度观察数据，例如从时间的维度分析数据情况，或是从地区维度分析数据情况，我们就需要把行列数据进行转换，一般我们用数据"转置"的功能进行行列转换。操作步骤如下：

步骤1：选中需要转置单元格数据区域，在"开始"功能选项卡中，选择"复制"，将所选内容复制到剪贴板，如图 3-17 所示。

步骤2：选中转置后数据所在区域的单元格，在"开始"功能选项卡中，选择"粘贴"下拉菜单中的"转置"，如图 3-18 所示。

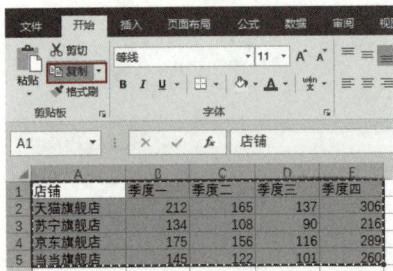

图3-17 选择"复制"命令

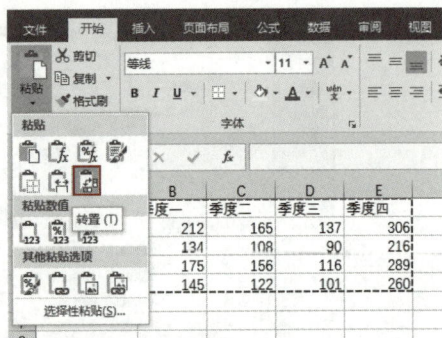

图3-18 选择"转置"命令

步骤3：数据表的行与列转置完成，如图3-19所示。

此外，还可以使用另一种方法，即使用键盘快捷方式，按"Ctrl+Alt+V"快捷键，会弹出如图3-20所示的"选择性粘贴"对话框，勾选"转置"复选框，即可实现转置粘贴。

图3-19 数据表行列转置

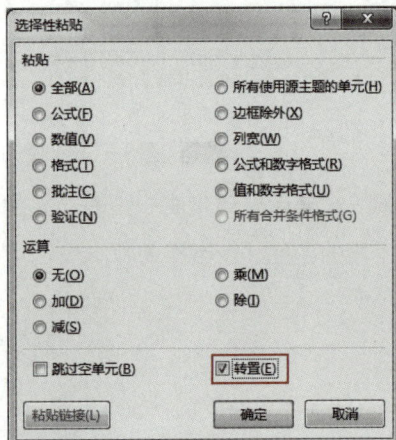

图3-20 "选择性粘贴"对话框

3.2.2 数据分组

数据分组是根据统计分析的需要，将原始数据按照某种标准划分成不同的组别，分组后的数据称为分组数据。数据分组的主要目的是观察数据的分布特征，分组后计算出各组中数据出现的频数，形成一张频数分布表。数据分组的方法有单项式分组和组距式分组两种。

1. 单项式分组

单项式分组一般适用于离散型变量且变量变动不大的情况，一个变量值作为一组，有多少个变量值就可分成多少个组。

例如，某公司成立三年，现有员工20人，"员工工龄"工作表中是该公司所有在职员工的工龄信息如图3-21所示。

现以员工工龄指标作为分组依据，将员工分成三组，分组情况是工龄1年、工龄2年、工龄3年。

利用函数COUNTIF统计"员工工龄"工作表中的"工龄"分组情况，操作步骤如下：

	A	B	C	D	E	F
1	姓名	性别	工龄（年）		工龄（年）	人数
2	赵希瑞	男	1		1	
3	赵雄军	男	2		2	
4	穆东	男	3		3	
5	钱永荣	男	1			
6	黄白玉	女	1			
7	王梅	女	1			
8	李祥瑞	男	2			
9	刘昱欣	女	3			
10	徐天赐	男	3			
11	李明	男	3			
12	曾浩南	男	2			
13	刘天虎	男	2			
14	刘伟	女	2			
15	王明明	男	3			
16	李华	男	2			
17	李学友	男	3			
18	王建光	男	2			
19	张莹	女	1			
20	王芬	女	1			
21	王英	女	3			

图3-21 "员工工龄"工作表

【拓展知识】

COUNTIF()函数是对指定区域中符合指定条件的单元格计数的一个函数，该函数的语法规则如下：

=COUNTIF（Range，Criteria）

参数Range：表示条件区域，即对单元格进行计数的区域。

参数Criteria：表示条件，即用数字、表达式或文本等形式定义的条件。

步骤1：单击"员工工龄"工作表中的单元格F2，在"公式"功能选项卡中，选择"插入函数"，如图3-22所示。

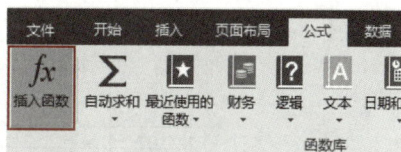

图3-22 选择"插入函数"命令

步骤2：在弹出的"插入函数"对话框中，输入函数COUNTIF，单击"转到"按钮，选择列表中的COUNTIF函数，单击"确定"按钮，如图3-23所示。

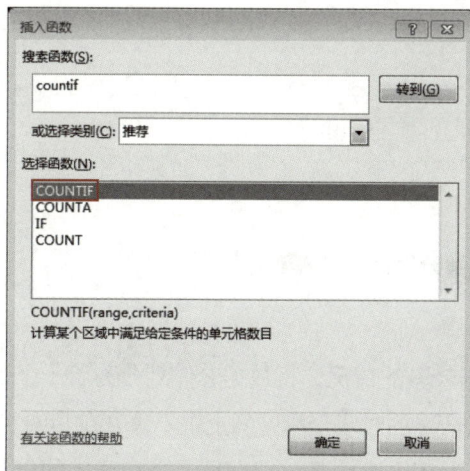

图3-23 选择COUNTIF函数

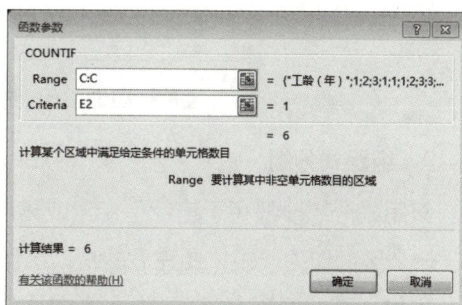

图3-24 函数参数

步骤3：在弹出的"函数参数"对话框中，单击第一个输入框（Range），再单击C列（条件区域，即对单元格进行计数的区域）；单击第二个输入框（Criteria），再单击E2单元格（条件，即员工工龄为1年），如图3-24所示。

步骤4：单击"确定"按钮，得到工龄为1年的员工人数，如图3-25所示。

	A	B	C	D	E	F
1	姓名	性别	工龄（年）		工龄（年）	人数
2	赵希瑞	男	1		1	6
3	赵雄军	男	2		2	
4	穆东	男	3		3	
5	钱永荣	男	1			
6	黄白玉	女	1			
7	王梅	女	1			
8	李祥瑞	男	2			
9	刘昱欣	女	3			
10	徐天赐	男	3			
11	李明	男	3			
12	曾浩南	男	2			
13	刘天虎	男	2			
14	刘伟	女	2			
15	王明明	男	3			
16	李华	男	2			
17	李学友	男	3			
18	王建光	男	2			
19	张莹	女	1			
20	王芬	女	1			
21	王英	女	3			

图3-25　COUNTIF函数计算结果

步骤5：选中F2单元格，拖动单元格右下角的填充柄，向下填充公式，结果如图3-26所示。

	A	B	C	D	F	F
1	姓名	性别	工龄（年）		工龄（年）	人数
2	赵希瑞	男	1		1	6
3	赵雄军	男	2		2	7
4	穆东	男	3		3	7
5	钱永荣	男	1			
6	黄白玉	女	1			
7	王梅	女	1			
8	李祥瑞	男	2			
9	刘昱欣	女	3			
10	徐天赐	男	3			
11	李明	男	3			
12	曾浩南	男	2			
13	刘天虎	男	2			
14	刘伟	女	2			
15	王明明	男	3			
16	李华	男	2			
17	李学友	男	3			
18	王建光	男	2			
19	张莹	女	1			
20	王芬	女	1			
21	王英	女	3			

图3-26　员工工龄分组情况

2. 组距式分组

组距式分组一般用于连续型变量或离散数据较多的情况，将数据总体划分为若干个区间，一个区间作为一组，要注意的是，统计分组情况的时候一般区间上限不包含在其中。

例如，某公司现有员工20人，"员工年龄"工作表中是该公司所有在职员工的年龄信息，如图3-27所示。

▲	A	B	C	D	E	F
1	姓名	性别	年龄		年龄	人数
2	赵希瑞	男	20		30以下	
3	赵雄军	男	23		30-40	
4	穆东	男	30		40-50	
5	钱永荣	男	35			
6	黄白玉	女	26			
7	王梅	女	29			
8	李祥瑞	男	26			
9	刘昱欣	女	41			
10	徐天赐	男	25			
11	李明	男	27			
12	曾浩南	男	38			
13	刘天虎	男	36			
14	刘伟	女	40			
15	王明明	男	42			
16	李华	男	46			
17	李学友	男	32			
18	王建光	男	27			
19	张莹	女	34			
20	王芬	女	35			
21	王英	女	36			

■ 图3-27 "员工年龄"工作表 ■

现以员工年龄指标作为分组依据，将员工分成三组，分组情况是30岁以下、30岁到40岁、40岁到50岁。

利用函数COUNTIFS统计"员工年龄"工作表中的"年龄"分组情况，操作步骤如下：

【拓展知识】

COUNTIFS()函数是Excel中的一个统计函数，用来计算多个区域中满足给定条件的单元格的个数，可以同时设定多个条件，该函数为COUNTIF()函数的扩展。该函数的语法规则如下：

= COUNTIFS(Criteria_range1, Criteria1, Criteria_range2, Criteria2, …)

参数Criteria_range1：表示条件区域1，即第一个对单元格进行计数的区域。

参数Criteria1：表示条件1，即第一个区域中用数字、表达式或文本等形式定义的条件。

同理，Criteria_range2为第二个条件区域，Criteria2表示第二个条件。

最终计算结果是在多个区域中满足多个条件的单元格个数。

步骤1：单击"员工年龄"工作表中的单元格F2，在"公式"功能选项卡中，选择"插入函数"，如图3-28所示。

■ 图3-28 选择"插入函数"命令 ■

步骤2：在弹出的"插入函数"对话框中，输入函数COUNTIFS，单击"转到"按钮，选择列表中的COUNTIFS函数，单击"确定"按钮，如图3-29所示。

步骤3：在弹出的"函数参数"对话框中，单击第一个输入框（Criteria_range1），再单击C列（条件区域，即对单元格进行计数的区域）；单击第二个输入框（Criteria1），输入"<30"（条件，即员工年龄小于30岁），计算得到员工年龄小于30岁的人数，如图3-30所示。

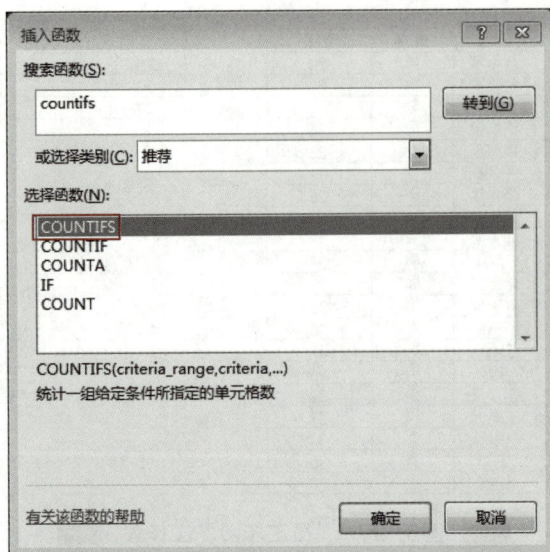

图3-29 选择COUNTIFS函数

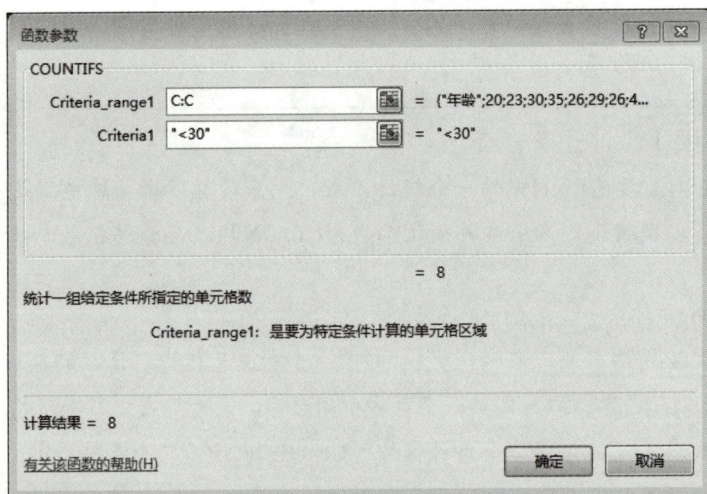

图3-30 COUNTIFS函数的参数设置（30岁以下）

步骤4：同样单击 F3 单元格，插入 COUNTIFS 函数，在弹出的"函数参数"对话框中，单击第一个输入框（Criteria_range1），再单击 C 列（第一个条件区域，即对单元格进行计数的区域）；单击第二个输入框（Criteria1），输入"<40"（第一个条件，即员工年龄小于 40 岁），单击第三个输入框（Criteria_range2），再单击 C 列（第二个条件区域，即对单元格进行计数的区域）；单击第二个输入框（Criteria2），输入">=30"（第二个条件，即员工年龄大于等于 30 岁），计算得到员工年龄在 30 岁到 40 岁之间的人数，如图 3-31 所示。

步骤5：同样可计算出员工年龄在 40 岁到 50 岁之间的人数，如图 3-32 所示。

步骤6：利用 COUNTIFS 函数计算的员工年龄分组情况，如图 3-33 所示。

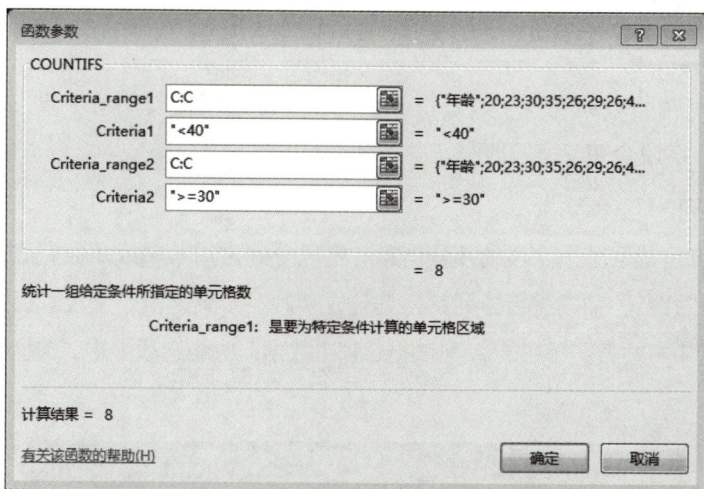

图3-31 COUNTIFS函数的参数设置（30岁到40岁）

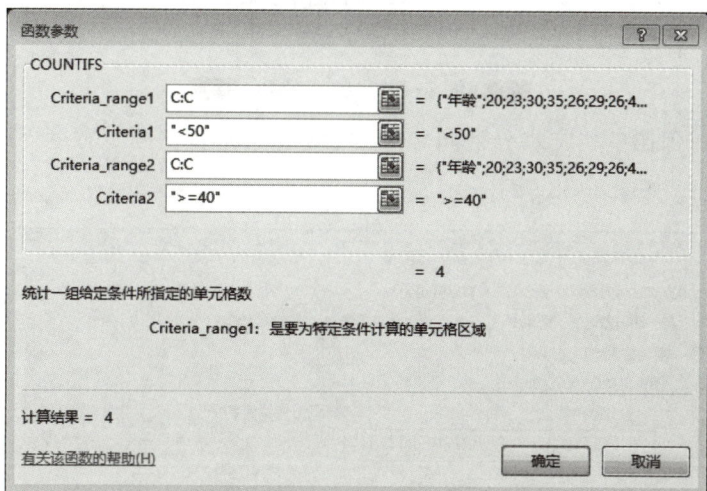

图3-32 COUNTIFS函数的参数设置（40岁到50岁）

	A	B	C	D	E	F
1	姓名	性别	年龄		年龄	人数
2	赵希瑞	男	20		30以下	8
3	赵雄军	男	23		30-40	8
4	穆东	男	30		40-50	4
5	钱永荣	男	35			
6	黄白玉	女	26			
7	王梅	女	29			
8	李祥瑞	男	26			
9	刘昱欣	女	41			
10	徐天赐	男	25			
11	李明	男	27			
12	曾浩南	男	38			
13	刘天虎	男	36			
14	刘伟	女	40			
15	王明明	男	42			
16	李华	男	46			
17	李学友	男	32			
18	王建光	男	27			
19	张莹	女	34			
20	王芬	女	35			
21	王英	女	36			

图3-33 员工年龄分组情况

3.2.3 数据抽取

数据抽取是指将数据现有字段进行加工整合，形成所需要的新字段。数据抽取主要包括字段分列、字段合并、字段匹配。

1. 字段分列

字段分列就是截取某个字段的部分信息。字段分列常用菜单或函数完成。

例如，对"姓名"字段进行分列，将其分成"姓""名"两个字段。操作步骤如下：

步骤1：选中"姓名"所在的 A 列数据，在"数据"功能选项卡中，选择"分列"命令，如图 3-34 所示。

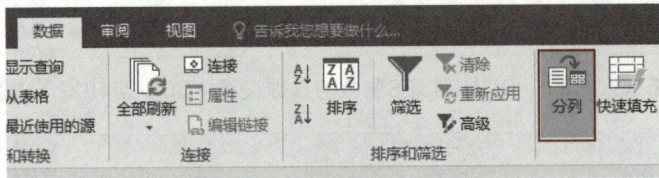

图3-34　数据分列

步骤 2：在弹出的"文本分列向导"对话框中，选择"固定宽度"选项，并单击"下一步"按钮，如图 3-35 所示。

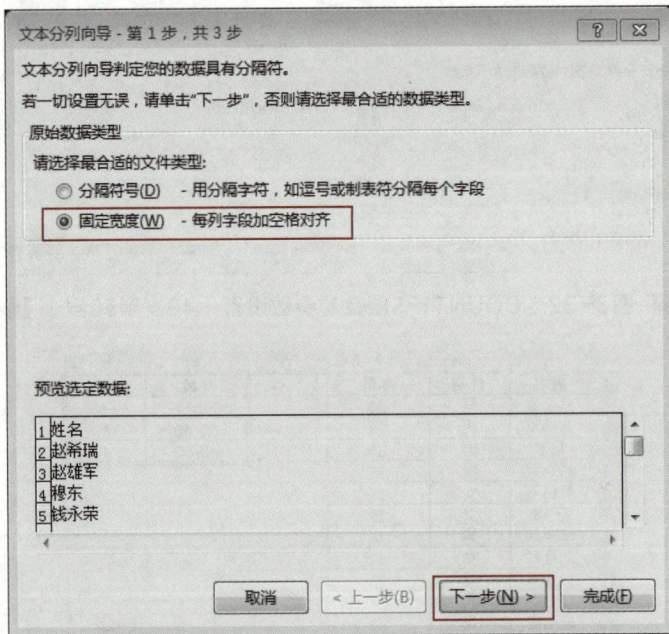

图3-35　选择"固定宽度"选项

步骤 3：在刻度尺上单击鼠标确定准备分列的位置，并单击"下一步"按钮，如图 3-36 所示。

步骤 4：在弹出页面"目标区域"中确定分列后起点的单元格"C1"，如图 3-37 所示。

步骤 5：单击"完成"按钮，"姓名"列的分列结果如图 3-38 所示。

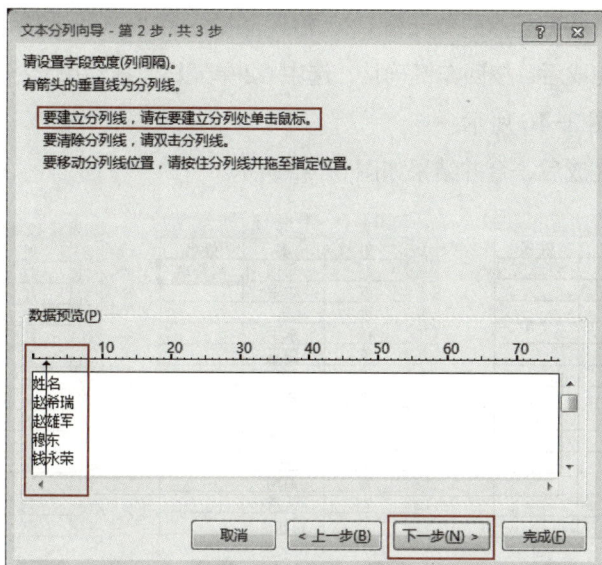

图3-36 确定分列位置

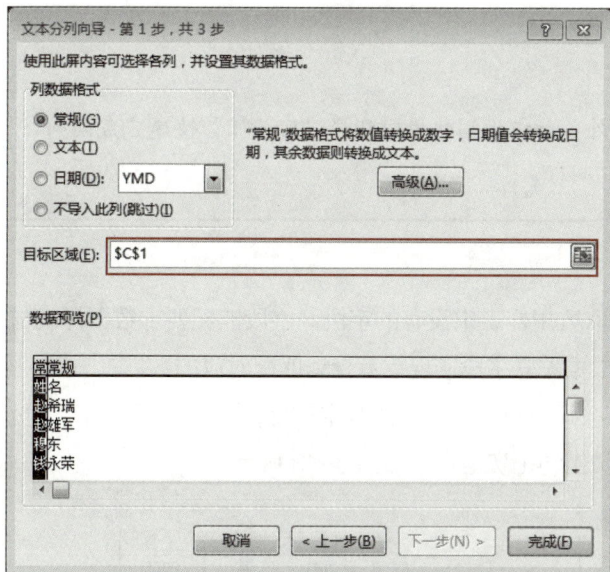

图3-37 确定分列目标区域

图3-38 分列结果

【想一想】

除了通过菜单法进行字段分列抽取所需数据外，如何运用LEFT()、RIGHT()、MID()函数实现对数据的抽取?

2. 字段合并

字段合并是将若干字段合成为一个新的字段。

例如，将"姓""名"两个字段合并为新的字段"姓名"。操作步骤如下:

步骤1：选中合并后起点的单元格C2，输入合并公式"=A2&B2"，如图3-39所示。

步骤2：输入完成后，按回车键确认，选中C2单元格，拖动单元格右下角的填充柄，向下填充公式，如图3-40所示。

步骤3：填充完成后，合并结果如图3-41所示。

	A	B	C
1	姓	名	姓名
2	赵	希瑞	=A2&B2
3	赵	雄军	
4	穆	东	
5	钱	永荣	
6	黄	白玉	
7	王	梅	
8	李	祥瑞	
9	刘	昱欣	
10	徐	天赐	
11	李	明	
12	曾	浩南	
13	刘	天虎	
14	刘	伟	

图3-39

输入合并公式

	A	B	C
1	姓	名	姓名
2	赵	希瑞	赵希瑞
3	赵	雄军	
4	穆	东	
5	钱	永荣	
6	黄	白玉	
7	王	梅	
8	李	祥瑞	
9	刘	昱欣	
10	徐	天赐	
11	李	明	
12	曾	浩南	
13	刘	天虎	
14	刘	伟	

图3-40

使用填充柄向下填充公式

	A	B	C
1	姓	名	姓名
2	赵	希瑞	赵希瑞
3	赵	雄军	赵雄军
4	穆	东	穆东
5	钱	永荣	钱永荣
6	黄	白玉	黄白玉
7	王	梅	王梅
8	李	祥瑞	李祥瑞
9	刘	昱欣	刘昱欣
10	徐	天赐	徐天赐
11	李	明	李明
12	曾	浩南	曾浩南
13	刘	天虎	刘天虎
14	刘	伟	刘伟

图3-41

合并结果

【想一想】

除了通过公式法进行字段合并外，如何运用快捷键组合"Ctrl+E"快速完成两列数据的合并？

3. 字段匹配

字段匹配就是从其他数据表中获取数据样表中没有的字段。字段匹配要求数据样表与其他数据表至少存在一个关联字段，根据关联字段实现批量查询匹配对应的数据。

例如，"员工名单"工作表中是某公司所有在职员工的基本信息，如图3-42所示。"员工收入"工作表中是某公司所有在职员工的工资信息，如图3-43所示。

	A	B	C
1	姓名	性别	身份证号
2	赵希瑞	男	54150319971023××××
3	赵雄军	男	61150619951218××××
4	穆东	男	62150319970128××××
5	钱永荣	男	14010619951210××××
6	黄白玉	女	21151619970605××××
7	王梅	女	33251419951126××××
8	李祥瑞	男	36161419970127××××
9	刘昱欣	女	43203619961124××××
10	徐天赐	男	45112319970830××××
11	李明	男	46115819960506××××
12	曾浩南	男	50124519970724××××
13	刘天虎	男	51120119960303××××
14	刘伟	女	53150319961022××××

图3-42 "员工名单"工作表

	A	B	C
1	姓名	性别	工资
2	曾浩南	男	2000
3	黄白玉	女	3500
4	李明	男	35000
5	李祥瑞	男	2500
6	刘天虎	男	4000
7	刘伟	女	5500
8	刘昱欣	女	4500
9	穆东	男	6000
10	钱永荣	男	5500
11	王梅	女	2200
12	徐天赐	男	5000
13	赵希瑞	男	3200
14	赵雄军	男	2500

图3-43 "员工收入"工作表

下面利用函数VLOOKUP将"员工收入"工作表中"工资"一栏的资料匹配到"员工名单"工作表中，操作步骤如下：

【拓展知识】

VLOOKUP()函数是Excel中的一个纵向查找函数，可以用于核对数据、多个表格之间快速导入数据等。其功能是按列查找，最终返回该列所需查询序列所对应的值。该函数的语法规则如下：

=VLOOKUP（Lookup_value，Table_array，Col_index_num，Range_lookup）

参数Lookup_value：表示需要在数据表第一列查找的值，可以是数值、引用或文本字符串。

参数Table_array：表示需要进行查找的区域。

参数Col_index_num：表示返回数据在查找区域的第几列数。

参数Range_lookup：表示精确匹配（"FALSE"或"0"）或近似匹配（"TRUE"或"1"）。

步骤1：单击"员工名单"工作表中的单元格D2，在"公式"功能选项卡中，选择"插入函数"。

步骤2：在弹出的"插入函数"对话框中，输入函数VLOOKUP，单击"转到"按钮，选择列表中的VLOOKUP函数，单击"确定"按钮，如图3-44所示。

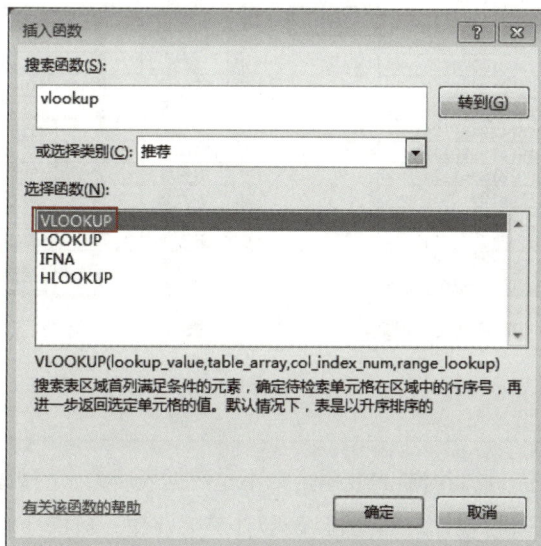

图3-44　选择VLOOKUP函数

步骤3：在弹出的"函数参数"对话框中，单击第一个输入框（Lookup_value），再单击A2单元格（选择需要在数据表中查找的关键字）；单击第二个输入框（Table_array），再切换到"员工收入"工作表，选择A、B、C三列（选择搜索的区域，需要注意的是，所选择搜索区域的第一列字段必须与选择的关键字相同）；单击第三个输入框（Col_index_num），输入数字"3"（含义是待返回的匹配值的列），即希望返回的值是"工资"，而"工资"位于搜索区域的第3列；单击第四个输入框（Range_lookup），输入"FALSE"或"0"，表示匹配的方式是"精确匹配"。如图3-45所示。

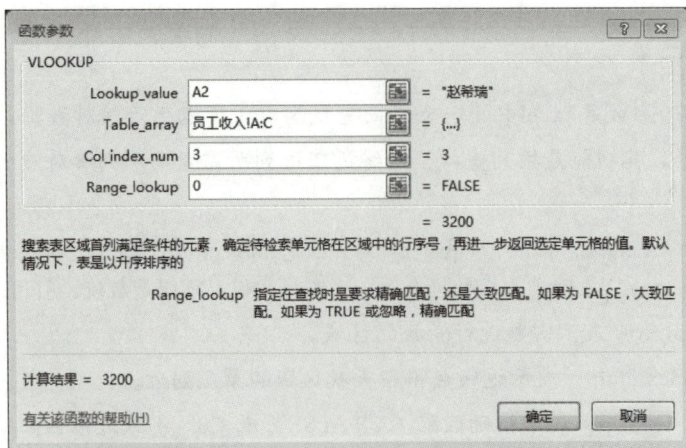

图3-45　VLOOKUP函数的参数设置

步骤4：单击"确定"按钮，得到赵希瑞的工资金额，如图3-46所示。

步骤5：选中D2单元格，拖动单元格右下角的填充柄，向下填充公式，将所有人的工资金额匹配到"员工名单"工作表，如图3-47所示。

	A	B	C	D
1	姓名	性别	身份证号	工资
2	赵希瑞	男	54150319971023××××	3200
3	赵雄军	男	61150619951218××××	
4	穆东	男	62150319970128××××	
5	钱永荣	男	14010619951210××××	
6	黄白玉	女	21151619970605××××	
7	王梅	女	33251419951126××××	
8	李祥瑞	男	36161419970127××××	
9	刘昱欣	女	43203619961124××××	
10	徐天赐	男	45112319970830××××	
11	李明	男	46115819960506××××	
12	曾浩南	男	50124519970724××××	
13	刘天虎	男	51120119960303××××	
14	刘伟	女	53150319961022××××	

图3-46　匹配结果

	A	B	C	D
1	姓名	性别	身份证号	工资
2	赵希瑞	男	54150319971023××××	3200
3	赵雄军	男	61150619951218××××	2500
4	穆东	男	62150319970128××××	6000
5	钱永荣	男	14010619951210××××	5500
6	黄白玉	女	21151619970605××××	3500
7	王梅	女	33251419951126××××	2200
8	李祥瑞	男	36161419970127××××	2500
9	刘昱欣	女	43203619961124××××	4500
10	徐天赐	男	45112319970830××××	5000
11	李明	男	46115819960506××××	35000
12	曾浩南	男	50124519970724××××	2000
13	刘天虎	男	51120119960303××××	4000
14	刘伟	女	53150319961022××××	5500

图3-47　完成全部匹配

3.2.4　数据计算

在数据分析过程中，我们需要的数据常常不是数据表所给出的数据，而是需要通过其他字段进行数学计算或是函数计算来获取。数据计算可分为常规计算、日期计算和加权计算三种类型。

数据抽取、数据计算

1. 常规计算

常规计算包括公式计算与函数计算，也是我们经常用的计算方法。

【例3-1】

现需计算出某时间段某童装网店的童装销售情况，并将结果存放在F2单元格内。

方法1：在F2单元格中输入公式"=B2+C2+D2+E2"，通过单元格引用完成计算，结果如图3-48所示。

	A	B	C	D	E	F
						fx =B2+C2+D2+E2
1	商品名称	儿童连衣裙	儿童外套	儿童衬衫	儿童短裤	童装总销售量
2	销售数量（件）	120	116	74	95	405

■ 图3-48　计算销售量（方法1）

方法 2：在 F2 单元格中输入函数"=SUM(B2:E2)"，同样也可以完成计算，结果如图 3-49 所示。

	A	B	C	D	E	F
						fx =SUM(B2:E2)
1	商品名称	儿童连衣裙	儿童外套	儿童衬衫	儿童短裤	童装总销售量
2	销售数量（件）	120	116	74	95	405

■ 图3-49　计算销售量（方法2）

【例3-2】

现需计算出某一时间段不同商品的支付转化率，并将结果存放在相应单元格内。

可以通过公式"支付转化率 = 支付买家数 / 访客数 ×100%"来计算商品的支付转化率，如图 3-50 所示。

	A	B	C	D
				fx =C2/B2
1	商品名称	访客数	支付买家数	支付转化率
2	时尚耳钉	2876	375	13.04%
3	印花连衣裙	6573	678	
4	纯银项链	2654	283	
5	时尚手链手表	2846	587	

■ 图3-50　计算支付转化率

2. 日期计算

日期与时间本身就属于数字范畴，可以根据需要进行计算操作，如两个日期相减、日期时间和数值的四则运算等。

【例3-3】

现需计算出四种商品的销售天数，并将结果存放在相应单元格内。

可以通过公式"销售天数 = 下架日期 − 上架日期"来计算商品的销售天数，如图 3-51 所示。

	A	B	C	D
				fx =C2-B2
1	商品名称	上架日期	下架日期	销售天数
2	时尚耳钉	2018/9/12	2019/12/12	456
3	印花连衣裙	2017/6/13	2018/7/13	
4	纯银项链	2019/10/4	2019/12/14	
5	时尚手链手表	2016/8/10	2018/6/15	

■ 图3-51　计算销售天数

【例3-4】

已知商品的上架时间，现需计算出商品迄今为止的上架天数，并将结果存放在相应单元格内。

可以用 TODAY 函数来获取当天的日期，通过公式"=TODAY()-B2"来计算商品的上架天数，如图 3-52 所示。

	A	B	C
			fx =TODAY()-B2
1	商品名称	上架日期	上架天数
2	时尚耳钉	2018/9/12	515
3	印花连衣裙	2017/6/13	
4	纯银项链	2019/10/4	
5	时尚手链手表	2016/8/10	

■ 图 3-52　计算上架天数

3. 加权计算

加权计算不是简单的数据相加，需要通过数与权的乘积来计算，“加权”是指“乘以权重”，即“乘以系数”的意思。

【例3-5】

已知某班学生期末考试数学、语文、英语三科的成绩，每科所占比重不同，现需计算出某班学生期末考试的加权成绩，并将结果存放在相应单元格内。

可以用SUMPRODUCT函数来计算加权成绩，通过公式“=sumproduct(B2:D2, $H$2: $J$2)”来计算，其中“$H$2: $J$2”用到了绝对引用“$”，表示引用的单元格固定不变，这样有利于使用填充柄进行向下填充，完成计算，如图3-53所示。

E2 =SUMPRODUCT(B2:D2,$H$2:$J$2)

	A	B	C	D	E	F	G	H	I	J
1	学生姓名	数学	语文	英语	加权成绩		科目	数学	语文	英语
2	王梅	80	95	88	87.6		权重	40%	40%	20%
3	张美丽	94	85	89						
4	赵倩	85	90	87						
5	王亮	92	91	89						

图3-53 计算加权分数

【拓展知识】

SUMPRODUCT()函数是在给定的数组中，将数组间对应的元素相乘，并返回乘积之和。该函数的语法规则如下：

=sumproduct(array1,[array2],[array3],…)

参数[array1]（必选）：表示其相应元素需要进行相乘并求和的第一个数组参数。

参数[array2],[array3],…（可选）：表示2～255个数组参数，其相应元素需要进行相乘并求和。

3.3 数据抽样

在对收集的数据进行分析的时候，通常在数据量比较多的情况下，我们会根据需求采集其中的一部分作为样本进行分析，采集特征数据的方式根据数据范围的不同可分为普查和抽样调查。

3.3.1 普查与抽样调查

1. 普查

普查是指对总体数据中的所有对象进行逐个调查，准确了解数据总体特征的方法。最典型的例子就是我国十年一次的全国人口普查，但是普查费时费力，成本比较高，因而企业一般都会采用抽样调查。

【拓展知识】

　　全国人口普查，是指在国家统一规定的时间内，按照统一的方法、统一的项目、统一的调查表和统一的标准时点，对全国现有人口普遍地、逐户逐人地进行一次性调查登记和数据汇总分析，是一项重要的国情调查。人口普查是当今世界各国广泛采用的搜集人口资料的一种最基本的科学方法，是提供全国基本人口数据的主要来源。

2. 抽样调查

　　抽样调查是按照随机原则，从总体数据中抽取部分数据作为样本进行调查分析，从样本数据特征估计和推断总体数据的特征。其优点是效率高、成本低，可以节省大量的时间；缺点在于样本数据可能存在偏差，会影响分析结果的准确性。常用的抽样方法有以下四种：

　　（1）简单随机抽样。将全体数据进行编号，然后在总体数据中随机抽取一定数量的数据组成样本数据。这种抽样方法一般适用于数据数量较少的情况。简单随机抽样常用的方法有抽签法和随机数表法两种。

　　（2）分层抽样。分层抽样又称分类抽样或类型抽样，是将总体数据按照某种特征分为若干个互不重叠的部分（即分层），那么可以按一定的比例从各层随机抽取部分数据，将各层取出的数据合在一起组成样本数据。

　　例如，一所大学要对所有学生的生活消费水平进行调查评估。学生总数 10 000 人，拟抽取样本 500 人，考虑学生所在的年级不同，所以分成四个层（如学生不同年级分别占比 30%、30%、20%、20%），每个层按比例分别抽取 150 人、150 人、100 人、100 人，组成 500 人的样本数据。

　　（3）系统抽样。系统抽样又称为等距抽样，首先将总体数据按照一定顺序排列，根据样本容量确定抽选间隔，随机确定抽选起点，每隔一定间隔抽取一个数据组成样本数据。

　　例如，设置抽样间距为 10，初始数据从 1 到 20 个数据中随机抽取，假如抽取到第 11 个，那么每隔 10 个单位抽取一个数据进入样本，即第 11 个、第 21 个、第 31 个、第 41 个……均被抽取进入样本数据中。

　　（4）整群抽样。整群抽样又称聚类抽样，是将总体数据拆分成若干个互不交叉、互不重复的群，每个群内的数据有较好的代表性，即群内数据差异大、群间差异小，然后以群为单位进行抽样。

　　以上四种基本抽样方法都属于数据随机抽样，实际应用中常根据业务需求将整个抽样过程分为不同的阶段进行，来完成数据的采集任务。

抽样调查、
数据抽样方法

3.3.2 数据抽样的方法

【例3-6】

某公司对 100 个客户进行了满意度调查，并为这 100 个客户进行了编号处理，现在需要从中随机抽取 10 人进行电话回访，请问该如何抽取？

在日常分析数据的时候，我们可以在 Excel 中对数据进行随机抽取，具体操作如下：

方法1：RAND()函数

步骤 1：单击工作表中的单元格 C2，输入公式"=INT(RAND()*(100-1)+1)"，如图 3-54 所示。

步骤 2：选中 C2 单元格，选中单元格右下角的填充柄，向下拖动填充公式，即可得到抽样结果，如图 3-55 所示。

	A	B	C	D	E	F
C2			=INT(RAND()*(100-1)+1)			
1	序号	客户编号	抽样编号			
2	1	1001	36			
3	2	1002				
4	3	1003				
5	4	1004				
6	5	1005				
7	6	1006				
8	7	1007				
9	8	1008				
10	9	1009				
11	10	1010				

图3-54 RAND()函数结果

	A	B	C
1	序号	客户编号	抽样编号
2	1	1001	63
3	2	1002	9
4	3	1003	53
5	4	1004	76
6	5	1005	3
7	6	1006	2
8	7	1007	96
9	8	1008	34
10	9	1009	82
11	10	1010	6

图3-55 抽样结果

【拓展知识】

RAND()函数是Excel中产生随机数的一个随机函数，返回区间为[0,1]的均匀分布随机数，而且每次计算工作表时都将返回一个新的数值。使用示例如下：

=RAND()表示生成介于0到1之间的一个随机实数。

=RAND()*(b−a)+a表示生成a与b之间的随机实数。

【拓展知识】

INT()函数将一个要取整的实数向下取整为最接近的整数。使用示例如下：

INT(5.8)=5

INT(−8.8)= −8

方法2：抽样工具

步骤1：单击"文件"功能选项卡，选择"选项"，如图3-56所示。

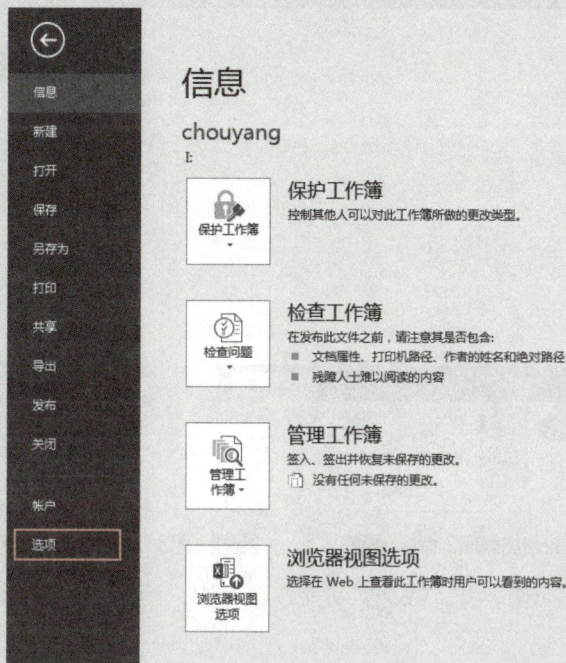

图3-56 选择"选项"命令

步骤2：在弹出的"Excel选项"对话框中，选择"自定义功能区"，勾选"开发工具"选项，勾选后单击"确定"按钮，如图3-57所示。

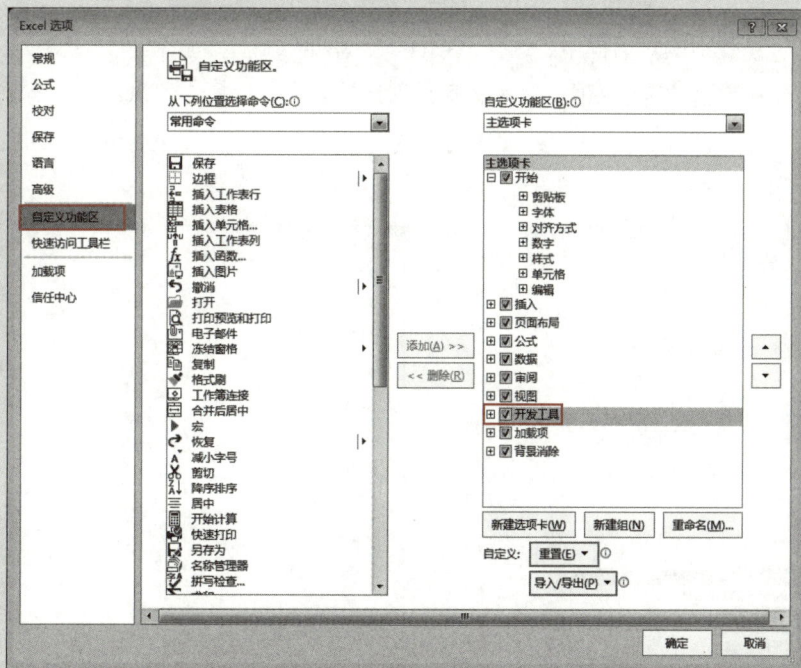

图3-57 选择"开发工具"命令

步骤3：在"开发工具"功能选项卡中，选择"Excel加载项"，如图3-58所示。

步骤4：在弹出的对话框中，勾选"分析工具库"，勾选后单击"确定"按钮，如图3-59所示。

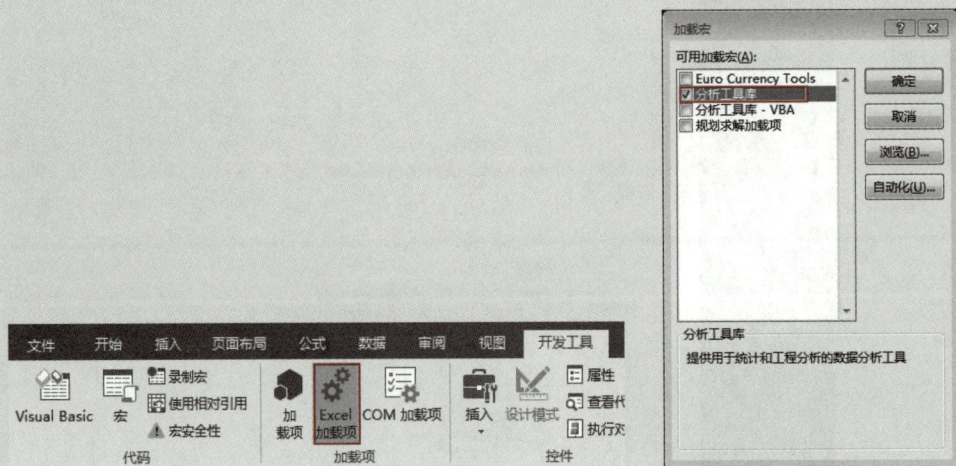

图3-58 选择"Excel加载项"命令　　　**图3-59 勾选"分析工具库"命令**

步骤5：点击C2单元格，在"数据"功能选项卡中，选择"数据分析"，如图3-60所示。

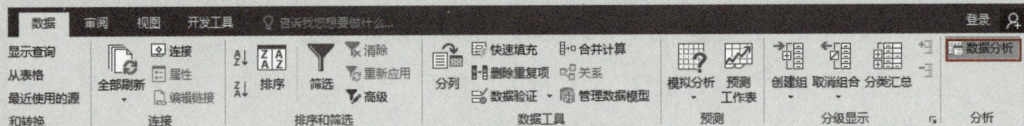

图3-60 选择"数据分析"命令

步骤6：在弹出的对话框中，选择"抽样"，单击"确定"按钮，如图3-61所示。

步骤7：在弹出的对话框中，"输入区域"选择客户编号所在区域；"抽样方法"选择"随机"，"样本数"输入"10"；"输出区域"选择C2单元格，设置完毕后单击"确定"按钮，如图3-62所示。

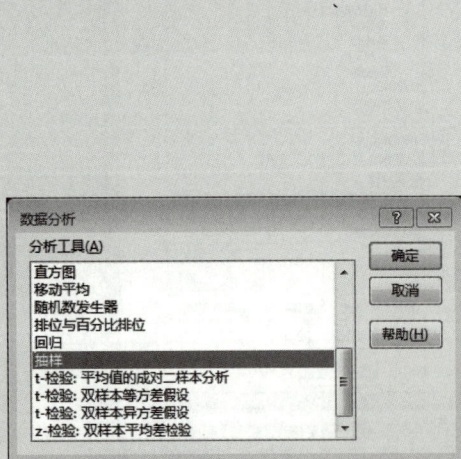

图3-61 选择"抽样"命令　　　**图3-62 抽样参数设置**

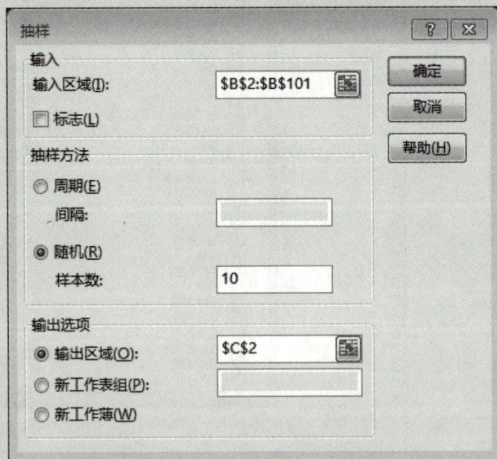

步骤8：利用抽样工具选出的抽样结果如图3-63所示。

	A	B	C
1	序号	客户编号	抽样编号
2	1	1001	1090
3	2	1002	1063
4	3	1003	1034
5	4	1004	1061
6	5	1005	1058
7	6	1006	1010
8	7	1007	1003
9	8	1008	1075
10	9	1009	1053
11	10	1010	1096

图3-63 抽样结果

实战任务

任务3-1

任务背景

某网店主要从事雨具产品的销售，为了解蓝色印花雨伞第一季度的销售情况，现在要对采集到的产品购买信息进行分析，但是数据存在信息重复、数据缺失和逻辑错误等问题，需要先对数据进行清洗。

任务分析

数据清洗主要是对数据的错误进行初步处理，保证数据的完整性和准确性，保证最后结果的正确。要准确判断数据存在问题的类型，针对不同的类型采取不同的方法。

任务操作

销售数据处理，其操作步骤和关键节点展示如下：

步骤1：确定数据问题类型。查看采集的产品销售数据，对数据有一个直观的了解，初步发现数据存在的问题，为之后的清洗做准备。

步骤2：处理重复数据。直接删除数据源中重复的数据。

步骤3：处理缺失值。确定缺失值的位置，填充缺失内容。

步骤4：处理逻辑错误。修改不合理的数据值，修正存在矛盾的内容。

任务3-2

任务背景

某些平台店铺为刺激客户消费，提升产品销量，经常会策划一些市场优惠活动。某平台销售休闲食品的网店计划在"双十一"活动期间购买产品的客户中随机抽取20位作为幸运客户，发放零食大礼包作为奖品。

任务分析

Excel的抽样工具可以对数据进行简单的随机抽样，确保抽取幸运客户过程的公平公正性。

任务操作

步骤1：选择Excel中"数据分析"选项中的"抽样"功能。

步骤2：选择需要进行抽样的数据区域。

步骤3：选择随机抽样，并输入需要抽取的样本数量。

步骤4：选择随机抽样结果显示区域。

模块小结

本模块阐述了数据的清洗、数据的加工和数据抽样。数据处理是根据数据分析目的，将收集到的数据，用适当的处理方法进行加工、整理，是在进行数据分析前必不可少的工作。

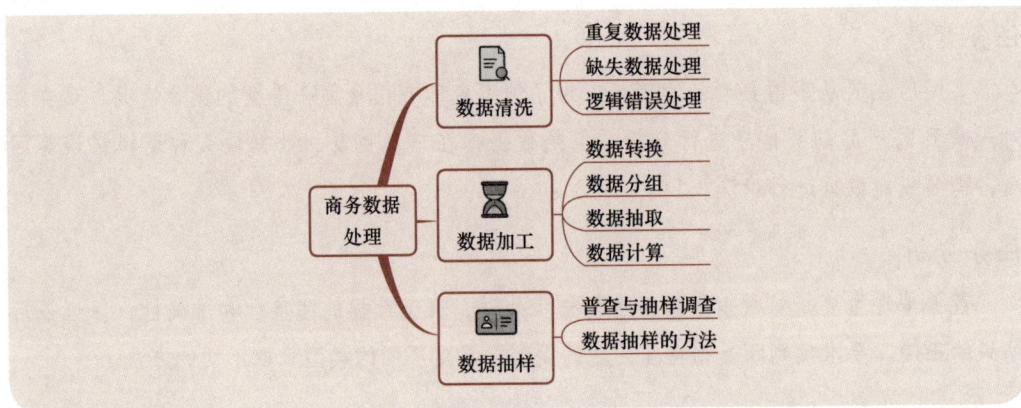

案例在线

对"大数据杀熟"说不

2021年2月7日，国务院反垄断委员会制定发布《国务院反垄断委员会关于平台经济领域的反垄断指南》（以下简称《指南》），该《指南》以《中华人民共和国反垄断法》（以下简称《反垄断法》）为依据，为了预防和制止平台经济领域垄断行为，保护市场公平竞争，促进平台经济规范有序创新健康发展，维护消费者利益和社会公共利益，强调平台经济领域的垄断行为应当适用反垄断法及有关配套法规、规章、指南等，释放互联网平台不是反垄断法外之地的明确信号。《指南》中明确"大数据杀熟"可能构成滥用市场支配地位差别待遇行为。

所谓"大数据杀熟"，即基于大数据和算法，根据交易相对人的支付能力、消费偏好、使用习惯等，实行差异性交易价格或者其他交易条件。比如在网上购物、点外卖、订机票，往往老会员的价格反而比新会员高，这就是典型的"大数据杀熟"。

在平台看来，老会员属于存量用户，对平台已经形成一定的品牌黏性和消费刚需。新会员、非会员则是需要拉拢的增量用户，实施价格优惠有助于拓展市场份额。但是，这种"杀熟"销售方式侵犯了消费者的知情权、公平交易权和隐私权，也背离了市场经济的公平原则。

此次《指南》的发布，为遏制"大数据杀熟"提供了新的法治视角。《反垄断法》禁止经营者滥用市场支配地位，无正当理由不得对条件相同的交易相对人实行差别待遇。《指南》则进一步明确了构成差别待遇可以考虑的因素，其中就包括"大数据杀熟"。反垄断执法机构介入调查，无疑比消费者个体取证维权更具优势。一旦平台被认定滥用市场支配地位，将面临"没收违法所得，并处上一年度销售额百分之一以上百分之十以下的罚款"的重磅处罚，有望成为反杀"大数据杀熟"的利器。

任何技术都是一把双刃剑。只有善用法治力量，才能倒逼互联网平台用好大数据，激发科技向上、向善的动能，让消费者免于被算法"算计"，让算法更好地服务于消费者。

同步练习

一、单选题

1. 在数据处理过程中，对数据进行转换、对数据进行分组、对数据进行抽取、进行数据计算，这些工作属于（　　　）。

    A. 数据清洗　　　　B. 数据抽样　　　　C. 数据加工　　　　D. 数据采集

2. 从一批零件中随机抽取30个零件进行质量检验，这属于（　　　）。

    A. 普查　　　　　　B. 抽样调查　　　　C. 典型调查　　　　D. 重点调查

3. 在处理采集得到的数据的时候，一般要先进行数据清洗，数据清洗工作不包括（　　　）。

    A. 删除多余重复的数据　　　　　　B. 采用适当方法补充缺失的数据

    C. 纠正或删除错误的数据　　　　　D. 更改过大的和过小的异常数据

4. 下列不属于抽样调查的是（　　　）。

    A. 分层抽样　　　　B. 系统抽样　　　　C. 整群抽样　　　　D. 重点调查

5. 若在单元格A1输入值27.6，在单元格A2中输入公式"=int(A1)"，则单元格A2的值是（　　　）。

    A. 28　　　　　　　B. 27　　　　　　　C. 29　　　　　　　D. 30

二、多选题

1. 数据处理过程主要包括的环节有（　　　）。

    A. 数据清洗　　　　B. 数据抽样　　　　C. 数据加工　　　　D. 数据采集

2. 数据计算的类型包括（　　　　）。

    A. 常规计算　　　　B. 日期计算　　　　C. 数学计算　　　　D. 加权计算

3. 在利用随机抽样对数据处理时，会用到下列哪些方法（　　　　）。

    A. 抽样工具　　　　B. SUM函数　　　　C. COUNTIF函数　　　D. RAND函数

4. 下列关于抽样调查的叙述中，正确的是（　　　　）。

    A. 可用于生产过程中产品质量的检查

    B. 可以用于对总体的某种假设进行检查

    C. 是一种全面调查

    D. 按照随机原则抽取调查单位

5. 数据处理的主要目的包括（　　　　）。

    A. 把数据转换成便于分析或进一步处理的形式

    B. 对数据进行分类汇总，减少数据量，节约存储空间

    C. 从原始数据中抽取部分数据，推导出有价值的信息作为行动和决策的依据

    D. 方便科学保存和管理经过处理的大量数据，以便人们加以利用

三、判断题

1. 抽样调查的基本形式包括简单随机抽样、分层抽样、系统抽样和整群抽样。

                      （　　　）

2. 数据清洗过程主要包括删除重复数据、补充缺失数据和数据字段抽取。　　（　　　）

3. 在对数据分组时，若有某单位的变量值正好等于相邻组的上限时，可以将其归在任意一组之中。　　　　　　　　　　　　　　　　　　　　　　　　　　（　　　）

4. 整群抽样应该遵循群内数据差异大、群间差异小的原则进行随机抽样。　（　　　）

5. 采集特征数据的方式根据数据来源的不同可分为普查和抽样调查。　（　　　）

四、技能训练题

1. 打开"邮寄地址信息"工作簿（详见数据包），将工作表A列数据中的"姓名""地址"分列显示在B、C列。

2. 打开"学习成绩"工作簿（详见数据包），根据学生语文、数学、英语三门科目考试的平均分数，利用COUNTIFS函数统计不同分数段的人数。

3. 根据某店铺月度销售情况数据表（详见数据包），主要包括：商品名称、买家会员名称、总金额、买家收货地址、商品上架日期、商品下架日期等多项数据字段，完成下述简单统计：

（1）统计不同种类商品的销售天数。

（2）统计不同种类商品在各地区的销售情况。

（3）统计不同种类商品的订单数量和销售金额。

（4）根据上述统计结果，谈谈你的看法。

模块4
商务数据分析

学 习 目 标

知识目标

◆ 了解数据分析的目的

◆ 理解不同的数据分析方法及适用场景

◆ 掌握数据透视表的创建及应用

◆ 熟悉SPSS、Python和R语言三种数据分析工具

◆ 了解数据分析在市场、商品、客户和运营等方面的应用

技能目标

◆ 能够针对不同场景使用不同的分析方法

◆ 能够熟练使用数据透视表进行分析

◆ 能够初步应用SPSS、Python和R语言三种数据分析工具

◆ 能够独立完成市场、商品、客户和运营等方面的分析

引导案例

  某企业是一家专注于家用电器研发、生产和销售的现代化企业，多年来依托电子商务发展平台一直保持着健康、稳定、快速的增长，现已成为行业中的领头羊，规模位居行业前列。

  随着电子商务的快速发展，该品牌在各大电商平台（如天猫、京东等）均开设了旗舰店，并且有多家授权店铺。近期，该企业研发的家用电器由于节能省电、性价比高吸引了很多消费者的目光，但市场上其他的竞争对手也开始研发同类产品，节能省电和高性价比不再是该企业的产品亮点和优势，同时同类产品的激烈竞争也严重影响该品牌新品的市场销售，透支品牌价值。

企业管理层决定改变目前的战略定位，将主要目标放到该企业中最具价值的产品创新研发和生产当中去，为此需要分析不同电商平台的数据，找到最具价值和最具潜力的商品。

【引入问题】

1. 该案例中的企业进行数据分析时，使用哪种分析方法更合适？

2. 该案例中的企业若想推出商品组合套餐，应该使用哪种分析方法呢？

数据分析就是从预处理的数据中提取有价值的信息，并形成有效结论的过程。

4.1 数据分析方法

工欲善其事，必先利其器。在数据分析之前，要根据数据的分布特征、分析的目的确定合适的数据分析方法。简单的数据分析一般情况下使用 Excel 表格能就够处理，复杂的数据分析可以使用的工具包括 SPSS、SAS、Stata、Python、R 语言等。常见的数据分析方法有描述性统计分析、动态数列的分析与预测、相关和回归分析、综合评价分析法、四象限分析法和其他分析方法。

描述性统计分析

4.1.1 描述性统计分析

描述性统计分析是指运用图表和分类、图形以及计算概括性数据等对一组数据的各种特征进行分析，以便于描述样本及其所代表总体的各种特征。描述性统计分析主要包括数据的频数分布、集中趋势、离散程度、分布形态等。

1. 数据的频数分布

频数是指一个数列中的各个数据出现的次数。比如某年级的数学期末考试成绩，可以统计出各个分数值的人数。在进行频数分布分析时，首先要将数列按照某种性质或者数量划分为若干组，再分别统计各组数据的频数。如果分组标志是数值型数据，制作频数分布的步骤：求全距→定组数和组距→统计各组的频数。

频数分布可以使用频数分布表或频数分布图来表示，以便于直观地反映出数据的分布规律。应用较为广泛的是频数直方图，频数直方图在直角坐标系中，横坐标表示统计指标，纵坐标表示次数，各组以组中值为中心、组距为底、各组的频次为高做出矩形，即可得到频数直方图。

【例4-1】

某班同学的分数如图 4-1 所示,对该班的成绩进行频数分布分析,成绩属于数值型数据,因此采用组距分组方法。在 Excel 中具体的操作步骤如下:

步骤 1:求全距。全距可以根据全部数据中的最大值和最小值来确定,即全距 = 最大值 - 最小值。根据源数据可知全距为 85-60=25。

步骤 2:定组数和组距。数据一般分成 5 ～ 10 组,具体情况还要根据数据本身的特点进行决定。分组过多,数据过于分散;分组过少,数据分布过于集中。这次一共分为 5 组,组距为 5。

步骤 3:统计各组的频数,如图 4-2 所示。

学号	分数
202001	60
202002	65
202003	66
202004	69
202005	70
202006	71
202007	72
202008	73
202009	74
202010	75
202011	76
202012	77
202013	78
202014	79
202015	80
202016	81
202017	82
202018	85

图4-1　某班同学成绩

学号	分数		分组	频数
202001	60			
202002	65		[60,65]	2
202003	66		(65,70]	3
202004	69		(70,75]	5
202005	70		(75,80]	5
202006	71		(80,85]	3
202007	72			
202008	73			
202009	74			
202010	75			
202011	76			
202012	77			
202013	78			
202014	79			
202015	80			
202016	81			
202017	82			
202018	85			

图4-2　学生成绩分组

步骤 4:制作频数直方图。选中分组后的频数数据,依次单击"插入"→"图表"→"簇状柱形图",结果如图 4-3 所示。

步骤 5:修改柱形图的格式。选中所有柱形,右击选择"设置数据系列格式",将"分类间距"修改为 0,结果如图 4-4 所示。

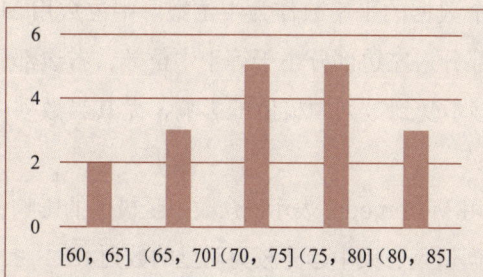

图4-3　学生成绩频数直方图

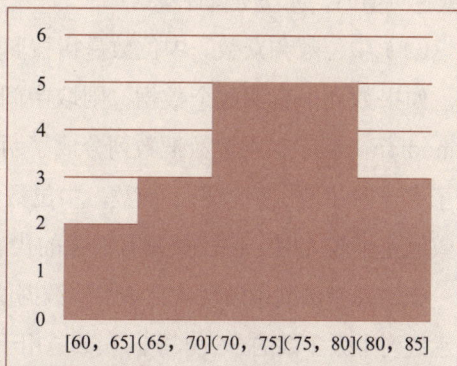

图4-4　频数分布图

2. 数据的集中趋势

数据的集中趋势表示一组中的所有数据向某一中心值靠拢的倾向程度。集中趋势的指标一般情况下用平均值表示，反映数据分布的一般水平。平均数，也称为均值，其计算方法是由一组数据的总和除以数据的个数。平均数根据类型又可分为简单算术平均数、加权算术平均数、简单几何平均数、中位数和众数。

（1）简单算术平均数。简单算术平均数的计算方法为总体变量值的总和除以总体变量的个数，其用公式表示为

$$\overline{Y} = \frac{Y_1 + Y_2 + \cdots + Y_n}{n} = \frac{\sum Y_i}{n}$$

其中，$\overline{Y}$ 表示简单算术平均数，Y_i 表示第 i 个观测值，n 表示观测值的个数。

（2）加权算术平均数。加权算术平均数是具有不同比重的数据（或者平均数）的算术平均数。日常情况中经常使用加权算术平均数计算学生的综合测评成绩。在 Excel 中使用 SUMPRODUCT 函数进行计算。如果数列是由组距组成，则取各组的组中值作为该组的代表值进行计算，此时求得的算术平均数是其真实值的近似值。加权算术平均数用公式表示为

$$\overline{Y} = \frac{\sum_{i=1}^{n} W_i Y_i}{\sum_{i=1}^{n} W_i}$$

其中，$\overline{Y}$ 表示加权算术平均数，即预测值；Y_i 表示不同时期的观测值（$i = 1, 2, \cdots, n$），W_i 表示各个观测值对应的权数，W_i 取值范围为 $0 \sim 1$ 之间，即 $0 \leqslant W_i \leqslant 1$。

（3）简单几何平均数。简单几何平均数用于计算每个比率已知的情况，用来计算某种现象的平均比率或平均速度。其计算方法为 N 个变量值乘积的 N 次方根，用公式表示为

$$\overline{X_G} = \sqrt[N]{x_1 x_2 \cdots x_N}$$

其中，$\overline{X_G}$ 表示简单几何平均数，x_N 表示第 N 个观测值。

用简单几何平均数计算平均速度的方法也有自身的局限性，例如某年标志的增长率为 0 或者负值时，无法进行计算。

（4）中位数和众数。中位数是指按照从小到大顺序排列的数列中处于中间位置的数据。如果数列中有偶数个数据，则取中间两个数据的平均数作为中位数。中位数用 Me（median）表示，中位数把数列分成了两个部分，左边部分小于等于中位数，右边部分大于等于中位数。相较于平均数，中位数能够不受到数列中极值的影响，尤其当数列中的数值差异较大时，中位数具有很强的代表性。

众数是指数列中出现次数最多的数据值，用 Mo（mode）表示。众数不受极值的影响，表示数列中大多数的一般水平。众数适用于数据量大、集中趋势较为明显的数列。

中位数和众数都是用来表示总体的一般水平。对于整体表现平稳、异常值较少的数列，

使用中位数和众数就更加合理。

【想一想】

　　假如两个班的平均成绩都是60分，其中一个班的学生成绩都在60分上下浮动，另一个班则有几位数学天才都考了满分，其他同学的成绩都在30分左右。用平均数比较两个班的成绩是否合适？如果不合适，那么应该使用什么作为衡量标准？

3. 数据的离散程度

　　数据的离散程度是指一个数列中的数据在某一中心值附近的分散程度，它反映了数列中的数据远离中心点的程度，可以使用变异度指标表示，变异度指标反映总体中各单位标志值的差异程度的综合指标。变异度指标值越大，表示数据的离散程度越大，数据的波动性越大，使用平均数的可靠性越低；变异度指标值越小，表示数据的离散程度越小，数据的波动性越小，数据越趋于稳定状态，使用平均值的可靠性越高。测定变异度的指标有极差、平均差、方差、标准差和离散系数。

　　（1）极差和平均差。极差，也叫全距，表示一组数据中最大值和最小值的差。在实际应用中，极差可用于大致检查工厂产品质量的稳定性并对其进行质量控制。

　　平均差是数列中各个数据值与算术平均值的差的绝对值的算术平均数，用 Md（Mean Deviation）表示。

$$Md = \frac{\sum |x - \bar{x}|}{n}$$

　　其中，$\bar{x}$ 表示变量 x 的算术平均数，n 表示变量的个数。平均差受到极值的影响较小，对整个数列的离散程度具有较为充分的代表性。

　　（2）方差和标准差。方差是数列中各个数据值与算术平均数离差平方的算术平均数，用符号 σ^2 表示，方差的平方根就是标准差，用符号 σ 表示。标准差用公式表示为

$$\sigma = \sqrt{\frac{\sum_{i=1}^{n}(x_i - \bar{x})^2}{n}}$$

　　其中，$\bar{x}$ 表示变量 x 的算术平均数，n 表示变量的个数，x_i 表示第 i 个观测值。标准差反映了数列中每个数值偏离平均数的大小，用平方再开方的形式消除了数列中数据值与算术平均数离差的正负值的问题，便于数据处理和统计分析。

　　（3）离散系数。离散系数是表示数列中数据相对离散程度的指标。常用的离散系数有平均差系数和标准差系数。平均差系数计算方法为平均差除以平均数，标准差系数计算方法为标准差除以平均数。

　　标准差系数反映不同现象中总体平均数代表性的大小。标准差系数越小，其算术平均数的代表性越大；标准差系数越大，其算术平均数的代表性越小。

【例4-2】

以例 4-1 中某班级学生的成绩作为分析的原始数据，分别计算成绩的极差、平均差、方差、标准差和离散系数。在 Excel 中具体的操作步骤如下：

步骤 1：使用函数 MAX 和 MIN 的差来计算极差，如图 4-5 所示。

步骤 2：使用函数 AVEDEV 计算平均差，如图 4-6 所示。

=MAX(I2:I19)-MIN(I2:I19)

H	I	J	K	L
学号	分数			
202001	60			
202002	65		极差	25
202003	66			

图4-5　分数极差

=AVEDEV(I2:I19)

H	I	J	K	L
学号	分数			
202001	60			
202002	65		极差	25
202003	66		平均差	5.166667
202004	69			

图4-6　分数平均差

步骤 3：使用函数 VAR.P 计算方差，如图 4-7 所示。

步骤 4：使用函数 STDEV.P 计算标准差，如图 4-8 所示。

=VAR.P(I2:I19)

H	I	J	K	L
学号	分数			
202001	60			
202002	65		极差	25
202003	66		平均差	5.166667
202004	69		方差	40.05247
202005	70			

图4-7　分数方差

=STDEV.P(I2:I19)

H	I	J	K	L
学号	分数			
202001	60			
202002	65		极差	25
202003	66		平均差	5.166667
202004	69		方差	40.05247
202005	70		标准差	6.328702
202006	71			

图4-8　分数标准差

步骤 5：使用函数 AVEDEV、STDEV.P 和 AVERAGE 计算平均差系数和标准差系数，如图 4-9 和图 4-10 所示。

=AVEDEV(I2:I19)/AVERAGE(I2:I19)

H	I	J	K	L
学号	分数			
202001	60			
202002	65		极差	25
202003	66		平均差	5.166667
202004	69		方差	40.05247
202005	70		标准差	6.328702
202006	71		平均差系数	0.069767
202007	72			

图4-9　分数平均差系数

=STDEV.P(I2:I19)/AVERAGE(I2:I19)

H	I	J	K	L
学号	分数			
202001	60			
202002	65		极差	25
202003	66		平均差	5.166667
202004	69		方差	40.05247
202005	70		标准差	6.328702
202006	71		平均差系数	0.069767
202007	72		标准差系数	0.085459

图4-10　分数标准差系数

4. 数据的分布形态

在日常生活和经济管理中，常见的频数分布曲线主要有正态分布、J 形分布和 U 形分布等。

（1）正态分布。当频次分布呈现两端少、中间次数次多的状态时，所绘制的曲线呈现出钟形，因此也称之为钟形分布。钟形分布有对称和非对称两种。当钟形分布曲线两头低，中间高，左右对称，即为正态分布。正态分布应用较为广泛，例如某一群人的身高、某一年级的数学期末成绩、农作物的亩产量、某个地区的年降水量、某种农作物的生长高度等都呈现出正态分布的特点。

峰度是描述数列中所有数据值的分布形态陡缓程度的指标，峰度对陡缓程度的度量是与正态分布进行比较的结果。当峰度 $\beta=0$ 时，其分布与正态分布相同；当峰度 $\beta>0$ 时，其分布比正态分布更陡峭；当峰度 $\beta<0$ 时，其分布比正态分布更平坦。不同峰度的分布如图 4-11 所示。

偏度表示数据分布的不对称性，偏度的度量也是与正态分布的对称性相比较而得到的。当偏度 $\alpha=0$ 时，其数据分布的对称性与正态分布相同；当偏度 $\alpha>0$ 时，其数据分布呈现右偏状态；当偏度 $\alpha<0$ 时，其数据分布呈现左偏状态。不同偏度的分布如图 4-12 所示。

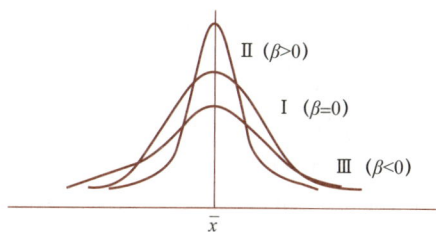

图4-11　不同峰度的分布　　　　　图4-12　不同偏度的分布

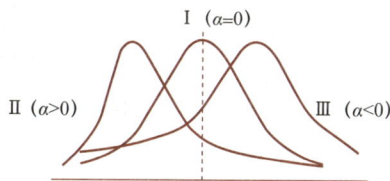

（2）J形分布。J形分布分为正J形分布和反J形分布。正J形分布是指随着变量的增大，频次也逐渐变大；反J形分布是指随着变量的增大，频次逐渐减小，正J形分布和反J形分布分别如图 4-13、图 4-14 所示。

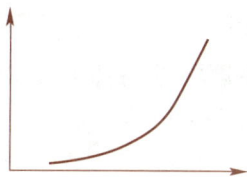

图4-13　正J形分布　　　　　　　图4-14　反J形分布

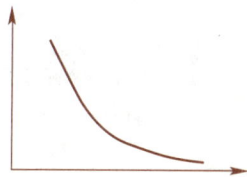

在日常生活中应用较为广泛的例子有：在自然界中，当食物和空间充足、气候适宜、没有天敌时，种群的数量增长符合正J形分布。儿童的死亡率按照年龄分布、日运动量分布等都符合反J形分布。

（3）U形分布。当次数分布呈现两端次数较多，中间次数较少的情况时，坐标轴中绘制出来的曲线呈现字母 U 形，因此称为 U 形分布。U 形分布如图 4-15 所示。

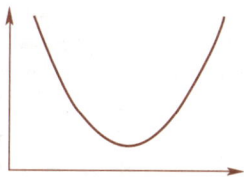

图4-15　U形分布

U 形分布的现象在日常生活中也较为常见，例如不同年龄的死亡率，老年人和婴幼儿的死亡率较高，青年和中年的死亡率较低。

【想一想】

举例说明日常生活中还有哪些现象符合特定的分布，它们分别符合正态分布、J形分布、U形分布中的哪一种？

【例4-3】

某店铺客户退款的详细数据如图4-16所示，要求利用描述性统计分析方法计算描述性统计分析中的各项指标。

	A	B
1	退款编号	退款金额
2	8012475474771	221
3	6899053953070	239
4	10468204907404	211.72
5	10468241237404	176.28
6	6900347368715	229
7	10466766799149	75
8	8010474665735	119
9	10466488727883	239
10	6900063315186	333.8
11	6900060383258	239

图4-16 客户退款信息

步骤1：首先要将"数据分析"选项加载到工具栏中，工具栏中已经有的可以跳过这一步。首先单击"文件"→"选项"按钮，打开Excel选项对话框，选择"加载项"→"转到"按钮，如图4-17所示。

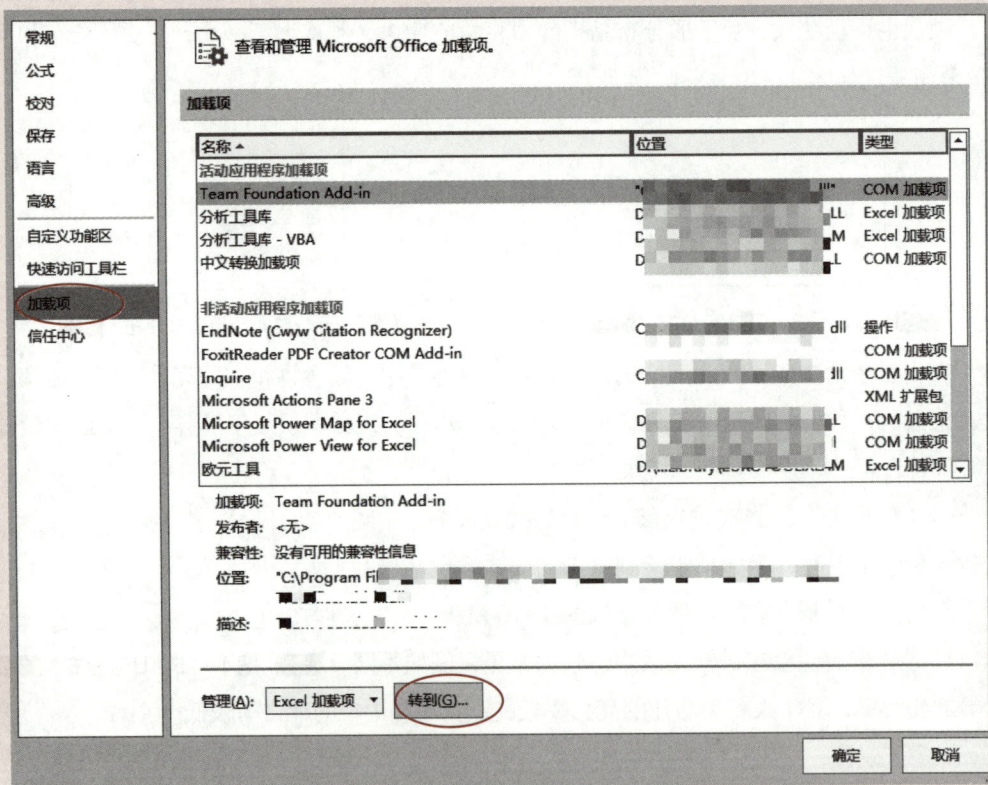

图4-17 加载"数据分析"项

步骤2：自动跳出"加载宏"对话框，勾选"分析工具库"和"分析工具库-VBA"，并单击"确定"，如图4-18所示。

步骤 3：单击"数据分析"按钮，自动打开"数据分析"对话框，选择"描述统计"，单击"确定"，如图 4-19 所示。

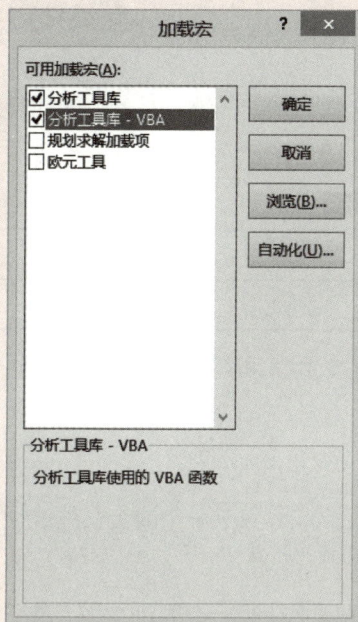

加载宏

可用加载宏(A)：
☑ 分析工具库
☑ 分析工具库 - VBA
☐ 规划求解加载项
☐ 欧元工具

确定
取消
浏览(B)…
自动化(U)…

分析工具库 - VBA
分析工具库使用的 VBA 函数

■ 图4-18　加载宏设置 ■

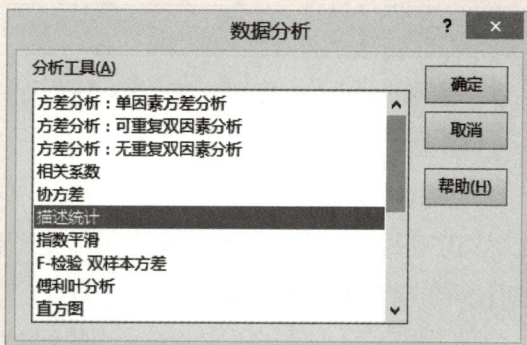

数据分析

分析工具(A)

方差分析：单因素方差分析
方差分析：可重复双因素分析
方差分析：无重复双因素分析
相关系数
协方差
描述统计
指数平滑
F-检验 双样本方差
傅利叶分析
直方图

确定
取消
帮助(H)

■ 图4-19　选择"描述统计" ■

步骤 4：在"描述统计"对话框中设置输入区域和输出区域，勾选"汇总统计"，选择"标志位于第一行"，可以默认第一行的单元格里面的内容为列名称，不作为统计分析的数据，如图 4-20 所示。

步骤 5：单击"确定"，最终得到的描述性统计分析结果如图 4-21 所示。

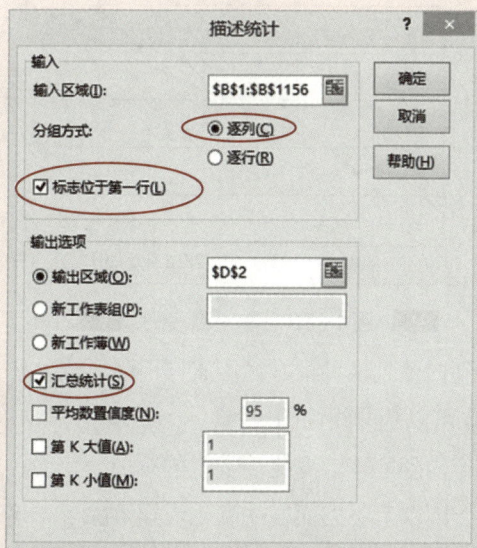

描述统计

输入

输入区域(I)：　$B$1:$B$1156

分组方式：　　◉ 逐列(C)
　　　　　　　○ 逐行(R)

☑ 标志位于第一行(L)

输出选项

◉ 输出区域(O)：　$D$2
○ 新工作表组(P)：
○ 新工作簿(W)
☑ 汇总统计(S)
☐ 平均数置信度(N)：　95　%
☐ 第 K 大值(A)：　1
☐ 第 K 小值(M)：　1

确定
取消
帮助(H)

	A	B	C	D	E
1	退款编号	退款金额			
2	8012475474771	221		退款金额	
3	6899053953070	239			
4	10468204907404	211.72		平均	187.7549
5	10468241237404	176.28		标准误差	2.799299
6	6900347368715	229		中位数	149
7	10466766799149	75		众数	99
8	8010474665735	119		标准差	95.13499
9	10466488727883	239		方差	9050.666
10	6900063315186	333.8		峰度	4.162902
11	6900060383258	239		偏度	1.535377
12	8010277298323	251.1		区域	835
13	6897736128323	198.9		最小值	59
14	10466166329737	139		最大值	894
15	10465406711821	88.88		求和	216856.9
16	8009271991821	306.13		观测数	1155
17	6897170092604	499			
18	8009072972495	263			

■ 图4-20　描述统计参数设置 ■　　　　■ 图4-21　描述性统计分析结果 ■

4.1.2　动态数列的分析与预测

动态数列的
分析与预测

　　动态是相对于静态而言，是指自然现象随着时间的变化而表现的状态。动态数列是指将某种现象不同时间上的同类统计指标按照时间先后顺序排列形成的序列，也叫作时间序列。动态数列可以用表格的形式体现，如表 4-1 所示。

表4-1　动态数列

时间	T1	T2	T3	……
统计指标数值	N1	N2	N3	……

　　动态数列的两个基本要素分别是客观现象所属的时间变量 T 和客观现象在不同时间上的统计指标值 N。

1. 动态数列及其分解

　　时间序列数据本质上反映的是不同时期受到不同因素影响导致某一个或者某些统计指标随着时间的变化而变化的数列。

　　（1）平稳序列。平稳序列是指数列中的各个观察值基本上在某一个固定水平上波动，在不同时间段波动的程度不同，但不存在某种规律。平稳序列如图 4-22 所示。

　　（2）非平稳序列。非平稳序列是指数列中包含趋势性、季节性或周期性的序列，可能只含有其中一种成分，也可能是几种成分的组合。时间序列的影响因素主要有长期趋势、季节性波动、循环波动和不规则波动。非平稳序列如图 4-23 所示。

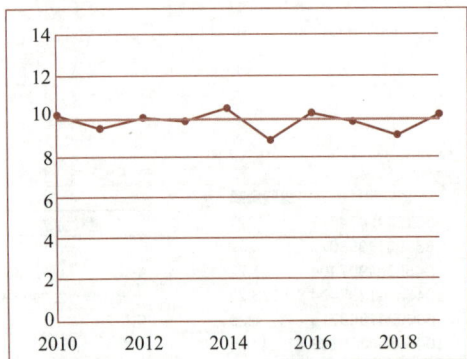

图4-22　平稳序列

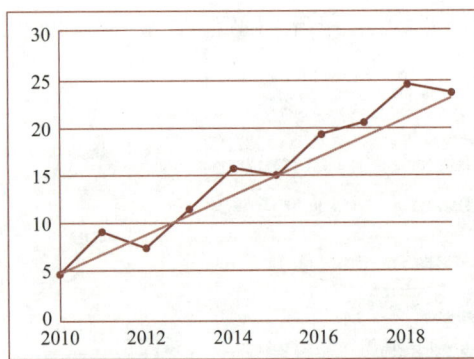

图4-23　非平稳序列

　　1）长期趋势因素（Trend，T）：在较长时间内受到某种根本性因素作用而形成的总的变动趋势。时间序列中的趋势可以是线性的，也可以是非线性的。

　　2）季节性波动因素（Seasonal，S）：在一年内随着季节变化而发生的有规律变动。例如羽绒服的销售量、景区的游客访问量等，都会因季节不同而发生变化。季节除了一年四季之外，也可能是其他周期性的变化。季节性波动序列如图 4-24 所示。某些数列可能既含有季节成分又含有趋势成分，如图 4-25 所示。

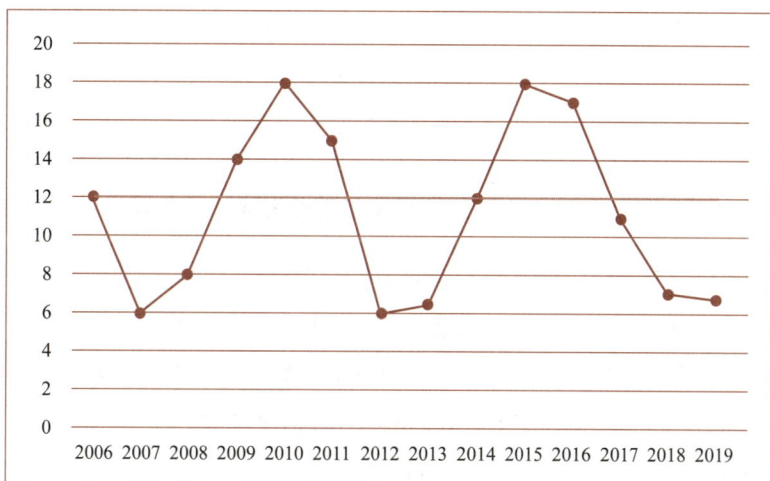

图4-24　季节性波动序列

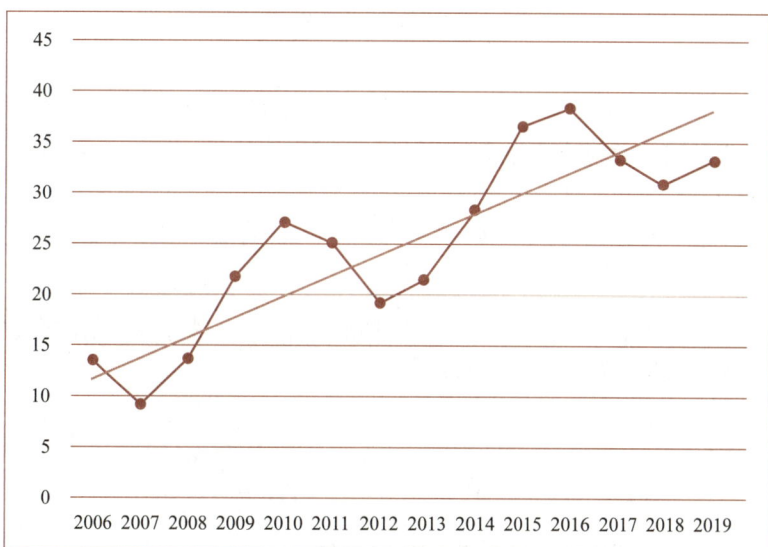

图4-25　季节性波动和趋势性序列

3）循环波动因素（Cyclical，C）：以若干年为周期呈现出来的周期性有规律的变动。

4）不规则波动因素（Irregular，I）：一种不规则的变动，包括随机变动和不规律的突发性事件影响的变动。

常用的时间序列变化模型有乘法模型、加法模型，其中乘法模型为：$Y=T\times S\times C\times I$，其使用较为普遍，基于乘法模型的时间序列分解可以分别消除不同的影响因素，从而对时间序列进行预测。

2. 动态数列的水平指标

动态数列按照构成因素和表现形式不同可以分为时期数列和时点数列两种。时期数列是指在某一段时间内的统计指标数值，各指标值可以相加，并且数列具有连续统计的特点，常用的时期指标有国内生产总值（Gross Domestic Product，GDP）、零售总额等。时点数列是指在某一时间点上的统计指标值，各指标值不可以相加，并且数列不具有连续统计的特点，常用的时点指标有人口总数、库存总量等。

【想一想】
举例说明你见过哪些动态数列？按照类型进行划分，它们属于时期数列还是时点数列呢？

（1）发展水平和平均发展水平。发展水平是指某一现象在各个时期达到的实际水平。发展水平一般是指总量指标，例如年末总人口、第三产业总产值。平均发展水平是不同时期上的统计指标值进行平均得到的平均数，也叫作序时平均数。

针对动态数列的不同类型，要选择不同的计算方法：

①时期数列计算公式：

$$\overline{Y} = \frac{Y_1 + Y_2 + \cdots + Y_n}{n}$$

其中，$\overline{Y}$ 表示算术平均数，Y 表示不同时期的观测值，n 表示观测值的个数。

②间隔相等的时点数列计算公式：

$$\overline{Y} = \frac{\frac{Y_1 + Y_2}{2} + \frac{Y_2 + Y_3}{2} + \cdots + \frac{Y_{n-1} + Y_n}{2}}{n-1} = \frac{\frac{Y_1}{2} + Y_2 + \cdots + Y_{n-1} + \frac{Y_n}{2}}{n-1}$$

其中，$\overline{Y}$ 表示算术平均数，Y 表示不同时期的观测值，n 表示观测值的个数。

③间隔不相等的时点数列计算方式：

首先，计算出两个点值之间的平均数

$$\overline{Y_1} = \frac{Y_1 + Y_2}{2}, \quad \overline{Y_2} = \frac{Y_2 + Y_3}{2}, \cdots, \quad \overline{Y_{n-1}} = \frac{Y_{n-1} + Y_n}{2}$$

然后，用相隔的时间长度加权计算总的平均数

$$\overline{Y} = \frac{\left(\frac{Y_1 + Y_2}{2}\right)f_1 + \left(\frac{Y_2 + Y_3}{2}\right)f_2 + \cdots + \left(\frac{Y_{n-1} + Y_n}{2}\right)f_{n-1}}{\sum\limits_{i=1}^{n-1} f_i}$$

其中，$\overline{Y}$ 表示算术平均数，Y 表示不同时期的观测值，n 表示观测值的个数，f_i 表示第 i 期观测值对应的权重。

【例4-4】
某企业1～3月的月销售额分别为800万元、825万元、850万元，求每个月的平均销售额。

$$每个月的平均销售额 = \frac{800 + 825 + 850}{3} = 825（万元）$$

【例4-5】

某企业储蓄存款余额年初为 866 万元，一月末 880 万元，二月末 890 万元，三月末 900 万元，求其第一季度平均余额。

$$第一季度的平均余额 = \frac{\frac{866+880}{2}+\frac{880+890}{2}+\frac{890+900}{2}}{3} = \frac{\frac{866}{2}+880+890+\frac{900}{2}}{3} = \frac{2\,653}{3}$$

$$=884.3（万元）$$

【例4-6】

某地区某年的人口统计资料显示：1月1日为21.6万人，6月1日为21.65万人，8月1日为21.7万人，12月31日为21.8万人，求该地区该年平均人口数。

$$该地区某年平均人口数 = \frac{\frac{21.6+21.65}{2}\times5+\frac{21.65+21.7}{2}\times2+\frac{21.7+21.8}{2}\times5}{5+2+5}$$

$$= \frac{21.625\times5+21.675\times2+21.75\times5}{12} = 21.69（万人）$$

（2）增长量和平均增长量。增长量表示报告期水平与基期水平之差。两个相邻时期的累计增长量之差叫作逐期增长量，用公式表示为

$$\Delta y_t = y_t - y_t \quad (t=1, 2, \cdots, n)$$

报告期水平与某一固定时期水平之差叫作累计增长量，用公式表示为

$$\Delta y_t = y_t - y_0 \quad (t=1, 2, \cdots, n)$$

平均增长量是指观察期内各逐期增长量的平均数，用公式表达为

$$平均增长量 = \frac{逐期增长量之和}{观察期的个数} = \frac{累计增长量}{观察值个数-1}$$

3. 动态数列的速度指标

动态数列的速度指标有发展速度、平均发展速度、增长速度和平均增长速度。

（1）发展速度。研究动态数列的发展速度时，需要将两个不同时期的水平值进行对比，要分析的时期的水平值叫作报告期水平值，需要对比的时期的水平值叫作基期水平值。报告期水平值与基期水平值的比值即为发展速度。根据基期的不同，发展速度可以分为定基发展速度、环比发展速度和同比发展速度。

1）定基发展速度。定基发展速度表示报告期观测值与某一固定时期水平之比，用公式表示为

$$定基发展速度 = \frac{报告期观测值}{某一固定时期观测值}$$

2）环比发展速度。环比发展速度表示报告期观测值与上一时期观测值之比，用公式

表示为

$$环比发展速度 = \frac{报告期观测值}{上一时期观测值}$$

3）同比发展速度。同比发展速度表示报告期观测值与上一年同期观测值之比，用公式表示为

$$同比发展速度 = \frac{报告期观测值}{上一年同期观测值}$$

【拓展知识】

通过观察定基发展速度和环比发展速度的公式表达式，我们可以发现定基发展速度和环比发展速度具有一定的关系。观察期内定基发展速度等于环比发展速度的连乘积。

$$\frac{Y_1}{Y_0} \times \frac{Y_2}{Y_1} \times \cdots \times \frac{Y_n}{Y_{n-1}} = \frac{Y_n}{Y_0}$$

4）平均发展速度表示观察期内平均发展变化的程度，是观察期内各环比发展速度的平均数，其计算方法使用几何法计算，用公式表示为

$$\overline{R} = \sqrt[n]{\frac{Y_1}{Y_0} \times \frac{Y_2}{Y_1} \times \cdots \times \frac{Y_n}{Y_{n-1}}} = \sqrt[n]{\frac{Y_n}{Y_0}} \quad (t=1, 2, \cdots, n)$$

其中，$\overline{R}$ 表示平均发展速度，Y_0 表示某一固定时期的观测值。n 个数的乘积再开 n 次方，就是这 n 个数的几何平均数。因此平均发展速度是环比发展速度的几何平均数，是定基发展速度的 $1/n$ 次方。

【例4-7】

某电器企业 2017 ~ 2022 年的销售量情况如图 4-26 所示，请计算该企业历年的定基发展速度、环比发展速度和平均发展速度。

	A	B	C	D	E	F	G
1	某电器企业2017-2022年的销售情况						
2	年份	2017年	2018年	2019年	2020年	2021年	2022年
3	销售量（万件）	12	19.6	22.5	39.9	89.4	99.7

图4-26 某电器企业2017~2022年的销售量情况

步骤1：计算定基发展速度。2017 年是第一年，对应的销售量属于基期水平，因此不用计算定基发展速度。

步骤2：2018 年的定基发展速度。用 2018 年的销售量除以 2017 年的销售量，在 C4 单元格中输入公式 "=C3/$B$3"，如图 4-27 所示。直接向右拖动填充柄即可得出其他年份的定基发展速度，将计算结果单元格格式改为 "百分数" 形式，不保留小数。

步骤3：计算环比发展速度。2017 年是第一年，对应的销售量属于基期水平，因此不用计算环比发展速度。

	A	B	C	D	E	F	G
	C4			fx	=C3/$B$3		
1	某电器企业2017-2022年的销售情况						
2	年份	2017年	2018年	2019年	2020年	2021年	2022年
3	销售量（万件）	12	19.6	22.5	39.9	89.4	99.7
4	定基发展速度	/	163%	188%	333%	745%	831%

图4-27　计算定基发展速度

步骤4：2018年的环比发展速度。用2018年的销售量除以2017年的销售量，在C4单元格中输入公式"=C3/B3"，如图4-28所示，直接向右拖动填充柄即可得出其他年份的环比发展速度。

	A	B	C	D	E	F	G
	C5			fx	=C3/B3		
1	某电器企业2017-2022年的销售情况						
2	年份	2017年	2018年	2019年	2020年	2021年	2022年
3	销售量（万件）	12	19.6	22.5	39.9	89.4	99.7
4	定基发展速度	/	163%	188%	333%	745%	831%
5	环比发展速度	/	163%	115%	177%	224%	112%

图4-28　计算环比发展速度

步骤5：计算平均发展速度。直接用定基发展速度开5次方即可，也可以在B6单元格中输入公式"=GEOMEAN(C5:G5)"，计算结果如图4-29所示。

	A	B	C	D	E	F	G
	B6			fx	=GEOMEAN(C5:G5)		
1	某电器企业2017-2022年的销售情况						
2	年份	2017年	2018年	2019年	2020年	2021年	2022年
3	销售量（万件）	12	19.6	22.5	39.9	89.4	99.7
4	定基发展速度	/	163%	188%	333%	745%	831%
5	环比发展速度	/	163%	115%	177%	224%	112%
6	平均发展速度	153%					

图4-29　计算平均发展速度

【拓展知识】

GEOMEAN ()函数的主要作用是返回一正数数组或数值区域的几何平均数，该函数的语法规则如下：

= GEOMEAN(number1,number2,...)

参数number1，number2,...表示数组中的数值。

（2）增长速度。研究动态数列中指标的相对增长程度情况可以使用增长速度表示。增长速度的计算方法为增长量与基期水平之比，又称为增长率。例如，某年的发展速度为120%，则增长速度直接减去1，为20%。其计算方法用公式可以表示为

$$增长速度 = \frac{报告期观测值 - 基期观测值}{基期观测值} = 发展速度 - 1$$

1）定基增长速度。报告期观测值比某一固定时期观测值增量与某一固定时期观测值之比，用公式表示为

$$定基增长速度 = \frac{报告期观测值 - 某一固定时期观测值}{某一固定时期观测值} = 定基发展速度 - 1$$

2）环比增长速度。报告期观测值比前一时期观测值增量与上一时期观测值之比，用公式表示为

$$环比增长速度 = \frac{报告期观测值 - 上一时期观测值}{上一时期观测值} = 环比发展速度 - 1$$

3）同比增长速度。报告期观测值比上一年同期观测值增量与上年同期观测值的比，用公式表示为

$$同比增长速度 = \frac{报告期观测值 - 上一年同期观测值}{上一年同期观测值} = 同比发展速度 - 1$$

平均增长速度与增长速度的计算方法类似，在此不再赘述。

平均增长速度 = 平均发展速度 - 1。

在计算速度指标时需要注意，若动态数列中的观察值出现 0 或者负数，适宜使用绝对值指标进行计算和分析。

【例4-8】

某淘宝店铺 2021 ～ 2022 年每季度的销售额情况如图 4-30 所示，请计算该店铺历年的定基增长速度、环比增长速度、同比增长速度和平均增长速度。

A	B	C	D	E	F	G	H	I
1	某淘宝店铺2021-2022年的销售情况							
2 年份	2021年				2022年			
3 季度	一	二	三	四	一	二	三	四
4 销售额	36388	37789	39102	30102	43268	48970	50012	41562

图4-30 某淘宝店铺2021～2022年每季度的销售额情况

步骤1：计算定基发展速度、环比发展速度和同比发展速度。定基发展速度、环比发展速度具体与例 4-7 计算方法相同，在此不再赘述。同比发展速度的计算方法为在 F7 单元格中输入公式"F4/B4"，然后拖动填充柄向右填充。计算结果如图 4-31 所示。

F7		f_x	=F4/B4					
A	B	C	D	E	F	G	H	I
1	某淘宝店铺2021-2022年的销售情况							
2 年份	2021年				2022年			
3 季度	一	二	三	四	一	二	三	四
4 销售额	36388	37789	39102	30102	43268	48970	50012	41562
5 定基发展速度	/	104%	107%	83%	119%	135%	137%	114%
6 环比发展速度	/	104%	103%	77%	144%	113%	102%	83%
7 同比发展速度	/	/	/		119%	130%	128%	138%

图4-31 同比发展速度

步骤2：计算定基增长速度、环比增长速度和同比增长速度。由于增长速度 = 发展速度 - 1，因此计算结果如图 4-32 所示。

步骤3：计算平均增长速度。平均发展速度的计算使用 GEOMEAN() 函数，由于平均增长速度 = 平均发展速度 - 1，因此计算结果如图 4-33 所示。

C8　　=C5-1

	A	B	C	D	E	F	G	H	I
1	某淘宝店铺2021-2022年的销售情况								
2	年份	2021年				2022年			
3	季度	一	二	三	四	一	二	三	四
4	销售额	36388	37789	39102	30102	43268	48970	50012	41562
5	定基发展速度	/	104%	107%	83%	119%	135%	137%	114%
6	环比发展速度	/	104%	103%	77%	144%	113%	102%	83%
7	同比发展速度	/	/	/	/	119%	130%	128%	138%
8	定基增长速度	/	4%	7%	-17%	19%	35%	37%	14%
9	环比增长速度	/	4%	3%	-23%	44%	13%	2%	-17%
10	同比增长速度	/	/	/	/	19%	30%	28%	38%

图4-32　定基增长速度、环比增长速度和同比增长速度

B11　　=GEOMEAN(C6:I6)

	A	B	C	D	E	F	G	H	I
1	某淘宝店铺2021-2022年的销售情况								
2	年份	2021年				2022年			
3	季度	一	二	三	四	一	二	三	四
4	销售额	36388	37789	39102	30102	43268	48970	50012	41562
5	定基发展速度	/	104%	107%	83%	119%	135%	137%	114%
6	环比发展速度	/	104%	103%	77%	144%	113%	102%	83%
7	同比发展速度	/	/	/	/	119%	130%	128%	138%
8	定基增长速度	/	4%	7%	-17%	19%	35%	37%	14%
9	环比增长速度	/	4%	3%	-23%	44%	13%	2%	-17%
10	同比增长速度	/	/	/	/	19%	30%	28%	38%
11	平均发展速度	102%							
12	平均增长速度	2%							

图4-33　平均增长速度

4. 动态数列的预测

时间序列的预测是根据已有的历史数据对未来的情况进行预测。时间序列可能含有趋势、季节、周期和随机四种不同的成分，也可能同时含有几种成分，含有不同成分的时间数列所用的预测方法是不同的。

（1）平稳时间序列的预测。平稳时间序列的预测主要通过对时间序列进行平滑来消除随机波动，又称平滑法。预测方法有简单平均法、移动平均法、加权移动平均法和指数平滑法。平滑法可用于对时间序列进行短期预测，也可对时间序列进行平滑来描述序列的趋势。

1）简单平均法。根据已有的 T 期的观察值通过简单平均法来预测下一期的数值。时间序列中第 $T+1$ 期的预测值计算公式为：

$$T+1 \text{ 期的预测值} = \frac{Y_1 + Y_2 + ... + Y_T}{T}$$

当有了 $T+1$ 期的实际值，第 $T+2$ 期预测值的计算公式为：

$$T+2 \text{ 期的预测值} = \frac{Y_1 + Y_2 + ... + Y_{T+1}}{T+1}$$

例如某工厂的生产量为 2019 年 510 万件、2020 年 520 万件、2021 年 500 万件，利用简单平均法预测 2022 年的生产量。2022 年预测生产量 =（510+520+500）÷3=510（万件）。

简单平均法适合对较为平稳的时间序列进行预测。当时间序列有季节或其他成分时，简单平均法预测的结果不够准确，进行预测时不适用该方法。

2）移动平均法。移动平均法是指计算时间序列逐期移动求得的平均数，并将其作为预测值。移动平均法是将最近 K 期数据进行平均计算来预测下一期的数值。K 值的选择

不同，预测的数值是不相同的，因此应该合理选择 K 值的大小。可以通过实验方法，选择一个能够使方差达到最小的移动间隔。简单移动平均法适用于发展趋势较为平稳的数据做近期的预测，如果数列的发展趋势存在变化，采用该方法就会产生较大的偏差。

【例4-9】

某店铺历年的"双十一"销量如图 4-34 所示，使用移动平均法求出预测值。（ $K=4$ ）

	A	B	C	D	E	F	G	H	I
1	某店铺历年"双十一"销量								
2	年份	2013	2014	2015	2016	2017	2018	2019	2020
3	销量	501	992	1628	3520	5980	8235	9963	

图4-34　某店铺历年的"双十一"销量

步骤1：已知 K 值为 4，表示预测 2017 年销量时需要计算 2013～2016 年的平均数。

步骤2：定位到单元格 F4，输入公式 "=AVERAGE(B3:E3)" 即可计算出 2017 年的预测值，2018～2020 年的预测值同理，拖动填充手柄即可。如图 4-35 所示。

F4		×	✓	f_x	=AVERAGE(B3:E3)			
	A	B	C	D	E	F	G	H	I
1	某店铺历年"双十一"销量								
2	年份	2013	2014	2015	2016	2017	2018	2019	2020
3	销量	501	992	1628	3520	5980	8235	9963	
4	简单移动平均（T=4）	--	--	--	--	1660.25	3030	4840.75	6924.5

图4-35　简单移动平均

3）加权移动平均法。简单移动平均中，历史数据中每一期的数据在进行平均时作用是相等的。加权移动平均法中认为应考虑各期数据的信息含量，其对距离预测期较近的历史数据给予较大权数，对于预测期较远的历史数据给予较小权重。

步骤1：根据给定的加权移动平均的权重预测 2017～2020 年的数值，将单元格定位到 F5，输入公式 "=SUMPRODUCT(B3:E3,\$B\$9:\$E\$9)/SUM(\$B\$9:\$E\$9)"，计算结果为 2017 年的预测值。

步骤2：拖动填充手柄完成 2018～2020 年的预测值计算，结果如图 4-36 所示。

F5		×	✓	f_x	=SUMPRODUCT(B3:E3,\$B\$9:\$E\$9)/SUM(\$B\$9:\$E\$9)			
	A	B	C	D	E	F	G	H	I
1	某店铺历年"双十一"销量								
2	年份	2013	2014	2015	2016	2017	2018	2019	2020
3	销量	501	992	1628	3520	5980	8235	9963	
4	简单移动平均（K=4）	--	--	--	--	1660.25	3030	4840.75	6924.5
5	加权移动平均（K=4）	--	--	--	--	1314.071	2428	4045	6153.643
6									
7									
9	加权移动平均权重	5	4	3	2				

图4-36　加权移动平均

4）指数平滑法。指数平滑法是对过去的观察值进行加权平均进行预测，其主要适用于没有明显规律但确实存在某种前后关联的时间序列的短期预测。指数平滑法预测的公式为

$T+1$ 期的预测值 $=T$ 期的实际观察值 × 平滑系数 +T 期的预测值 × （1- 平滑系数）

例如：某品牌产品 2021 年前四个月的销售量分别为 10、14、9、20，求出每个月的预测值，并使用指数平滑法对下个月的销售量进行预测。（平滑系数 $\alpha=0.5$，初始预测值为前三个月的平均值）

初始预测值 = （10+14+9）÷3=11

2 月预测值 =1 月实际值 ×α+1 月预测值 ×（1-α）=10×0.5+11×0.5=10.5

3 月预测值 =2 月实际值 ×α+2 月预测值 ×（1-α）=14×0.5+10.5×0.5=12.25

4 月预测值 =3 月实际值 ×α+3 月预测值 ×（1-α）=9×0.5+12.25×0.5=10.625

5 月预测值 =4 月实际值 ×α+4 月预测值 ×（1-α）=20×0.5+10.625×0.5=15.312 5

当时间序列有较大随机波动时，选择的平滑系数较大；当时间序列比较平稳时，选择的平滑系数较小。用一次指数平滑法进行预测时，一般取值不大于 0.5。平滑系数 =0，预测值仅仅是重复上一期的预测结果；平滑系数 =1，预测值就是上一期的实际值。

（2）复合型数列的分解及预测。复合型数列是指同时受到多种因素影响的数列，因此需要将该数列进行因素分解，再进行预测。

【例4-10】

某店铺近 4 年不同季度的销售额资料如图 4-37 所示，使用季节分解法预测 2020 年各个季度的销售额。

步骤 1：一年中有四个季度，因此对销售额做四项移动平均，剔除一年中不同季节因素和不规则因素的影响。四项移动平均结果如图 4-38 所示。

某店铺近4年不同季度的销售额		
年份	季度	销售额（万元）
2016	1	21
2016	2	32
2016	3	38
2016	4	19
2017	1	28
2017	2	41
2017	3	45
2017	4	24
2018	1	33
2018	2	46
2018	3	50
2018	4	35
2019	1	37
2019	2	59
2019	3	61
2019	4	38

图4-37　某店铺近4年不同季度的销售额

D5 ＝AVERAGE(C3:C6)

某店铺近4年不同季度的销售额			
年份	季度	销售额（万元）	四项移动平均
2016	1	21	
2016	2	32	
2016	3	38	27.5
2016	4	19	29.25
2017	1	28	31.5
2017	2	41	33.25
2017	3	45	34.5
2017	4	24	35.75
2018	1	33	37
2018	2	46	38.25
2018	3	50	41
2018	4	35	42
2019	1	37	45.25
2019	2	59	48
2019	3	61	48.75
2019	4	38	

图4-38　四项移动平均计算

步骤 2：做居中平均以修正移动平均数存放的位置。例如在计算第一项移动平均时，理论上应该放到第 2.5 个季度表示的单元格中，显示却放到了第 3 个季度对应的单元格。

同理，第 4 个季度对应的是第 3.5 个季度的数值。因此需要使用平均法修正移动平均数的位置，修正后的数据是剔除了季节因素 S 和不规则因素 I 的值，即 $T \times C$。如果四项移动平均数项为奇数，则可以直接跳过该步骤。$T \times C$ 值的计算如图 4-39 所示。

		E5		× ✓ f_x	=AVERAGE(D5:D6)
▲	A	B	C	D	E
1	某店铺近4年不同季度的销售额				
2	年份	季度	销售额（万元）	四项移动平均	居中平均（T×C）
3	2016	1	21		
4	2016	2	32		
5	2016	3	38	27.5	28.375
6	2016	4	19	29.25	30.375
7	2017	1	28	31.5	32.375
8	2017	2	41	33.25	33.875
9	2017	3	45	34.5	35.125
10	2017	4	24	35.75	36.375
11	2018	1	33	37	37.625
12	2018	2	46	38.25	39.625
13	2018	3	50	41	41.5
14	2018	4	35	42	43.625
15	2019	1	37	45.25	46.625
16	2019	2	59	48	48.375
17	2019	3	61	48.75	
18	2019	4	38		

图4-39　T×C值计算

步骤 3：求解 $S \times I$，根据乘法模型公式 $Y = T \times S \times C \times I$，计算 $S \times I$，计算结果如图 4-40 所示。

		F5		× ✓ f_x	=C5/E5	
▲	A	B	C	D	E	F
1	某店铺近4年不同季度的销售额					
2	年份	季度	销售额（万元）	四项移动平均	居中平均（T×C）	S×I
3	2016	1	21			
4	2016	2	32			
5	2016	3	38	27.5	28.375	1.339207
6	2016	4	19	29.25	30.375	0.625514
7	2017	1	28	31.5	32.375	0.864865
8	2017	2	41	33.25	33.875	1.210332
9	2017	3	45	34.5	35.125	1.281139
10	2017	4	24	35.75	36.375	0.659794
11	2018	1	33	37	37.625	0.877076
12	2018	2	46	38.25	39.625	1.160883
13	2018	3	50	41	41.5	1.204819
14	2018	4	35	42	43.625	0.802292
15	2019	1	37	45.25	46.625	0.793566
16	2019	2	59	48	48.375	1.219638
17	2019	3	61	48.75		
18	2019	4	38			

图4-40　S×I值计算

步骤 4：分解 $S \times I$。首先消除不规则因素 I，计算各年同季度销售额的平均数；再除以所有季度销售额的平均数，得到各个季节的季节指数 S，计算结果如图 4-41 所示。

步骤 5：分解 $T \times C$。将长期趋势因素与循环因素分开需要首先判定长期趋势的类型，利用散点图（见图 4-42），选择线性模型拟合序列的长期趋势，得到长期趋势中的线性公式 $y = 1.6632x + 23.8$，据此可以求出 T 在各年份各季度下的预测值，其中 t 无指代含义，仅仅表示时间序列的发展方向，结果如图 4-43 所示。

G19 · : × ✓ *fx* =AVERAGE(F7,F11,F15)/AVERAGE(F5:F16)

	A	B	C	D	E	F	G
1	某店铺近4年不同季度的销售额						
2	年份	季度	销售额（万元）	四项移动平均	居中平均 (T×C)	S×I	S
3	2016	1	21				
4	2016	2	32				
5	2016	3	38	27.5	28.375	1.339207	
6	2016	4	19	29.25	30.375	0.625514	
7	2017	1	28	31.5	32.375	0.864865	
8	2017	2	41	33.25	33.875	1.210332	
9	2017	3	45	34.5	35.125	1.281139	
10	2017	4	24	35.75	36.375	0.659794	
11	2018	1	33	37	37.625	0.877076	
12	2018	2	46	38.25	39.625	1.160883	
13	2018	3	50	41	41.5	1.204819	
14	2018	4	35	42	43.625	0.802292	
15	2019	1	37	45.25	46.625	0.793566	
16	2019	2	59	48	48.375	1.219638	
17	2019	3	61	48.75			
18	2019	4	38				
19	2020	1					0.842422
20	2020	2					1.193061
21	2020	3					1.270911
22	2020	4					0.693605

图4-41　S值计算

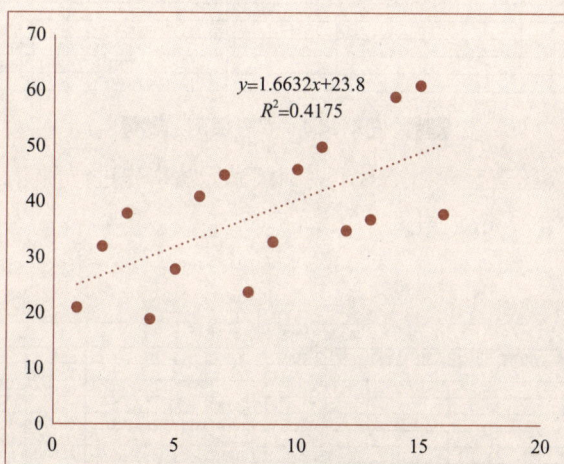

$y=1.6632x+23.8$
$R^2=0.4175$

图4-42　长期趋势散点图

I3 · : × ✓ *fx* =1.6632*H3+23.8

	A	B	C	D	E	F	G	H	I
1	某店铺近4年不同季度的销售额								
2	年份	季度	销售额（万元）	四项移动平均	居中平均 (T×C)	S×I	S	t	T
3	2016	1	21					1	25.4632
4	2016	2	32					2	27.1264
5	2016	3	38	27.5	28.375	1.339207		3	28.7896
6	2016	4	19	29.25	30.375	0.625514		4	30.4528
7	2017	1	28	31.5	32.375	0.864865		5	32.116
8	2017	2	41	33.25	33.875	1.210332		6	33.7792
9	2017	3	45	34.5	35.125	1.281139		7	35.4424
10	2017	4	24	35.75	36.375	0.659794		8	37.1056
11	2018	1	33	37	37.625	0.877076		9	38.7688
12	2018	2	46	38.25	39.625	1.160883		10	40.432
13	2018	3	50	41	41.5	1.204819		11	42.0952
14	2018	4	35	42	43.625	0.802292		12	43.7584
15	2019	1	37	45.25	46.625	0.793566		13	45.4216
16	2019	2	59	48	48.375	1.219638		14	47.0848
17	2019	3	61	48.75				15	48.748
18	2019	4	38					16	50.4112
19	2020	1					0.842422	17	52.0744
20	2020	2					1.193061	18	53.7376
21	2020	3					1.270911	19	55.4008
22	2020	4					0.693605	20	57.064

图4-43　长期趋势T的值计算

步骤6：分解 C。反映循环因素波动的循环指数 C 可以用公式表示为：$C = \dfrac{T \times C}{T}$。由于 $T \times C$ 的值在 2019 年第二季度之后无法计算，因此 C 值也不能计算，在此利用二项移动平均法对 C 值做出预测，结果如图 4-44 所示。

J5   fx =E5/I5

年份	季度	销售额（万元）	四项移动平均	居中平均（T×C）	S×I	S	t	T	C
				某店铺近4年不同季度的销售额					
2016	1	21					1	25.4632	
2016	2	32					2	27.1264	
2016	3	38	27.5	28.375	1.339207		3	28.7896	0.985599
2016	4	19	29.25	30.375	0.625514		4	30.4528	0.997445
2017	1	28	31.5	32.375	0.864865		5	32.116	1.008065
2017	2	41	33.25	33.875	1.210332		6	33.7792	1.002836
2017	3	45	34.5	35.125	1.281139		7	35.4424	0.991045
2017	4	24	35.75	36.375	0.659794		8	37.1056	0.98031
2018	1	33	37	37.625	0.877076		9	38.7688	0.970497
2018	2	46	38.25	39.625	1.160883		10	40.432	0.980041
2018	3	50	41	41.5	1.204819		11	42.0952	0.985861
2018	4	35	42	43.625	0.802292		12	43.7584	0.996951
2019	1	37	45.25	46.625	0.793566		13	45.4216	1.026494
2019	2	59	48	48.375	1.219638		14	47.0848	1.027402
2019	3	61	48.75				15	48.748	1.026948
2019	4	38					16	50.4112	1.027175
2020	1					0.842422	17	52.0744	1.027061
2020	2					1.193061	18	53.7376	1.027118
2020	3					1.270911	19	55.4008	1.02709
2020	4					0.693605	20	57.064	1.027104

图4-44　C值预测

步骤7：计算预测销售额。由于对不规则因素无法事先进行预测，因此用 $Y = T \times S \times C$ 作为预测值，结果如图 4-45 所示。

K19   fx =G19*I19*J19

年份	季度	销售额（万元）	四项移动平均	居中平均（T×C）	S×I	S	t	T	C	预测销售额
				某店铺近4年不同季度的销售额						
2016	1	21					1	25.4632		
2016	2	32					2	27.1264		
2016	3	38	27.5	28.375	1.339207		3	28.7896	0.985599	
2016	4	19	29.25	30.375	0.625514		4	30.4528	0.997445	
2017	1	28	31.5	32.375	0.864865		5	32.116	1.008065	
2017	2	41	33.25	33.875	1.210332		6	33.7792	1.002836	
2017	3	45	34.5	35.125	1.281139		7	35.4424	0.991045	
2017	4	24	35.75	36.375	0.659794		8	37.1056	0.98031	
2018	1	33	37	37.625	0.877076		9	38.7688	0.970497	
2018	2	46	38.25	39.625	1.160883		10	40.432	0.980041	
2018	3	50	41	41.5	1.204819		11	42.0952	0.985861	
2018	4	35	42	43.625	0.802292		12	43.7584	0.996951	
2019	1	37	45.25	46.625	0.793566		13	45.4216	1.026494	
2019	2	59	48	48.375	1.219638		14	47.0848	1.027402	
2019	3	61	48.75				15	48.748	1.026948	
2019	4	38					16	50.4112	1.027175	
2020	1					0.842422	17	52.0744	1.027061	45.0557743
2020	2					1.193061	18	53.7376	1.027118	65.8508417
2020	3					1.270911	19	55.4008	1.02709	72.3168651
2020	4					0.693605	20	57.064	1.027104	40.6526597

图4-45　预测销售额

4.1.3　相关和回归分析

不同事物之间的关系可以大致分为确定性关系和非确定性关系两种。确定性关系是指两事物之间的一一对应的关系，例如圆的半径和面积之间的关系。非确定性关系是指两事物之间并非一一对应的关系，例如消费者数量和消费金额之间的关系等。研究变量间的非确定性关系，构造变量间经验公式的数理统计方法有相关分析和回归分析两种。

相关和回归分析

1. 相关分析

相关分析是研究两个或者两个以上变量之间的相关程度强弱的一种分析方法，通过图形和数值两种方式可以将不同变量之间的相关关系更加直观、清晰地表现出来。

（1）散点图。将要分析的两个变量作为直角坐标系的横纵坐标，以两个变量的值为坐标在直角坐标系中绘制为散点图，通过观察散点图能够直观发现变量之间的相关关系以及他们相关的强弱和方向。

1）散点图中的散点大致呈一条直线，称二者线性相关。

2）散点图中的散点大致呈一条曲线，称二者曲线相关，如图 4-46 所示。

3）散点图中的散点分布杂乱无章，称二者不相关，如图 4-47 所示。

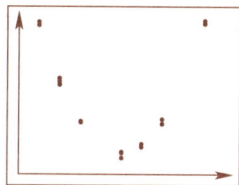

图4-46 曲线相关

4）散点图中当一个变量增长，另一个变量也随着呈现增长的趋势，称二者正相关，如图 4-48 所示。

5）散点图中当一个变量增长，另一个变量随之呈现下降的趋势，称二者负相关，如图 4-49 所示。

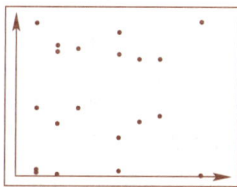

图4-47 不相关

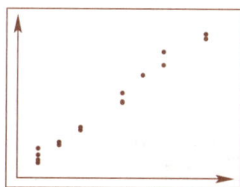

图4-48 正相关

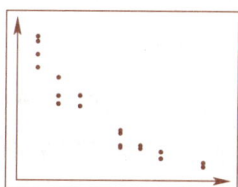

图4-49 负相关

（2）相关系数。相关系数是按照积差方法计算，即以两个变量与各自平均值的离差相乘来反映两变量之间的相关程度。相关系数用公式表示为

$$r = \frac{\sum (x - \overline{x})(y - \overline{y})}{\sqrt{\sum (x - \overline{x})^2 (y - \overline{y})^2}}$$

其中 $\overline{x}$、$\overline{y}$ 表示两个变量的平均数，相关系数的取值范围为 $|r| \leqslant 1$，相关性系数绝对值 $|r|$ 越接近于 1，说明两个指标之间具有的相关性越强；相关性系数的绝对值 $|r|$ 越接近于 0，说明两个指标之间具有的相关性越弱。

在一般的应用当中，使用相关系数判断两个变量之间关系的标准是：

1）$r > 0$，正相关的关系；$r < 0$，负相关的关系。

2）$r = 1$，完全正相关；$r = -1$，完全负相关；$r = 0$，不存在线性关系。

3）$|r| > 0.8$，强线性相关关系；$|r| < 0.3$，弱线性相关关系。

4）当相关系数值很小甚至为 0 时，只能说明两个变量之间的线性相关程度很弱或者

不存在线性相关关系，但不能判断两个变量之间不存在相关关系。

【例4-11】

调查某商场的营业额与产品数量之间的关系，数据资料如图4-50所示。请使用Excel分析商场营业额与商场产品数量之间的相关关系。

	A	B	C	D
1	月份	产品数量	营业额	促销费用
2	1	65704	3398511	22367
3	2	57605	2730836	21567
4	3	50292	2161994	25690
5	4	33831	1434395	14287
6	5	33946	1332344	18769
7	6	33270	1004474	19087
8	7	82143	5474840	56703
9	8	82405	7484978	45325
10	9	114775	12019031	89700
11	10	103663	9578624	76123
12	11	79849	7062607	35465
13	12	59619	5004396	37697

图4-50　某商场产品数量、营业额与促销费用资料

方法1：CORREL函数

在任意空白单元格中输入公式：=CORREL(B2:B13,C2:C13)，得到两个指标之间的相关系数为0.968，因此我们认为商场的营业额与产品数量之间存在着高度直线相关的关系。

方法2：数据分析→相关系数

步骤1：单击"数据分析"，在自动弹出的"数据分析"对话框中选择"相关系数"，并单击确定。

步骤2：在弹出的"相关系数"对话框中，设置"输入区域"和"输出区域"，勾选"标志位于第一行"，如图4-51所示。

步骤3：单击"确定"按钮得到最终分析结果，如图4-52所示。从图中可知，产品数量和营业额、产品数量与促销费用、营业额与促销费用之间的相关系数均大于0.8，说明它们之间的关系都是高度线性相关的。

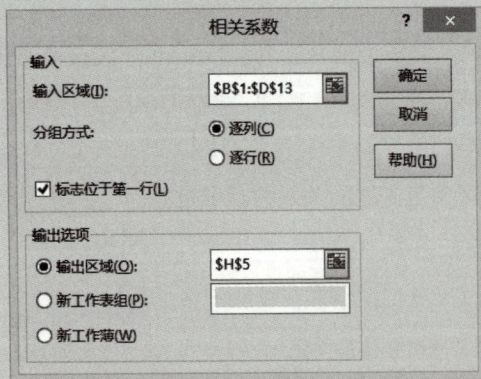

图4-51　"相关系数"对话框

	产品数量	营业额	促销费用
产品数量	1		
营业额	0.967511	1	
促销费用	0.926391	0.936222	1

图4-52　相关系数计算

【拓展知识】

CORREL()函数的主要作用是返回单元格区域array1和array2之间的相关系数，该函数的语法规则如下：

= CORREL(array1,array2)

参数array1：第一组数值单元格区域。

参数array2：第二组数值单元格区域。

2. 回归分析

回归分析是确定两个或多个变量之间定量关系的一种统计分析方法。相关分析和回归分析都是研究变量之间相互关系的方法。相关分析是回归分析的基础，回归分析是相关分析的定量的具体表现形式。

按照涉及变量的数量，回归分析可以分为一元线性回归和多元线性回归；按照自变量和因变量之间的关系类型，回归分析可以分为线性回归分析和非线性回归分析。

（1）一元线性回归基本原理。通过相关分析我们得到具有线性相关趋势的两个变量，但变量 y 不仅受到 x 的影响，还受到其他随机因素的影响，最直观的表现为散点图中的散点并不都落在一条直线上，而是在直线的上下波动分布。在散点图的散点中引出一条模拟的回归直线表示两个变量之间的关系，称为估计回归线，回归方程模型的数据公式为

$$y = \beta_0 + \beta_1 x$$

其中 x 为自变量， y 为因变量； β_0 为常量， β_1 为回归系数，表示自变量对因变量的影响程度。

（2）最小二乘法原理。回归分析就是当数据分布在一条直线附近时选择一条距离所有点最近的一条直线为最佳直线。点到直线的距离为 $|y-y'|$ ，在计算公式中为所有点到直线距离的平方和 $\sum(y-y')^2$ 最小，这就是最小二乘法的原理，如图 4-53 所示。

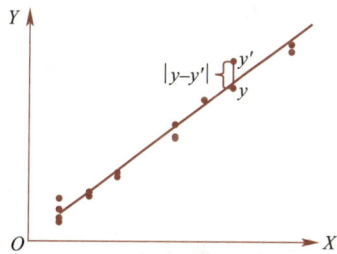

图4-53 最小二乘法原理

用最小二乘法可以求解方程中的两个参数，用公式表示为

$$\beta_1 = \frac{\sum(x_i - \overline{x})(y_i - \overline{y})}{\sum(x_i - \overline{x})^2}$$

$$\beta_0 = \overline{y} - b\overline{x}$$

（3）线性回归方程的拟合优度。回归直线与各观测点的接近程度叫作回归方程的拟合优度。即样本观测值聚集在回归线周围越紧密说明拟合效果越好；反之，说明拟合效果越差。

根据建立的直线回归方程可知，y 的观测值的总变动可以由 $\sum(y-\bar{y})^2$ 来反映，称为总变差。引起总变差的原因主要有：x 取值不同，使得与 x 有线性关系的 y 值不同；随机因素的影响。因此，总离差平方和 = 剩余离差平方和 + 回归离差平方和，用公式表示为

$$\sum(y-\bar{y})^2 = \sum(y-y')^2 + \sum(y'-\bar{y})^2$$

其中 y 表示实际值，$\bar{y}$ 表示实际值的平均数，y' 表示模拟值。回归离差平方和是由直线回归关系引起的误差，可以由回归直线做出解释；剩余离差平方和是除了直线回归关系之外的随机因素引起的，不能由回归直线做出解释。

决定系数用于衡量 x 与 y 的关系密切程度以及回归直线拟合程度的好坏，其用回归离差平方和与总离差平方和之比进行计算，用公式表示为

$$R^2 = \frac{\sum(y'-\bar{y})^2}{\sum(y-\bar{y})^2}$$

其中，决定系数 R^2 越接近于1，表示线性回归的模拟效果越好。

在 Excel 中可以利用回归分析工具或者散点图和回归曲线进行回归分析。利用【例 4-11】中的商场产品数量和营业额两个指标做回归分析。

方法1：数据分析—回归

步骤1： 单击"数据分析"，在弹出的"数据分析"对话框中选择"相关系数"，并单击确定。

步骤2： 在弹出的"回归"对话框中，设置"输入区域"和"输出区域"，勾选"标志"，"X值输入区域"为自变量"产品数量"，"Y值输入区域"为因变量"营业额"，如图 4-54 所示。

步骤3： 单击"确定"，得到回归结果，如图 4-55 所示。

回归分析工具分析的结果相对来说更加专业，使用散点图和回归曲线能够更加清晰、明了地表示出线性回归方程和决定系数。根据决定系数 R^2 的大小能够判定出模拟效果的好坏，根据线性回归方程能够对数据做出预测。

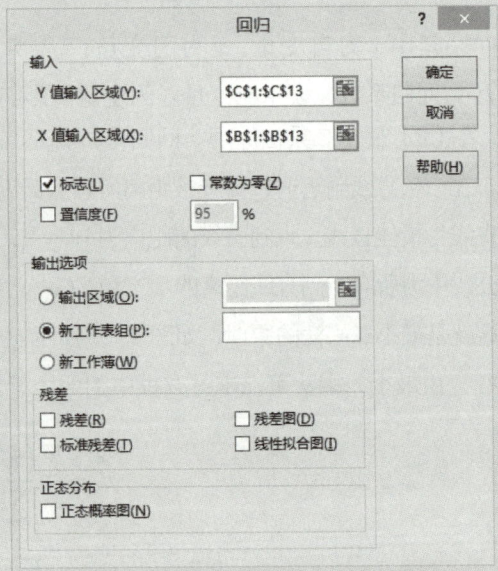
图4-54 "回归"对话框

	A	B	C	D	E	F	G	H	I
1	SUMMARY OUTPUT								
2									
3	回归统计								
4	Multiple R	0.967510589							
5	R Square	0.93607674							
6	Adjusted R Squar	0.929684414							
7	标准误差	941397.3355							
8	观测值	12							
9									
10	方差分析								
11		df	SS	MS	F	nificance F			
12	回归分析	1	1.3E+14	1.3E+14	146.4376	2.7E-07			
13	残差	10	8.86E+12	8.86E+11					
14	总计	11	1.39E+14						
15									
16		Coefficients	标准误差	t Stat	P-value	Lower 95%	Upper 95%	下限 95.0%	上限 95.0%
17	Intercept	-3565283.908	749751.2	-4.75529	0.000774	-5235834	-1894734	-5235834	-1894734
18	产品数量	127.2991874	10.5196	12.10114	2.7E-07	103.8601	150.7383	103.8601	150.7383

图4-55 回归结果

方法2：散点图和曲线图

步骤1：选中需要分析的源数据所在区域 B1:C13，单击"插入"→"散点图"→"仅带数据标记的散点图"选项，得到散点图如图 4-56 所示。

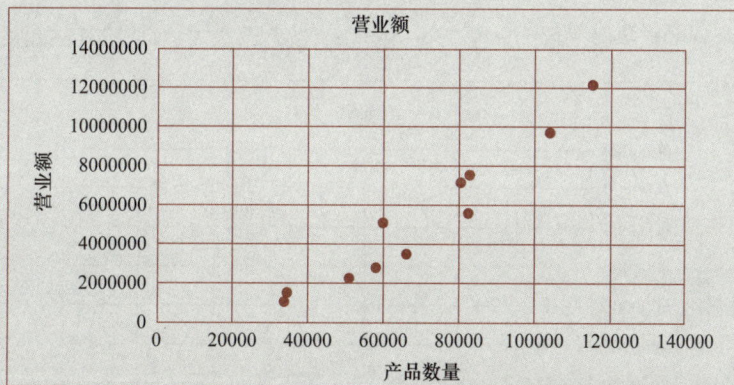

图4-56 营业额散点图

步骤2：单击选中图中所有的点，右击选择"添加趋势线"，如图 4-57 所示。

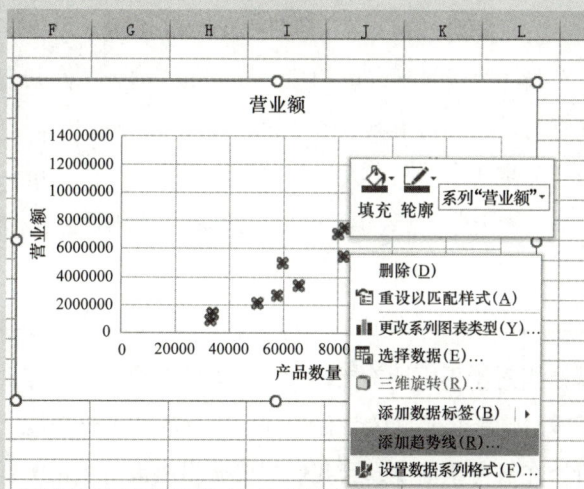

图4-57 添加趋势线

步骤3：设置趋势线格式，选中趋势线选项中的"线性"选项，勾选"显示公式(E)"和"显示R平方值(R)"，如图4-58、图4-59所示。

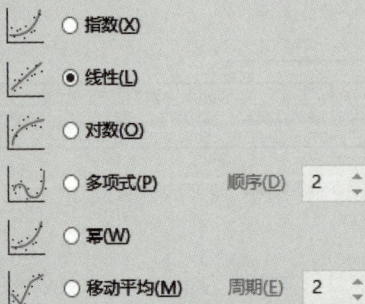

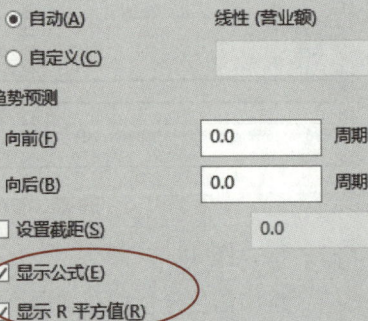

图4-58　趋势线选项设置　　　　**图4-59　趋势线预测设置**

步骤4：得到的趋势线方程为$y=127.3x-4E+06$，决定系数R^2为0.9361，如图4-60所示。

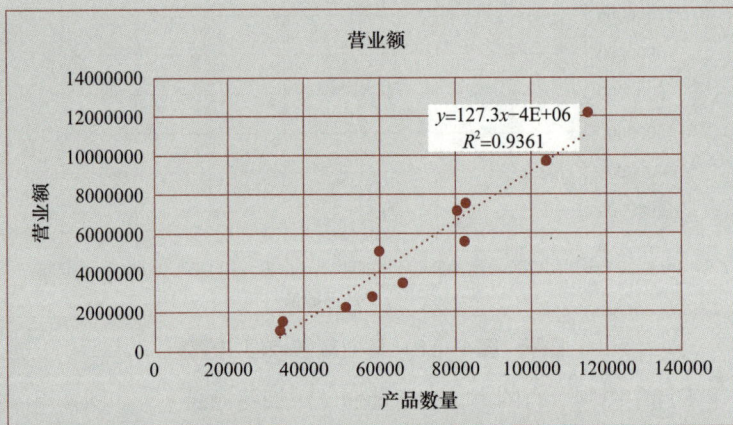

图4-60　回归分析结果

不管是利用回归分析工具还是散点图和趋势线，最终得到的回归方程和回归系数都是一样的。其中需要注意的是，在利用散点图添加趋势线时，主要根据散点分布的大致分布特征添加趋势线，但实际生活中存在着大量的非线性关系，因此在选择趋势线时要通过比较分析后，选择决定系数最接近于1，也就是拟合效果最好的模型作为最终的预测模型。

4.1.4　综合评价分析法

综合评价分析法是指对于不同评价指标加上不同的权重，进行综合评估分析的方法。综合评价分析法的基本思想是将不同的量化的评价指标转化为一个能够反映综合情况的指标，再进行分析评价。在日常生活中，当我们需要做出决策时经常需要用到综合评价分析法。假如你需要买一部手机，你会将不同品牌的手机性能、电池、外观、价格及适用程度等做一个综合比较才会决定购买哪一种手机。企业间在进行竞争力评价时，会将企业的年度营业额、年度利润率、员工数等因素考虑到评价指标当中，构建综合评价模型对不同企业进行评价。

在进行综合评价时要遵循的基本步骤有：

步骤 1：确定评价目的、评价对象和评价指标体系。

步骤 2：搜集评价指标数据，并对数据进行标准化处理。

步骤 3：确定不同指标的权重系数。

步骤 4：对处理过的指标数据和权重系数汇总计算出综合评价分数，根据综合评价数值对参评对象进行排序、分类比较，并得出评价结果。

1. 评价指标体系的构建

评价指标体系是由一系列相互关联的统计指标组成的整体。体系的构建是进行综合评价分析过程中非常重要的部分，需要从研究对象的不同角度反映整体状态。评价指标的选取需要能够衡量研究对象的特征。按照指标特征可以分为正向指标、逆向指标和中性指标。正向指标是指越大越好的指标，例如营业额、利润率等。逆向指标是指越小越好的指标，例如污染物排放量、客户流失率等。中性指标是指数据越接近于某一个数值越好的指标，例如血糖含量、血压等。在构建指标体系时，需要注意遵循目的性、系统性、全面性、可比性、导向性和简洁性的原则。

综合评价分析法

在对评价指标进行选择时，要对每一个指标进行科学的评价和论证。选择指标的方法按照类型可以分为定性和定量两种方法。

（1）定性选择法。定性选择法主要是根据研究目的和研究对象的特征，通过推理性判断分析来确定评价指标的方法。常用的定性选择法有德尔菲法、经验判断法和行业标准法。

1）德尔菲法是由相关领域的多位专家根据专业知识和实际经验提出相关意见，再对其进行整理、归纳、统计，再匿名反馈给各位专家，再次征求其意见，再集中，再反馈，直到得到一致的意见。

2）经验判断法是组织者根据专业知识和实际经验进行分析判断的方法。

3）行业标准法是指根据各个行业的相关行业标准、国家标准等规范和惯例来选择决定评级指标的方法。

（2）定量选择法。定量选择法主要是根据指标之间的相似性和关联性进行数量分析来确定评价指标的方法。定量选择法应用较为广泛，常用的定量选择法有最小均方差法、极小极大离差法和极大不相关法。

1）最小均方差法的基本思想是在评价对象中某项指标数值方差很小，说明这项指标可能对各单位的排序并不起作用。

2）极小极大离差法与最小均方差的思想基本一致，判断的准则是属性指标之间的差异的大小。

3）极大不相关法的基本思想是任意一项指标与其余的所有指标不相关。这就是说，所提供的信息几乎不能有其他指标来代替，则该指标应该被保留下来。

2. 数据的标准化处理

在多指标评价体系中，如果评价指标数值的性质和单位都一样，可以直接使用加权求和求得综合评价值。但是通常各评价指标具有不同的量纲和数量级。当各指标间的水平相差很大时，直接用原始指标值就会突出数值较高的指标在综合分析中的作用，相对削弱数值水平较低指标的作用。为了保证结果的可靠性，需要对原始指标数据进行标准化处理。数据标准化处理就是将数据按照比例缩放，使其落入一个特定区间。常见的数据标准化方法有：min-max 标准化，log 函数转换，z-score 标准化。在此只介绍 min-max 标准化方法。

min-max 标准化，也叫作离差标准化，是对原始数据进行线性变换，使其落到 [0,1] 区间，对于正向指标来说，转化方法用公式表示为

$$y_i = \frac{x_i - \min\{x_j\}}{\max\{x_j\} - \min\{x_j\}}$$

对于逆向指标来说，转化方法用公式表示为

$$y_i = \frac{\max\{x_j\} - x_i}{\max\{x_j\} - \min\{x_j\}}$$

得到的新序列 y_1，y_2，…，y_n 的取值范围为 [0,1] 且无量纲。使用该方法时需要注意，当有新的数据加入该数列时，可能会导致 max 和 min 的变化，此时需要重新定义。

3. 指标权重系数的确定

指标权重系数按照类型可以分为主观赋权法和客观赋权法。主观赋权法是根据专家或者个人的知识和经验进行权重系数的确定。常用的主观赋权法有德尔菲法和目标优化矩阵法。客观赋权法是根据统计指标的统计特性来决定不同指标的权重，不需要依靠个人经验。常用的客观赋权法有变异系数法。在此主要介绍目标优化矩阵法。

当需要确定权重系数的指标非常多时，专家们往往难以对每项的重要程度有准确的判断。但对两两之间的重要程度做出判断是比较容易的。因此先让专家对指标两两比较，然后再确定权值。目标优化矩阵的工作原理就是把人脑的模糊思维，简化为计算机的 1/0 式逻辑思维，最后得出量化结果。

目标优化矩阵的步骤主要有：

步骤 1：将纵轴上的指标依次与横轴上的指标对比，由专家进行投票决定，如果纵轴上的指标比横轴上的指标重要，那么在两个指标交叉的单元格中填"1"，否则填"0"。

步骤 2：将每行的结果相加，并根据合计的数值进行排序。

步骤3：利用每个指标的重要性合计得分计算每个指标的权重，即某指标权重＝（某指标重要性合计得分／所有指标重要性合计得分）×100%。

步骤4：如遇到某指标的重要性合计得分为"0"，只能说明该指标的重要性比较小，但不能忽略。这是因为我们在选取指标时，此指标对于评价体系的必要性已经经过科学的验证，因此可以把每个指标的重要性合计得分加"1"，再计算不同指标的权重。

【例4-12】

某店铺的用户信息如图4-61所示，运用综合评价分析法对该店铺中的客户进行综合价值评分，评价指标是已经确定的，包括购买频率、最近购买间隔、购买商品种类、平均每次消费金额和单次最高消费金额。权重的确定方式使用目标优化矩阵进行计算。

用户	购买频率	最近购买间隔（天）	购买商品种类	平均每次消费金额	单次最高消费金额
用户1	3	12	2	180	320
用户2	2	21	1	130	168
用户3	1	5	1	315	315
	购买频率	最近购买间隔（天）	购买商品种类	平均每次消费金额	单次最高消费金额
max	10	90	5	385	820
min	1	1	1	58	50

图4-61 某店铺用户信息

步骤1：将所有评价指标作为行标题和列标题做出一个对称的评价矩阵，如图4-62所示。

	购买频率	最近购买间隔	购买商品种类	平均每次消费金额	单次最高消费金额
购买频率					
最近购买间隔					
购买商品种类					
平均每次消费金额					
单次最高消费金额					

图4-62 评价指标矩阵

步骤2：将行标题和列标题上的评价指标两两对比，比较规则为：当行标题中的指标比列标题中的指标重要时，在两个指标对应的单元格填写"1"，否则填写"0"，如图4-63所示。

	购买频率	最近购买间隔	购买商品种类	平均每次消费金额	单次最高消费金额
购买频率		1	1	0	0
最近购买间隔	0		1	0	0
购买商品种类	0	0		0	0
平均每次消费金额	1	1	1		1
单次最高消费金额	1	1	1	0	

图4-63 评价指标对比

步骤3：将每行的数值求和，并根据合计的数据计算每个指标的权重，其中"购买商品种类"求和为0，因此在合计基础之上加1，再计算出每个评价指标的权重，如图4-64所示。

步骤4：将评价指标的数据进行标准化处理，使用 min-max 标准化方法，其中最近购买间隔属于逆向指标，在计算时需要应用逆向指标标准化方法。将数据标准化处理后的结果如图 4-65 所示。

K15　　fx　=J15/SUM($J$15:$J$19)

	C	D	E	F	G	H	I	J	K
12									
13	计算权重：								
14		购买频率	最近购买间隔	购买商品种类	平均每次消费金额	单次最高消费金额	求和	求和+1	权重
15	购买频率		1	1	0	0	2	3	20.0%
16	最近购买间隔	0		1	0	0	1	2	13.3%
17	购买商品种类	0	0		0	0	0	1	6.7%
18	平均每次消费金额	1	1	1		1	4	5	33.3%
19	单次最高消费金额	1	1	1	0		3	4	26.7%

图4-64　权重计算

I	J	K	L	M	N
用户	购买频率(标)	最近购买间隔(标)	购买商品种类(标)	平均每次消费金额(标)	单次最高消费金额(标)
用户1	0.22	0.88	0.25	0.37	0.35
用户2	0.11	0.78	0.00	0.22	0.15
用户3	0.00	0.96	0.00	0.79	0.34

图4-65　数据标准化处理

步骤5：计算综合价值评分，计算方法为权重 × 标准化的指标值，使用 SUMPRODUCT 函数计算两个数组的乘积和，具体计算公式和计算结果如图 4-66 所示。

O5　　fx　=SUMPRODUCT(J5:N5,$J$4:$N$4)

	I	J	K	L	M	N	O
3	指标　　权重　　用户	购买频率(标)	最近购买间隔(标)	购买商品种类(标)	平均每次消费金额(标)	单次最高消费金额(标)	综合价值评分
4		20%	13%	7%	33%	27%	
5	用户1	0.22	0.88	0.25	0.37	0.35	0.40
6	用户2	0.11	0.78	0.00	0.22	0.15	0.24
7	用户3	0.00	0.96	0.00	0.79	0.34	0.48

图4-66　综合价值评分计算

通过以上分析可知，该店铺的三位用户中用户 3 是最有价值的客户，其次是用户 1，最后是用户 2。针对分析结果，店铺的运营和管理人员可以对不同的用户采取不同的运营策略，例如对用户 3 加大客户关系管理的投资，做好有价值客户的关系管理。

四象限分析法

4.1.5　四象限分析法

四象限分析法，也叫波士顿矩阵法，是由美国知名商业咨询公司——波士顿咨询公司的创始人布鲁斯·亨德森于 1970 年首创的一种规划企业产品组合的方法。四象限矩阵将决定产品结构的两个基本因素：市场占有率和销售增长率作为评价企业产品的两个维度，通过两种因素的相互作用，将产品划分为四种不同性质的产品类型。如图 4-67 所示。

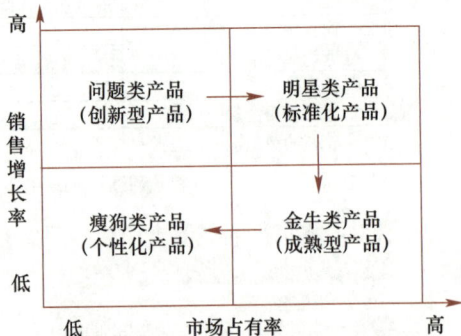

图4-67　四象限矩阵

最早的波士顿矩阵法用来分析市场中的企业潜力特征，四个象限的名称和含义分别为：

（1）第一象限，也叫明星象限。它是指处于高增长率、高市场占有率象限内的产品群，这类产品未来可能成为企业的金牛产品，需要加大投资以支持其迅速发展。采用的发展战略是：积极扩大经济规模和市场机会，以长远利益为目标，提高市场占有率，加强竞争地位。

（2）第二象限，也叫问题象限。它是指处于高增长率、低市场占有率象限内的产品群。前者说明市场机会大，前景好，而后者则说明在市场营销上存在问题。其特点是利润率较低，所需资金不足，负债比率高。例如在产品生命周期中处于引进期、因种种原因未能开拓市场局面的新产品即属此类问题的产品。对问题产品应采取选择性投资战略。因此，对问题产品的改进与扶持方案一般均列入企业长期计划中。

（3）第三象限，也叫瘦狗象限。它是指处在低增长率、低市场占有率象限内的产品群。其特点是利润率低、处于保本或亏损状态，负债比率高，无法为企业带来收益。对这类产品应采用撤退战略：首先应减少批量，逐渐撤退，对那些销售增长率和市场占有率均极低的产品应立即淘汰，并将剩余资源向其他产品转移。

（4）第四象限，也叫金牛象限。它是指处于低增长率、高市场占有率象限内的产品群，已进入成熟期。其特点是销售量大，产品利润率高，负债比率低，可以为企业提供资金，而且由于增长率低，也无须增大投资。因而成为企业回收资金，支持其他产品，尤其明星产品投资的后盾。对于这一象限内的销售增长率仍有所增长的产品，应进一步进行市场细分，维持现存市场增长率或延缓其下降速度。

【例4-13】

某同类产品的利润率和市场占有率数据如图4-68所示，请用四象限法分析每种产品的特点。

步骤1：选择单元格 B1:C11，插入散点图，如图4-69所示。

	A	B	C
1	产品	利润率	占有率
2	产品1	52.0%	58.5%
3	产品2	20.5%	34.0%
4	产品3	30.0%	58.0%
5	产品4	35.5%	36.0%
6	产品5	52.5%	54.0%
7	产品6	24.5%	24.0%
8	产品7	26.5%	39.5%
9	产品8	52.5%	38.3%
10	产品9	30.0%	52.3%
11	产品10	46.0%	31.0%
12	平均值	37.0%	42.6%

图4-68 某同类产品的利润率和市场占有率数据

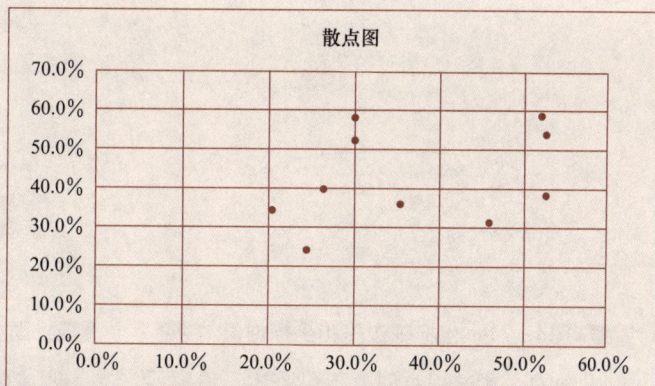

图4-69 散点图

步骤2：选中网格线右击，选择"删除"命令，将网格线删除。修改图表标题为"产品市场分析"，单击图表右上角的图表元素（⊞标志），添加横纵坐标的标题，如图4-70

所示。

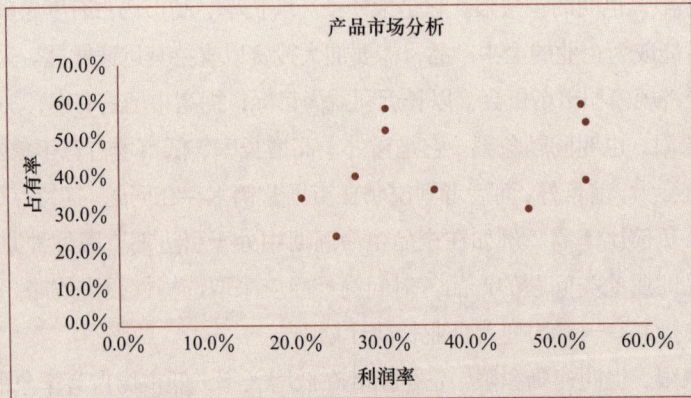

产品市场分析

图4-70　无网格线散点图

步骤3：将绘图区分成四个象限，需要移动横轴和纵轴到平均水平（横轴利润率按照平均值37.0%分成两部分，纵轴占有率按平均值42.6%分成两部分）。具体的操作方法是：选中横坐标轴，右击鼠标选择"设置坐标轴格式"在纵坐标交叉中修改坐标轴值为0.37，同时把刻度线类型设置为"无"，坐标轴标签位置设置为"低"。为了使散点图的点均匀分布在四个象限中，修改"坐标轴选项"的"边界"，根据数据分布修改最小值为0.2，如图4-71、图4-72所示。

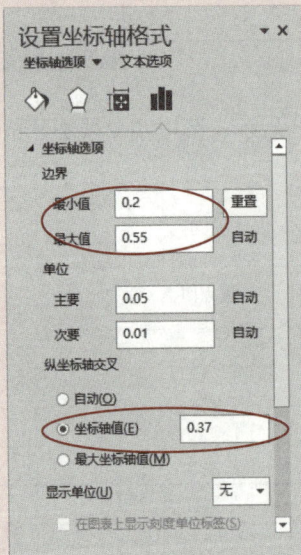

图4-71　坐标轴边界和坐标轴值

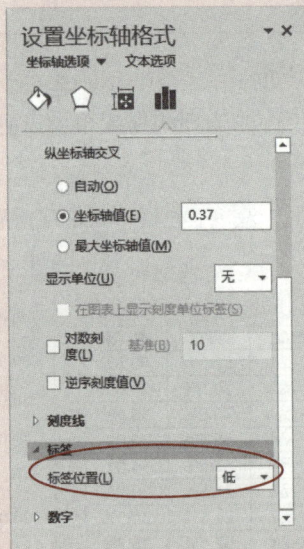

图4-72　标签位置设置

纵轴的设置过程类似，不再赘述。设置后产品的四象限分布如图4-73所示。

步骤4：为分布在不同象限的点添加标签，具体的操作步骤为：选中图中所有点，右击鼠标，选择"添加数据标签"，默认添加点的Y坐标值，再次选中所有点，右击，选择"设置数据标签格式"，勾选标签选项中"标签包括"下的"单元格中的值"，选择范围为第一列产品名称，如图4-74、图4-75所示。单击"确定"，最终结果如图4-76所示。

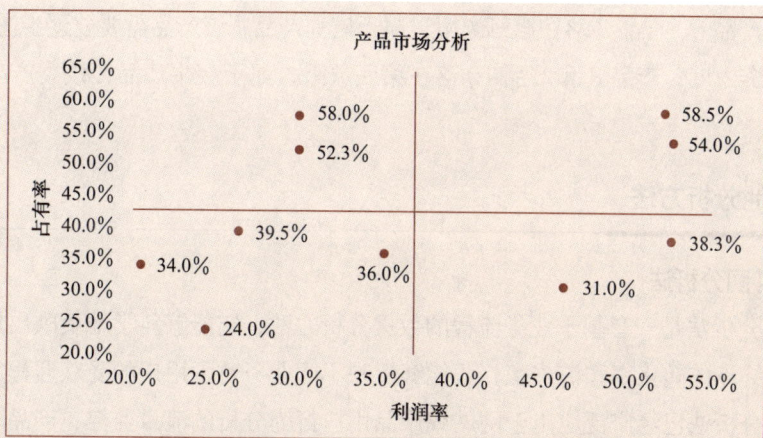

图4-73 产品的四象限分布

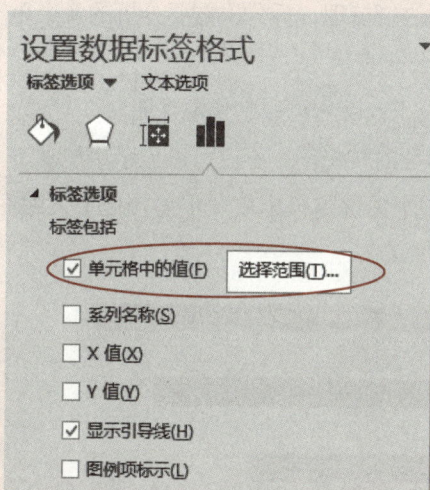

图4-74 设置标签选项

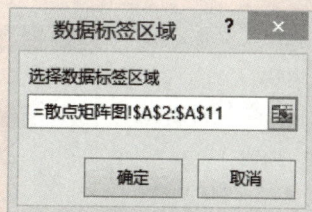

图4-75 "数据标签区域"对话框

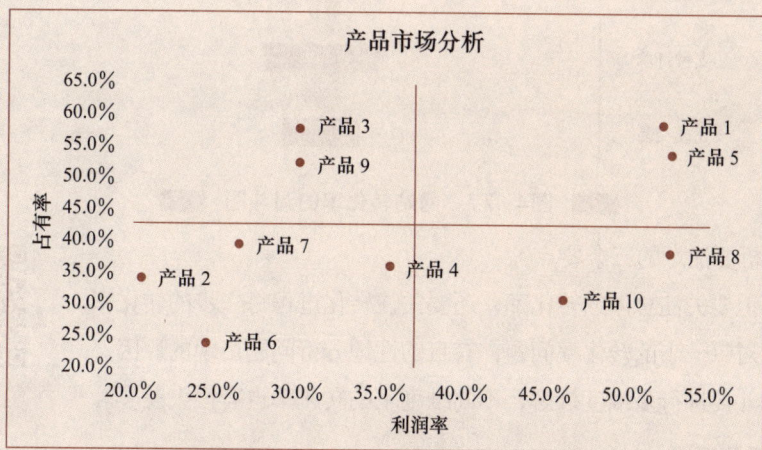

图4-76 产品的四象限分析

从图4-76中可知，产品1、产品5落在第一象限，属于明星产品，需要加大投资力度；产品3、产品9落在第二象限，属于问题产品，应该考虑该类产品的改进问题；产品

2、产品 4、产品 6、产品 7 落在第三象限，属于瘦狗产品，该产品需要被逐步淘汰出市场，应该减小投资力度；产品 8 和产品 10 落在第四象限，属于金牛产品，该类产品无须增加新的投资。

4.1.6　其他分析方法

1. 漏斗图分析法

漏斗图分析法是一套基于业务流程的数据分析方法，它能够科学地反映出用户行为状态从起点到终点的转化率和流失率，还能够反映不同业务对于用户的受欢迎程度和重要程度。漏斗图分析法已经广泛应用于网站或产品用户行为分析的流量监控、产品转化、运营效果评估等日常数据分析工作当中。

在进行漏斗图分析时，需要按照业务流程进行梳理，拆分出需要分析的各个重要节点并计算转化过程中每一步的转化率，转化率用公式表示为：

转化率 =（转化次数 / 点击量）×100% 在 Excel 中可以制作漏斗图。

例如，运用漏斗图分析网站中某些关键路径的转化率，不仅可以显示用户从进入网站到完成交易的最终转化率，同时还可以展示整个关键路径中每一步的转化率，如图 4-77 所示。

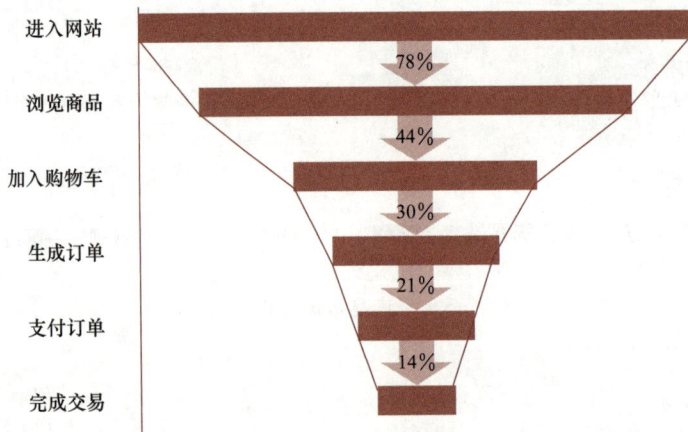

图4-77　网站转化率的漏斗图

漏斗分析要注意的三个要点：

（1）不但要关注总体的转化率，还要关注转化过程每一步的转化率。

（2）针对每一步的转化率问题，有目的性地分析问题出现的原因。

（3）漏斗要进行多维度拆解，不同维度下的转化率也有很大差异。

漏斗图

2. 关联分析法

关联分析，又称为关联挖掘，是指在大量的数据集中发现不同项目或对象之间的关联性或相关性，从而描述某个事物中的特定现象出现的规律和模式。若两个或多个变量的取值之间存在某种规律性，就称为关联。例如当事物的某种现象或属性出现时，会导致另一

种现象或事物出现，最典型的应用案例就是沃尔玛的"啤酒与纸尿裤"的故事。关联关系包括简单、时序和因果结构。

关联关系的作用在于研究两个产品之间是否存在关联以及存在关联的可能性。如果确实存在关联性，则可以通过产品组合来达到更佳的合作或营销效果。其中应用最广泛的例子就是购物车分析，通过分析顾客放入其购物车中的不同商品之间的联系，分析顾客的购买习惯。类似于火锅底料和羊肉卷这种总是同时出现关联的发现可以帮助零售商制定营销策略，通过商品摆放或捆绑销售提高超市的服务质量和效益。商品相关性分析指标主要有支持度、置信度和提升度三个指标。

（1）支持度是指支持某一事件发生的概率，是两种商品同时出现在一个购物车的概率，支持度越高，说明同时购买两种商品的顾客基数越大，越有研究的实际价值。

（2）置信度是指某一事件在另一个事件中出现的频繁程度，是购买了一种产品的顾客中，同时又去购买另外一种商品的人数比例。置信度，实际上就是一种条件概率，购买A商品为前提，再购买B商品为结果，其置信度可以表示为 $P(B|A)$。

（3）提升度是指两个事件之间的亲密度，指的是买了A商品之后又去买B商品的顾客比例，是否比所有顾客中直接买B商品的顾客比例更高。提升度可以表示为：

$$提升度 = P(B|A)/P(B)$$

如果提升度 >1，说明两种产品呈正相关；如果提升度 =1，说明两种产品无显著关联；如果提升度 <1，说明两种产品呈负相关。

4.2 数据分析工具

当我们面对越来越庞大的数据，已不能依据计算器进行分析时，必须依靠强大的数据分析工具。数据分析工具能帮助我们熟悉数据分析方法理论，完成数据分析工作。

4.2.1 数据透视表

数据透视表是一种交互的、交叉制表的 Excel 报表，用于对多种来源的大量数据进行查询、筛选、汇总和分析。数据透视表能够根据不同的需要以不同的方式实时展现需要的数据，能够帮助数据分析师快速得出相关结论并做出决策。

1. 数据透视表的创建

在创建数据透视表之前需要保证数据源是正确和完整的，需要透视的数据源第一行的每一个单元格都包含该列的标题；不能包含空行或者空列；不能包含合并单元格；不能包含空单元格；不能包含同类字段。

创建数据透视表的主要步骤如下：

步骤1：将鼠标定位到数据区域的任意一个单元格，在键盘上按"Ctrl+A"键全选所有源数据，单击"插入"选项卡，选择"数据透视表"。

步骤2：在弹出的"创建数据透视表"对话框中可以看到，要分析的表或区域默认为上一步全选的数据区域，放置数据透视表的位置默认为"新工作表"，也可以选择现有工作表并选择具体位置，选择完成之后单击"确定"按钮即可。如图 4-78 所示。

步骤3：将作为分组标志的字段，用鼠标选择并拖到"行""列"或者"筛选器"当中，将要统计的字段全部拖到"值"中。如图 4-79 与图 4-80 所示。

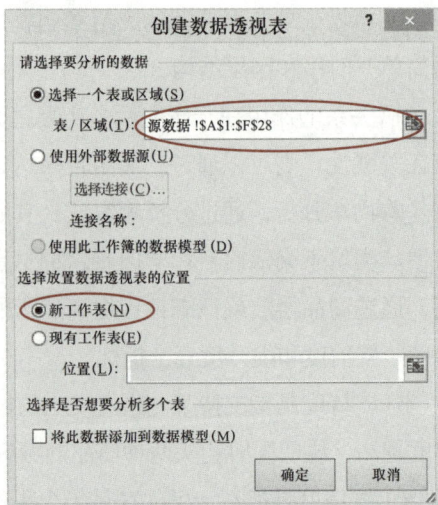

图4-78　"创建数据透视表"对话框

数据源中每一列的列标题即为一个字段，每个字段表示一类数据。每个字段中包含的唯一数据叫作数据项，例如上图中的"杭州"就是一个数据项。数据透视表下包含四个区域，分别为：

（1）筛选器。将字段拖动到"筛选器"中，可以利用此字段对透视表进行筛选，图 4-79 中将月份拖到"筛选器"，可以对月份进行筛选。

（2）列。将字段拖动到此处，数据将以列的形式展示，图 4-79 中将商品字段拖动到"列"中，商品字段分布在各列中。

（3）行。将字段拖动到此处，数据将以行的形式展示，图 4-79 中将区域字段拖动到"行"中，区域字段分布在各行中。

（4）值。主要用来统计，数字字段可进行数学运算（求和、求平均值、计数等），文本字段可计数，图 4-79 中将数量字段拖动到"值"中，透视表显示出各类别的数量。

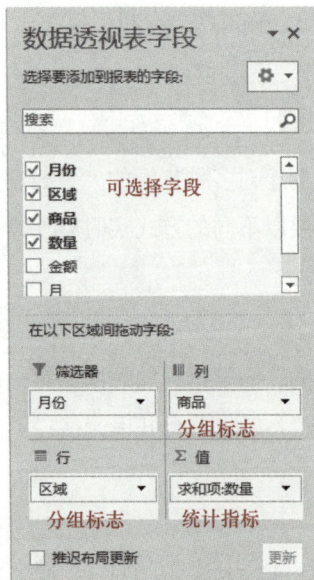

图4-79　数据透视表字段

图4-80　数据透视表

如果统计的是数量标志，统计方式默认为求和；如果统计的是字符标志，统计方式默认为计数。如果想修改统计方式，单击右下角的下三角形，在弹出的列表中选择"值字段设置"，如图 4-81 所示，然后在"值字段设置"对话框中选择适合分析的计算类型，如图 4-82 所示。

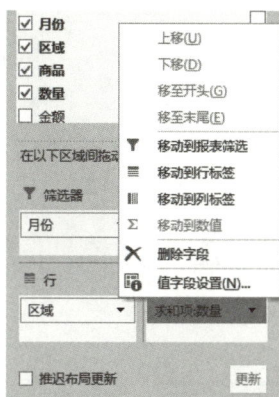

图4-81　选择"值字段设置"

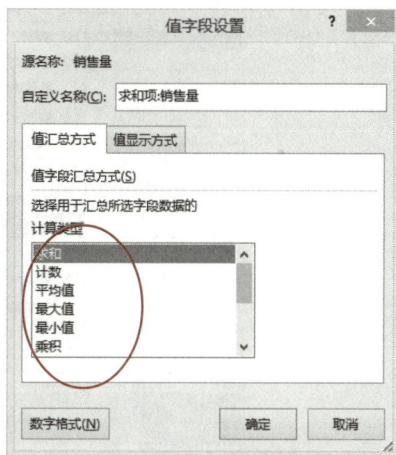

图4-82　在"值字段设置"对话框中选择计算类型

2. 数据透视表实践技巧

数据透视表的汇总方式可以根据字段所在的"行"或者"列"进行拖动修改，例如需要分析区域为"杭州"的各个商品种类的数量分布情况，也可以将商品字段拖到"行"中，形成的数据透视表，如图 4-83 所示。

图4-83　将商品字段拖到"行"中

在数据透视表中除了常规的无计算选项之外，还可以设置值的计算方式，例如显示成百分比、父级汇总的百分比、差异、差异百分比等，每种百分比都有不同的展示形式，如图 4-84 所示。右击透视表的单元格，选择"值显示方式"，再选择"行汇总的百分比"，得到的透视表显示的是杭州的不同商品种类销售金额占杭州总销售金额的百分比，如图 4-85 所示。

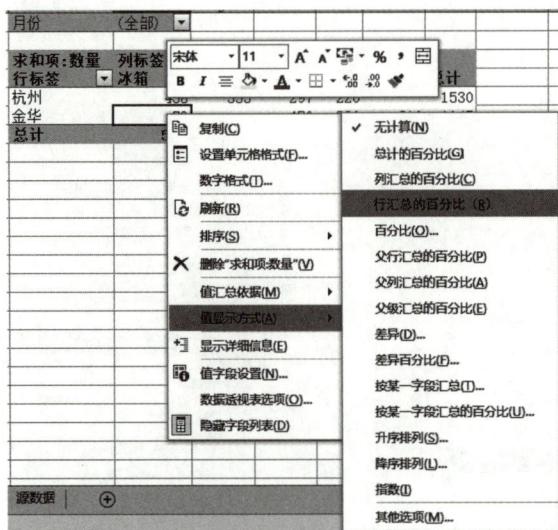

图4-84　值显示方式设置

图4-85　数据透视表

在数据透视表中，我们可以将某些字段中具有相同规律的数值分成一组，例如身高 150～160cm 的可以分成一组，同一个省份的可以分成一组，同一个月份或者季度的分成一组。其中日期分组需要满足是规范日期的条件，日期数据可以划分为：秒、分、小时、天、月、季度、年份等。

在透视表行标签的任意一个单元格上单击右键，在弹出的快捷菜单中选择"创建组"命令，如图 4-86 所示。

在默认打开的"分组"对话框中选择"步长"为"季度"的选项，被选中时选项背景变为蓝色，如图 4-87 所示。

单击"确定"选项，统计结果如图 4-88 所示。

图4-86　创建组设置

数据透视表中的切片器是 Excel 2010 提供的一个新功能，它提供一种图形化交互筛选的方式，浮动于透视表之上，实现了比下拉列表

更加方便灵活的筛选功能。插入切片器的步骤是单击"分析"选项卡，选择"插入切片器"，在得到的切片器中可以单击"冰箱"这一项，则透视表中显示的全部是关于冰箱的数据。得到的结果如图4-89所示。

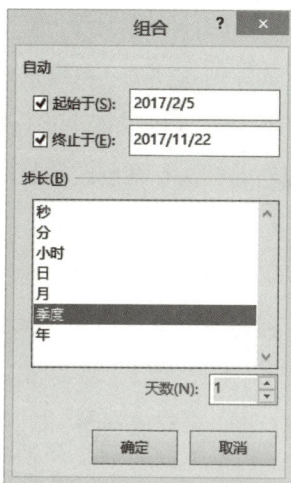

图4-87 "组合"对话框

求和项:金额	列标签		
行标签	杭州	金华	总计
第一季	1497429	868898	2366327
第二季	638768	830971	1469739
第三季	836061	2503083	3339144
第四季	2675280	1910030	4585310
总计	5647538	6112982	11760520

图4-88 分组后的数据透视表

求和项:金额	列标签		
行标签	金华	杭州	总计
2017/2/7		356848	356848
2017/3/11		561367	561367
2017/4/24		588768	588768
2017/8/9		356848	356848
2017/10/24		588768	588768
2017/10/30	322843		322843
2017/11/11		561367	561367
总计	322843	3013966	3336809

图4-89 带切片器的透视表

日程表是专门针对日期相关的字段进行切片的工具，其插入方法与切片器类似，过程为单击"分析"选项卡，选择"插入日程表"，结果如图4-90所示。

求和项:金额	列标签		
行标签	金华	杭州	总计
2017/11/2	427267		427267
2017/11/4		884174	884174
2017/11/5		440969	440969
2017/11/6	343174		343174
2017/11/9	324361		324361
2017/11/11		561367	561367
2017/11/18	492385		492385
2017/11/21		100001	100001
总计	1587187	1986511	3573698

图4-90 带日程表的透视表

4.2.2 SPSS

SPSS（Statistical Product and Service Solutions）是一款专业的数据统计分析软件，界面简洁、功能清晰，从采集、处理到分析可进行全面评估和预测，内置插件、工具、命令语法参考和各个模块，整体风格类似于 Excel，操作灵活，是世界上应用最广泛的专业统计软件之一。

1. SPSS的核心功能

SPSS 是一款功能全面的数据统计软件，为用户提供图表分析、数据管理、输出管理、统计分析等多种专业功能，从采集、处理到分析可进行全面评估和预测。用户只要掌握一定的 Windows 操作技能，精通统计分析原理，就可以使用该软件为特定的科研工作服务。

（1）数据编辑功能。通过 SPSS 的数据编辑功能可以对数据进行增删改等处理，还可以根据需要对数据进行拆分、加权、排序、聚合等处理。

（2）可视化功能。SPSS 有很强大的绘图功能，可以根据模型自动输出描述性分析的统计图，反映不同变量间的内在关系；同时还可以由用户自定义统计图的基本属性，使数据分析报告更加美观。其中，基本图包括条形图、扇形图、饼图、柱状图、箱线图、直方图、P-P 图、Q-Q 图等。而它的交互图更加美观，包括条形交互图、带状交互图、箱形交互图、散点交互图等不同风格的 2D 及 3D 图。

（3）表格编辑功能。用户可以使用 SPSS 绘制不同风格的表格，同时表格可以在查看器中编辑，也可以在专门的编辑窗口编辑。

（4）联结其他软件。SPSS 可以打开多种类型的数据文件，其中包括 Excel、Access、Dabase、文本编辑器、Lotus 1-2-3 等，同时用户还可以将图片保存为不同的图片格式。

（5）统计功能。SPSS 统计功能是进行数据分析要重点掌握的模块，通过此功能可以完成绝大部分数理统计模型分析，其中包括：回归分析、列联表分析、聚类分析、因子分析、相关分析、对应分析、时间序列分析、判别分析等。

2. SPSS的界面

SPSS 的界面主要包括数据编辑窗口、变量编辑窗口、语法编辑窗口、脚本编辑窗口、结果输出窗口和图表编辑窗口等。

（1）数据编辑窗口。启动 SPSS 后，单击文件→打开→数据，进入 SPSS 后的第一个窗口即为数据编辑窗口，如图 4-91 所示。

数据编辑窗口是用户进行数据处理和分析的主要窗口界面，用户可在此窗口进行数据的输入、观察、编辑和统计分析等操作。

（2）变量编辑窗口。在数据编辑窗口的左下角，单击"变量视图"按钮，即可弹出"变量编辑窗口"，在该窗口可以对变量的名称、类型、宽度、小数位、变量标签、变量值标签、缺失值、列的宽度、对齐方式、度量标准及角色进行设置，如图 4-92 所示。

（3）语法编辑窗口。启动 SPSS 后，单击文件→打开 / 新建→语法，即可打开语法编辑器窗口，如图 4-93 所示。

用户可以在此窗口输入或修改 SPSS 命令，如果需要对编辑器语法进行解释，可以在解释语前加"*"，SPSS 会自动跳过，继续运行。

（4）脚本编辑窗口。启动 SPSS 后，单击文件→打开/新建→脚本，即可打开脚本编辑器窗口，如图 4-94 所示。

用户可以在此窗口编写 SPSS 内嵌的 Sax Basic 语言以形成自动化处理数据的程序。

图4-91　数据编辑窗口

图4-92　变量编辑窗口

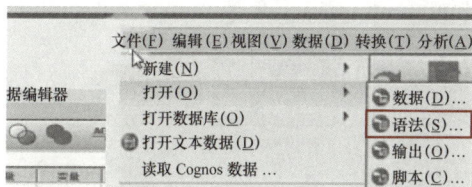

图4-93　打开语法编辑窗口

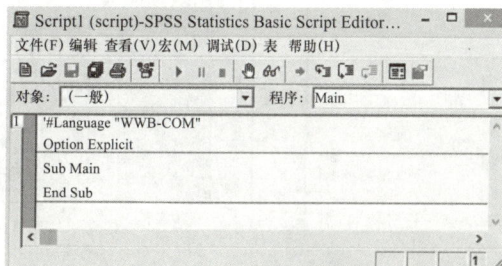

图4-94　脚本编辑窗口

（5）结果输出窗口。当使用 SPSS 的统计分析功能对数据进行分析时，分析的结果就会显示在结果输出窗口。结果输出窗口是一个独立的窗口，如图 4-95 所示。

窗口左侧为输出结果的导航区，以树形结构来显示输出结果的组织结构。窗口右侧为输出结果的显示区，又称正文区，显示对数据统计分析的结果。单击导航区上树形结构的结节，就可以跳转到正文区相应的内容处。

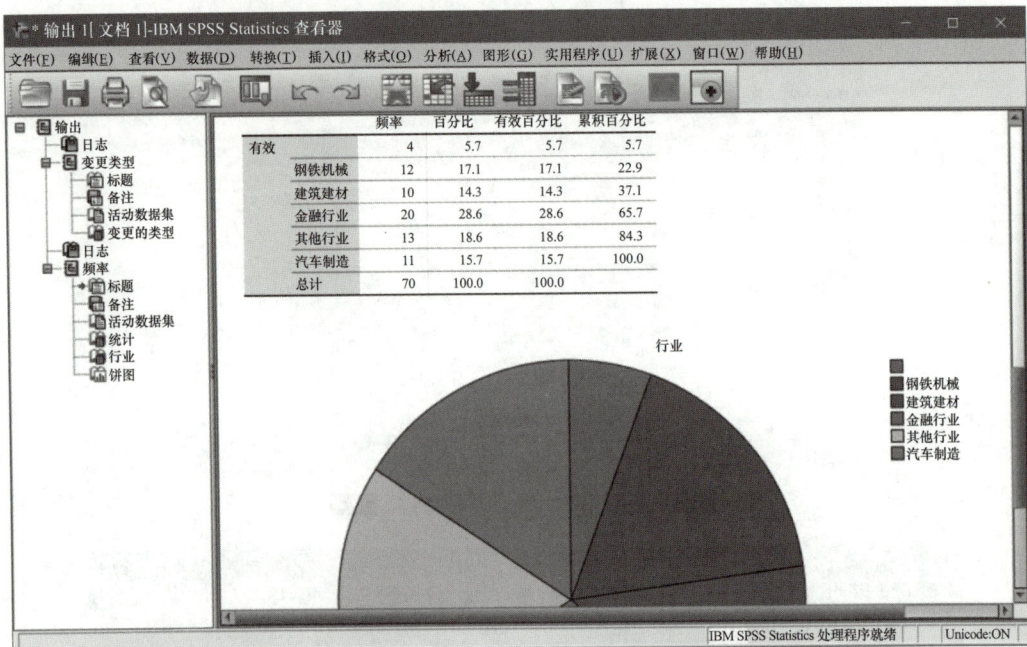

图4-95　结果输出窗口

（6）图表编辑窗口。如果希望在统计分析报告的基础上，以图形化的方式来进行数据可视化，就需要用到图表编辑窗口。当进行了统计分析绘制图表后，可以双击该图表，会产生一个图表编辑窗口，可在此窗口对已绘制的图表加以编辑，如图 4-96 所示。

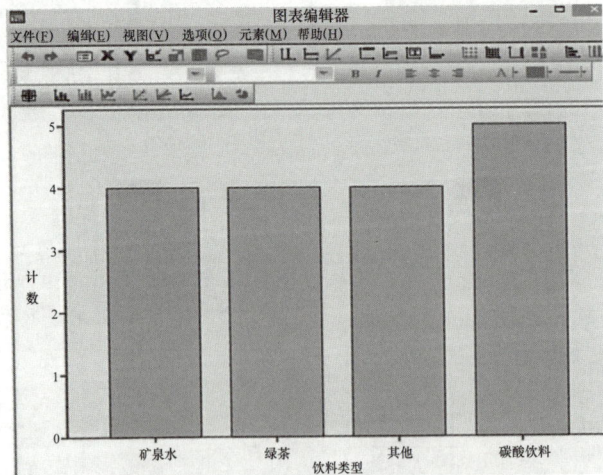

图4-96　图表编辑窗口

4.2.3　Python

1.　认识Python语言

Python 是一种广泛使用的解释型、高级和通用的编程语言，由荷兰数学与计算机科学研究协会的吉多·范罗苏姆（Guido van Rossum）创造，是 ABC 语言的后继者。Python 是纯粹的自由软件，语法简洁清晰，具有丰富和强大的开源资源，能够把其他语言制作的各种模块（尤其是 C/C++）很轻松地联结在一起。

Python 之所以能够被广泛地接受和使用，并受到大众的偏爱，离不开它简单易学、免费开源、面向对象、移植性好、扩展性强、灵活通用和类库丰富等个性化语言特点，如表 4-2 所示。

■ 表4-2　Python语言特点 ■

语言特点	具体描述
简单易学	Python 语法简洁，强制缩进，风格清晰，代码易读
免费开源	Python 遵循 GPL 协议，倡导开源理念，使用者可自由对其源码进行阅读、改动和应用，而不需要支付任何费用
面向对象	Python 既支持面向过程的编码也支持面向对象的编程，具有多态、继承等面向对象等特点
移植性好	Python 可以被移植到多种平台，在任何安装解释器的计算机环境中运行
扩展性强	Python 集成了 C、C++ 和 Java 等语言编写的代码，并可以通过接口和函数库将其进行整合，具有极强的扩展性
灵活通用	Python 是一种通用的编程语言，可用于编写图像识别、科学计算和数据处理等各类应用，应用于各个领域
类库丰富	Python 解释器提供了几百个内置类和函数库，同时世界各地的程序员也通过开源社区不断贡献第三方函数库，因此 Python 具有良好的编程生态

【拓展知识】

Python作为一种优质的高级程序设计语言，具有广泛的应用领域。以下是Python语言的主要应用。

（1）文本处理：Python提供的re模块支持正则表达式。

（2）图形处理：Python提供PIL、Tkinter等图形库。

（3）数据处理：Python能够提供大量与许多标准数学库的接口。

（4）网络编程：Python提供丰富的模块支持sockets编程。

（5）Web开发：Python支持最新的XML技术，方便进行Web的开发。

（6）数据库编程：Python提供了对MySQL等主流数据库的支持。

（7）游戏开发：Python提供的Pygame模块可用于游戏应用的开发。

（8）网络爬虫：利用Python进行网络爬虫既简单又快捷。

（9）人工智能：Python提供PyBrain扩展包，可用于开发人工智能应用。

2.　Python语言开发环境的搭建

所谓 Python 语言开发环境，就是能够使用 Python 语言进行编程工作的一些软件。只有安装好这些软件，才可以利用 Python 语言开始数据分析工作。

以常用的 Windows 操作系统为例，搭建 Python 语言开发环境的步骤如下。

步骤 1：访问 Python 官网下载 Python 安装包（https://www.python.org/downloads），如图 4-97 所示。

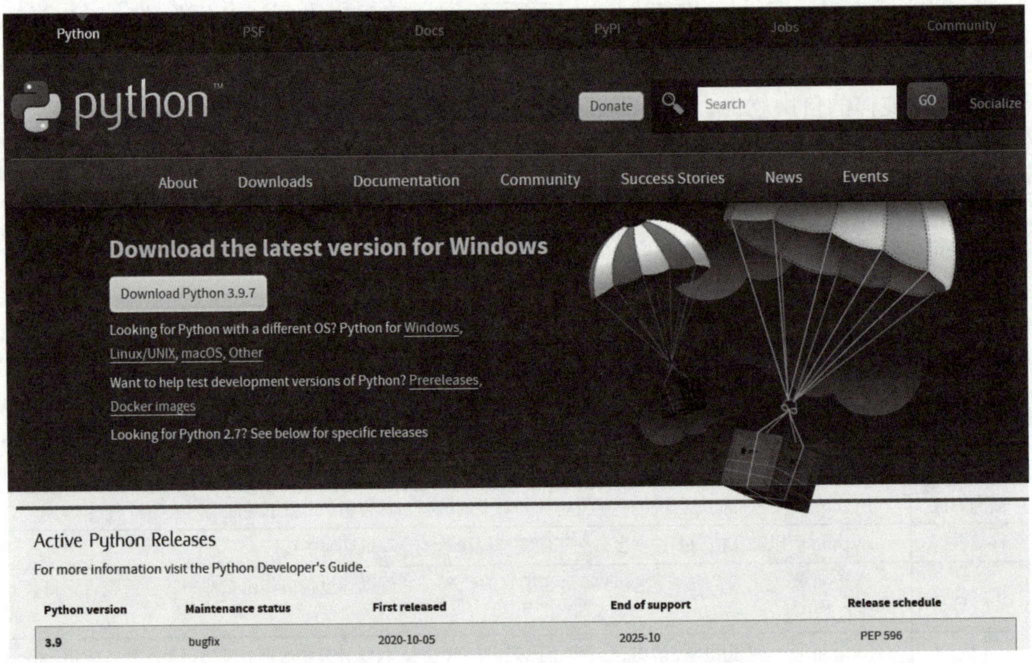

图4-97　Python官网下载页面

步骤 2：双击下载的安装包进行安装，注意选择自定义安装路径和在下面的方框中打钩，其他均默认单击下一步，最后单击 Finish。

步骤 3：需输入 cmd 进入命令提示符界面测试 Python 是否安装成功，如图 4-98 所示。

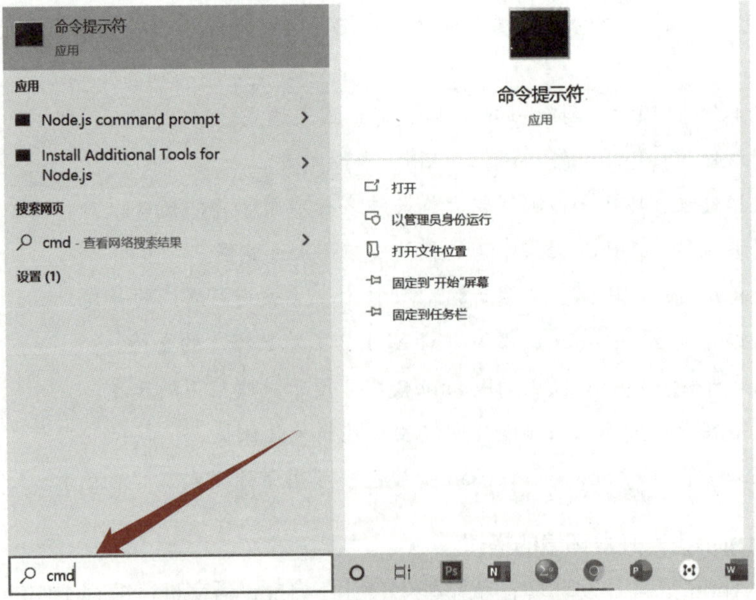

图4-98　命令提示符界面

步骤 4：在命令提示符界面输入 python，若显示 Python 版本相关信息则表示 Python 安装成功。

3. Python基础语法

如何通过 Python 语言编写程序进行数据分析呢？我们需要先从 Python 语言的基础语法和数据类型入手。

（1）Python 标识符。在编程语言中，标识符是程序员自己规定的具有特定含义的词，如类名称、属性名、变量名、函数名等。一般语言规定，标识符由字母或下划线开头，后面可以跟字母、数字、下划线。

Python 标识符的长度无限制，区分字母大小写，不能与关键字同名。在 Python 2.X 版本中，标识符的命名规则与一般语言的规定一样，但在 Python 3.X 中进行了扩展，标识符的引导字符可以是字母、下划线以及大多数非英文语言的字母，只要是 Unicode 编码的字母均可，后续字符可以是任意非空格字符，包括 Unicode 编码中认为是数字的任意字符。

（2）Python 语法和句法。

1）注释。注释是辅助性文字，会被编译器或解释器略去，不被计算机执行。注释可用于解释 Python 代码，提高代码的可读性，在测试代码时，注释还可用来阻止程序执行。Python 语言有两种注释方法。

①第一种为单行注释：以 # 开头，如图 4-99 所示。

```
#这是单行注释，单行注释可以独占一行
print("大家好！")
print("我的叫Kitty，是教育技术学专业的学生。") #单行注释也可以从行的中间开始
```

```
运行结果：
大家好！
我的叫Kitty，是教育技术学专业的学生。
```

图4-99　单行注释

②第二种为多行注释：以 ''' （3 个单引号）开头和结尾，如图 4-100 所示。

```
'''
此行是注释
此行也是注释
此行还是注释
'''
print("我喜欢学习Python！")
print("老师说学好Python，以后有更多的择业机会喔~")
```

```
运行结果：
我喜欢学习Python！
老师说学好Python，以后有更多的择业机会喔~
```

图4-100　多行注释

2）缩进。Python 使用缩进来指示代码，如图 4-101 所示。Python 中的缩进非常重要。省略缩进，Python 会出错。

语句块（代码块）用缩进的方式体现；不同的缩进深度分隔不同的代码块；同一代码块中缩进深度必须相同。

```
if 2 > 1:
    print("two is greater than one!")  #若没有缩进，运行时会报错
```

```
运行结果：
two is greater than one!
```

图4-101　缩进

3）变量。变量是存放数据值的容器，在 Python 中，变量是在为其赋值的时候创建的，如图 4-102 所示。Python 中没有声明变量的命令，首次为变量赋值时，相当于创建了该变量。

```
name = "Kitty"
age = 18
print(name)
print(age)
```

```
运行结果：
Kitty
18
```

图4-102　为变量赋值

Python 允许在一行中为多个变量赋值。语法如图 4-103 所示。

```
name,age = "Kitty",18  #变量名和值之间用逗号隔开
```

图4-103　在一行中为多个变量赋值

Python 允许在一行中为多个变量分配相同的值。语法如图 4-104 所示。

```
name1 = name2 = name3 = "Kitty"
age1 = age2 = age3 = 18
```

图4-104　在一行中为多个变量分配相同的值

Python 输出变量用 print。可以用"+"字符将变量与文本或者多个同类型的变量相加。对于字符串，"+"字符作连接符；对于数字，"+"字符作数学运算符。如图 4-105 所示。

```
name1 = "Kitty"
name2 = "Jerry"
age1 = 18
age2 = 20
print (name1 + " is a girl!")
print (name2 + " is a boy!")
print (name1 + name2)
print (age1 + age2)
```

```
运行结果：
Kitty is a girl!
Jerry is a boy!
KittyJerry
38
```

图4-105　输出变量

一般来说，在函数外创建的变量称为全局变量，全局变量可以在函数外部和内部使用；在函数内创建的变量称为局部变量，局部变量只能在该函数内部使用。若想在函数内创建全局变量，则需要用 global 关键字对变量进行声明。如图 4-106、图 4-107 所示。

若想在函数内更改已经创建的全局变量，也需要用 global 关键字对变量进行声明。

```
def myfunc():
  global name
  name = "Kitty"  #name为全局变量
myfunc()
print("My name is " + name)
```

运行结果：
My name is Kitty

图4-106　创建全局变量

```
name = "Kitty"
def myfunc():
  global name
  name = "Jerry"  #更改全局变量name的值
myfunc()
print("My name is " + name)
```

运行结果：
My name is Jerry

图4-107　更改已经创建的全局变量

【拓展知识】

Python常见符号的含义：

（1）井号（#）：表示其后的字符为Python 语句的注释。

（2）换行（\n）：是标准的行分隔符（通常一个语句占一行）。

（3）反斜线（\）：继续上一行。

（4）分号（;）：将两条语句放在一行中。

（5）冒号（:）：将代码块的头和体分开。

4）模块。Python 文件以模块的形式组织。每个 Python 脚本文件均可视为一个模块，它以磁盘文件的形式存在。如果一个模块规模过大，包含的功能太多，就应该考虑对该模块进行拆分，即拆出一些代码另外组建一个或多个模块。模块里的代码既可以是一段直接执行的脚本，也可以是一堆类似库函数的代码，从而可以被别的模块导入（import）后调用。模块可以包含直接运行的代码块、类定义、函数定义，或它们的组合。

（3）Python 数据类型。在编程中，我们通常用变量来存储数据，而数据又分为很多种类型。数据类型是一个非常重要的概念，不同类型的数据可以执行不同的操作。Python 默认拥有以下内置的数据类型，如表 4-3 所示。

表4-3　Python内置的数据类型

文本类型	str
数值类型	int, float, complex
序列类型	list, tuple, range
映射类型	dict
集合类型	set, frozenset
布尔类型	bool
二进制类型	bytes, bytearray, memoryview

除了各种数据类型，Python 语言还用类型来表示函数、模块、类型本身、对象的方法、编译后的 Python 代码、运行时信息等。因此，Python 具备很强的动态性。

4.2.4　R语言

R 语言是用于统计分析，图形表示和报告的编程语言和软件环境。R 是属于 GNU 系统的一个自由、免费、源代码开放的软件，它是一个用于统计计算和统计制图的优秀工具。简单来说，R 是一门统计计算语言，是一套开源的数据分析解决方案。

【拓展知识】

R语言的特点：

（1）R语言是一种开发良好、简单有效的编程语言，包括条件、循环、用户定义的递归函数以及输入和输出设施。

（2）R语言具有有效的数据处理和存储设施。

（3）R语言提供了一套用于数组、列表、向量和矩阵计算的运算符。

（4）R语言为数据分析提供了大型、一致和集成的工具集合。

（5）R语言提供直接在计算机上或在纸张上打印的图形设施用于数据分析和显示。

1. R语言运行环境

采用 R 语言进行数据分析，要在计算机上安装 R 语言的编程开发环境，也就是安装一个用于编写 R 语言程序的软件。用户可从官方网址下载（https://www.rproject.org/），如图 4-108 所示。

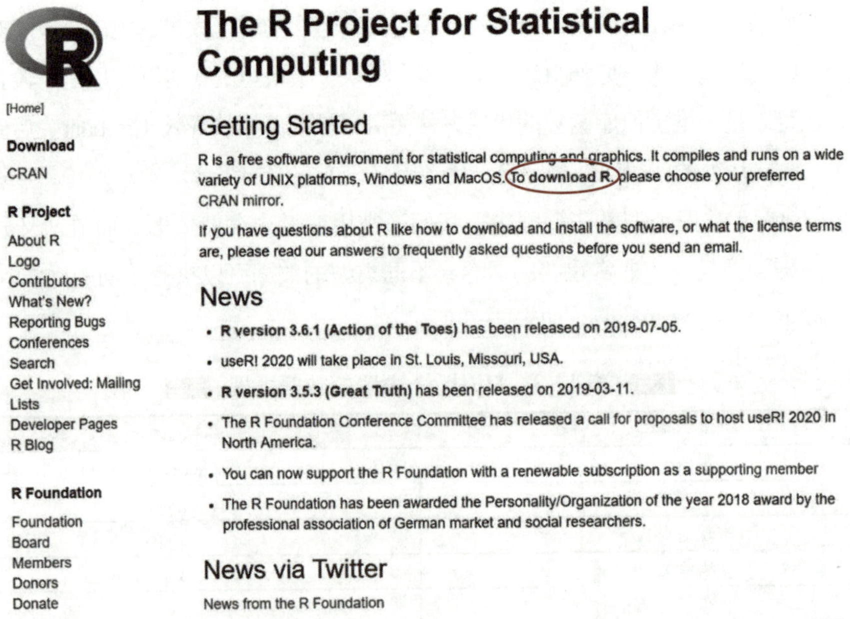

图4-108　R语言的下载

下载完成后双击打开，就是 R 语言的图形化界面 RGui，如图 4-109 所示。

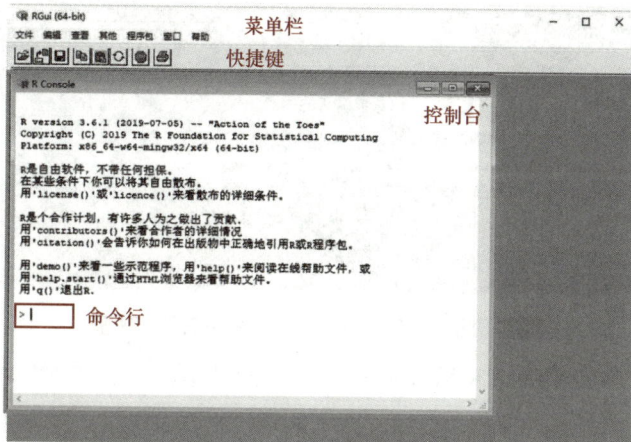

图4-109　R语言的图形化界面RGui

　　RGui 的布局有很多功能，如菜单栏、快捷键、控制台、命令行等，其中最重要的是控制台（Console）和命令行。控制台就是我们运行 R 代码和输出运行结果的地方，而命令行就是具体书写代码的位置。命令行都是以 ">" 开头的，在 RGui 中所有的 R 代码都是写在 ">" 后面，写好了代码之后，直接回车（按 Enter 键）即可运行代码。以 1+1 的计算为例，如图 4-110 所示。

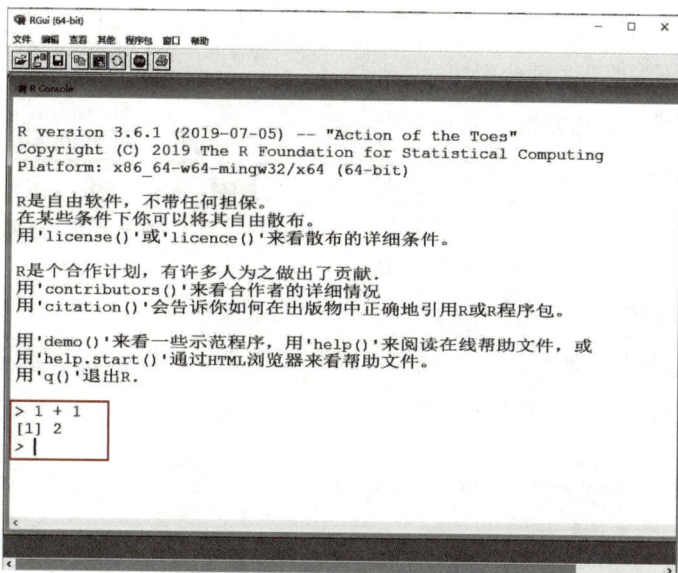

图4-110　RGui的布局

　　在 R 的 RGui 中运行代码相对比较简单，写一行命令直接回车即可。但是，在 RGui 中只能每次写一行代码，然后再运行一行，而 R 代码可能有数十行，甚至成百上千行，为了更加方便地编辑和运行，需要安装软件 RStudio。

　　RStudio 是 R 代码的一个编辑器，而且是一款非常强大的编辑器（官方网址为 https://www.rstudio.com/），如图 4-111 所示。

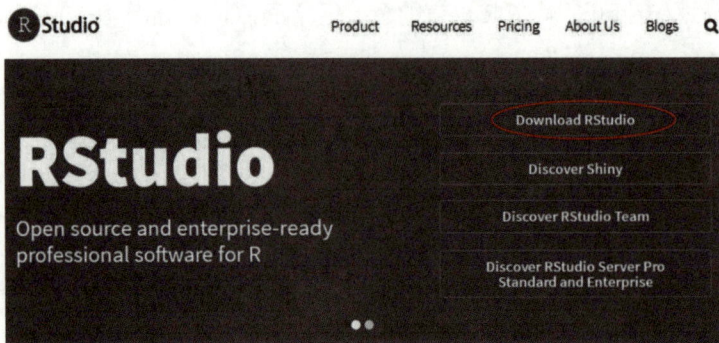

图4-111 RStudio官网首页

RStudio 是一款专门针对 R 语言而生的集成开发环境，R 自带的环境操作起来不是方便，而 Rstudio 很好地解决了这个问题，除了最基础的语法高亮、自动补全、查错等功能，而且还具有代码调试、可视化等其他功能，支持纯 R 脚本、Rmarkdown（脚本文档混排）、Bookdown（脚本文档混排成书）、Shiny（交互式网络应用）等。一般情况下，配置 R 语言的运行环境需要 R 和 RStudio 两个软件。

2. R语言数据的准备

R 语言本身内置了大量数据集和案例，这些数据源真实可靠，来源广泛，多数是研究者贡献的真实研究数据，数据共享不涉及版权问题，使用方便，不需要费力地全网搜索。当然，在很多时候，需要处理的数据会位于外部的程序中，并且以各种各样的方式存在。R 语言配套了多种输入数据的方法和接口，能够快速灵活地处理多种格式的数据，如图 4-112 所示。

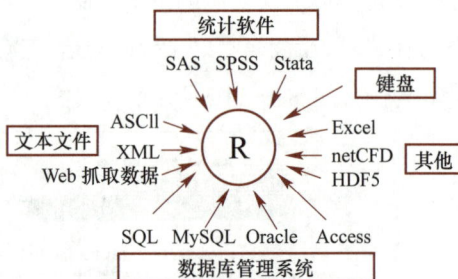

图4-112 R语言输入数据的方法和接口

例如，从键盘输入数据的方法。

第一种方法是在创建 data.txt 字符串之后，用函数 read.table() 创建数据框 data.1。这种用法可以把数据嵌入 R 代码中，如图 4-113 所示。

```
> data.txt <- "
+ age gender weight
+ 25 m 166
+ 30 f 115
+ 18 f 120
+ "
> data.1 <- read.table(header = T, text = data.txt, sep = " ")
> print(data.1)
  age gender weight
1  25      m    166
2  30      f    115
3  18      f    120
```

图4-113 函数read.table()的键盘输入用法

read.table( ) 函数是常用的读取外部数据的函数。

第二种方法是用函数 fix( ) 创建一个和 data.1 一样的数据框 data.2，如图 4-114 所示。

```
> data.2 <- data.frame(age=numeric(0), gender=character(0), weight=numeric(0))
> fix(data.2)
```

■ 图4-114　函数fix()的使用 ■

从键盘输入数据的方法在处理一些小数据集的时候是很有效的，但是面对大数据的问题就力不从心了，并且也不够灵活，我们可以直接导入数据。例如，如果希望能够把Excel格式的数据导入R语言来分析，常见的导入方法有以下几种。

第一种方法为将Excel转存为csv格式文件，读作csv文件。

a <- read.csv('exercise1.csv', header = T)

第二种方法为利用RODBDC包读取Excel。

b <- odbcConnectExcel2007('exercise1.xls')
#32位操作系统使用odbcConnectExcel函数
sqlTable(b)

根据需求读取sheet1。

b <- sqlFetch(b, 'Sheet1$')
odbcClose(b) # 关闭语句

第三种方法为利用openxlsx包读取Excel。

c <- read.xlsx('exercise1.xlsx', sheet = 1)

综合来看，openxlsx的方法简单，少有bug出现，但是openxlsx包仅适用于.xlsx格式文件，xls格式文件还需要前两种方法来读取。除了以上三种方法，还有类似的包如xlsx、readxl。

数据的准备是开展数据分析项目不可或缺的一步，R语言还可以读取XML、网页、数据库（MySQL、Oracle等）、SPSS和SAS等数据，此处就不一一介绍了，可参考互联网上相关的文章和教程。

3. R语言数据的处理

数据导入之后，需要进行一定的加工处理，使大量杂乱无章、难以理解的原始数据变得统一、准确、完整，便于后续分析。R语言提供了很多的机制来帮助用户进行数据的处理。

（1）创建新变量。一般来说，创建新变量是项目中必不可少的步骤。举个例子，有一个数据框mydata，其中有两列变量x1、x2。现在要求创建两个新的变量x3、x4，其中x3是变量x1、x2的加和，x4是x1、x2的均值。下面有三个实现方式，如图4-115所示。

```
mydata$x3 <- mydata$x1 + mydata$x2
mydata$x4 <- (mydata$x1 + mydata$x2)/2

attach(mydata)
mydata$x3 <- x1 + x2
mydata$x4 <- (x1 + x2)/2
detach(mydata)

mydata <- transform(mydata,
                    x3 = x1 + x2,
                    x4 = (x1 + x2)/2)
```

■ 图4-115　创建新变量的三种方式 ■

第一种方法是通过赋值操作在数据框mydata中生成新的两列；第二种方法是通过attach函数加载mydata，赋值生成新的两列数据，再detach取消加载mydata数据框；第三种方法是通过transform函数把数据列合并在一起，可以根据自己的习惯来选择其中一种方法实现。

（2）缺失值的删除。几乎所有项目中都存在缺失值，在R中缺失值用NA代替。R语言提供了一个简单而重要的函数 is.na( ) 来监测数据集中的缺失值。该函数的使用实例如图 4-116 所示。

```
> is.na(leadership)
     managerID  date country gender   age    q1    q2    q3    q4    q5 agecat
[1,]     FALSE FALSE   FALSE  FALSE FALSE FALSE FALSE FALSE FALSE FALSE  FALSE
[2,]     FALSE FALSE   FALSE  FALSE FALSE FALSE FALSE FALSE FALSE FALSE  FALSE
[3,]     FALSE FALSE   FALSE  FALSE FALSE FALSE FALSE FALSE FALSE FALSE  FALSE
[4,]     FALSE FALSE   FALSE  FALSE FALSE FALSE FALSE FALSE  TRUE  TRUE  FALSE
[5,]     FALSE FALSE   FALSE  FALSE  TRUE FALSE FALSE FALSE FALSE FALSE   TRUE
```

■ 图4-116　函数is.na()的使用实例 ■

数据集 leadership 中缺失值 NA 的位置都被标记上了 TRUE。如果数据中存在小部分缺失值，可以直接删除。R 语言中提供了函数 na.omit( ) 来删除带有缺失值的行，如图 4-117 所示。

```
> leadership.naomit <- na.omit(leadership)
> leadership.naomit
  managerID      date country gender age q1 q2 q3 q4 q5 agecat
1         1 10/24/2008      US      M  32  5  4  5  5  5  Young
2         2 10/28/2008      US      F  45  3  5  2  5  5  Young
3         3  10/1/2008      UK      F  25  3  5  5  5  2  Young
> leadership
  managerID      date country gender age q1 q2 q3 q4 q5 agecat
1         1 10/24/2008      US      M  32  5  4  5  5  5  Young
2         2 10/28/2008      US      F  45  3  5  2  5  5  Young
3         3  10/1/2008      UK      F  25  3  5  5  5  2  Young
4         4 10/12/2008      UK      M  39  3  3  4 NA NA  Young
5         5   5/1/2009      UK      F  NA  2  2  1  2  1   <NA>
```

■ 图4-117　函数na.omit()的使用实例 ■

（3）日期和数据的类型转换。R 语言中提供了一系列用来判断某个对象的数据类型和将其转换为另一种数据类型的函数，如图 4-118 所示。

判断	转换
is.numeric( )	as.numeric( )
is.character( )	as.character( )
is.vector( )	as.vector( )
is.matrix( )	as.matrix( )
is.data.frame( )	as.data.frame( )
is.factor( )	as.factor( )
is.logical( )	as.logical( )

■ 图4-118　类型转换函数 ■

数据中比较特殊的一类就是日期数据，R 语言中日期值通常以字符串的形式输入，然后转换为数值形式存储。以下详细罗列了不同日期格式的格式符号，如图 4-119 所示。

符号	含义	示例
%d	数字表示的日期（0～31）	01～31
%a	缩写的星期名	Mon
%A	非缩写星期名	Monday
%m	月份（00～12）	00～12
%b	缩写的月份	Jan
%B	非缩写月份	January
%y	两位数的年份	22
%Y	四位数的年份	2022

■ 图4-119　日期格式的格式符号 ■

（4）数据的排序。数据的排序在 R 语言中通过函数 order( ) 就可以完成。例如：按照

age 和同时按照 gender、age 对 leadership 数据集进行了排序，如图 4-120 所示。

此外，排序的函数还有 sort( ) 和 rank( )，可以试试看不同函数的用途。

```
> print(leadership[order(leadership$age), ])
  managerID      date country gender age q1 q2 q3 q4 q5 agecat
3         3 10/1/2008      UK      F  25  3  5  5  5  2  Young
1         1 10/24/2008     US      M  32  5  4  5  5  5  Young
4         4 10/12/2008     UK      M  39  3  3  4 NA NA  Young
2         2 10/28/2008     US      F  45  3  5  2  5  5  Young
5         5 5/1/2009       UK      F  NA  2  2  1  2  1   <NA>
> print(leadership[order(leadership$gender, leadership$age), ])
  managerID      date country gender age q1 q2 q3 q4 q5 agecat
3         3 10/1/2008      UK      F  25  3  5  5  5  2  Young
2         2 10/28/2008     US      F  45  3  5  2  5  5  Young
5         5 5/1/2009       UK      F  NA  2  2  1  2  1   <NA>
1         1 10/24/2008     US      M  32  5  4  5  5  5  Young
4         4 10/12/2008     UK      M  39  3  3  4 NA NA  Young
```

图4-120 函数order()的用法

在 R 语言的世界中，还有广泛的绘图技术和数据可视化、高质量的动态、互动、矢量数据图像的绘制以及复杂图像的组合绘制、高级图像的绘制等功能。在庞大的 R 语言体系中实现数据可视化的包有 R basic 包、grid 包、lattice 包、ggplot2 包等。在信息爆炸的时代，如何发现数据内在的规律，是 R 语言等分析工具发展的动力，而数据内在的规律，可以通过可视化去展示，让数据演绎自己的故事。

4.3 数据分析应用

4.3.1 市场分析

市场分析是对市场供需变化的各种因素及其动态、趋势的分析。通过市场分析，可以更好地认识市场的商品供应和需求的比例关系，采取正确的经营策略，满足市场需要，提高企业经营活动的经济效益。

1. 市场需求分析

市场需求分析主要是估计市场规模的大小及产品潜在需求量，包括市场需求量、需求结构和需求时间。

（1）市场需求量。市场需求量是指某一产品在某一地区和某一时期内，在一定的营销环境和营销方案的作用下，愿意购买该产品的顾客群体的总数。市场需求量的影响因素有商品价格、相关商品价格、消费者的收入水平、消费者的偏好、消费者对未来商品的价格预期以及人口规模。一般情况下，需求和价格的变动呈反方向变化，即商品价格提高，则消费者对它的购买量就会减少，反之亦然。价格与需求量之间这种呈反方向变化的关系叫作需求规律。之所以出现需求规律，是因为价格的变化具有收入效应和替代效应。商品的价格是影响商品市场需求的最重要因素。

（2）需求结构。需求结构是指消费者有效购买力在各类型消费资料中的分配比例。通俗地说，就是消费者对吃、穿、住、用、行商品的需求比例。需求结构具有实物和价值两种表现形式。实物形式指人们在消费中消费了一些什么样的消费资料，以及它们各自的数量。价值形式指以货币表示的人们在消费过程中消费的各种不同类型的消费资料的比例关系，在现实生活中具体表现为各项生活支出。

（3）需求时间。需求时间是指消费者需求的季节、月份，以及需求时间内的品种和数量结构。例如，在旅游旺季时旅馆紧张和短缺，在旅游淡季时旅馆空闲，利用这一时间特性，许多旅馆通过灵活的定价、促销及其他激励因素来改变需求时间模式。

企业决策者需要借助不同的方法获取有效的信息和资料才能对市场产生深刻的理解，该过程称作市场调查。在进行市场调查的时候往往需要注意很多问题，除了采集有效信息之外，还需要明确市场调查的目标、调查要点，设计调查方案等。调查的数据和结论将会为决策者和分析人员提供重要信息，可以了解市场总的供求情况以确定企业的发展方向，进行准确的市场定位并按照消费者的需求组织生产和销售。在市场调查的过程中可以采用观察法、访问法、实验法、问卷法等方式收集原始数据。

2. 行业分析

行业分析是企业创投项目、制定战略、开展咨询调研等活动的基石。行业之间在特征和结构方面有很大的差别，所以行业分析需从整体上把握行业中最主要的经济特性。

（1）市场规模。小市场一般吸引不了大的或新的竞争者；大市场常能引起公司的兴趣，因为它们希望在有吸引力的市场中建立稳固的竞争地位。

（2）竞争角逐的范围。判断分析市场是当地性的、区域性的还是全国范围的。

（3）市场增长速度。增长迅速的市场会鼓励其他公司进入；增长缓慢的市场使市场竞争加剧，并使弱小的竞争者出局。

（4）行业在成长周期中目前所处的阶段。行业是处于初始发展阶段、快速成长阶段、成熟阶段、停滞阶段还是衰退阶段。

（5）竞争厂家的数量及相对规模。 行业是被众多小公司所细分，还是被几家大公司所垄断。

（6）购买者的数量及相对规模。

（7）在整个供应链中，向前整合或向后整合的程度如何？因为在完全整合、部分整合和非整合公司之间往往会产生竞争差异及成本差异。

（8）到达购买者的分销渠道种类。

（9）产品生产工艺革新和新产品技术变革的速度。

（10）竞争对手的产品服务。竞争对手的产品服务是强差别化的、弱差别化的、统一的还是无差别化。

（11）行业中的公司能否实现采购、制造、运输、营销或广告等方面的规模经济。

（12）行业中的某些活动是不是有学习和经验效应方面的特色，从而导致单位成本会随累计产量的增长而降低。

（13）生产能力利用率的高低是否在很大程度上决定公司能否获得成本生产效率。因为生产过剩往往降低价格和利润率，而产品紧缺时则会提高价格和利润率。

（14）必要的资源以及进入和退出市场的难度。壁垒高往往可以保护现有公司的地位和利润，壁垒低则使得该行业易于被新进入者入侵。

（15）行业的盈利水平处于平均水平之上还是平均水平之下。高利润行业吸引新进入者，行业环境萧条往往会加速竞争者退出。

3. 竞争分析

当今企业处在一个竞争激烈的环境中，新的竞争对手不断地进入，行业内整合不断地加剧。在这样一个瞬息万变的市场环境中，谁能及时把握竞争对手的动态，谁能掌握市场的先机，谁就在竞争中掌握了主动，所以对企业的竞争分析就显得尤为重要。

（1）竞争对手分析。一般而言，竞争对手是指那些生产经营与本企业提供的产品相似或可以互相替代的产品，以同一类顾客为目标市场的其他企业，也即产品功能相似、目标市场相同的企业。企业要想在市场中占有一席之地并获得快速发展，要分清企业自身在市场中的位置，首先必须确认谁是主要竞争者、谁是一般竞争者、谁是次要的竞争者。由于企业的资源有限，企业需要识别竞争对手，并将之进行分类，在众多的竞争者中确定重点跟踪对象，避免因竞争对手跟踪范围过大，而影响跟踪效率和加大企业监测环境的成本；也不会因跟踪范围过小，而使企业丧失应对来自未监测到的竞争对手攻击的主动权。

竞争对手依据不同的分类标准可以划分为不同的类别。依据竞争事实的形成与否，竞争对手可分为行业竞争对手、目标市场竞争对手和潜在竞争对手；依据市场占有率的大小，竞争对手可以划分为当前竞争对手和潜在竞争对手（主要指产品的市场占有率低或正在开发相同功能产品的企业）；依据本企业与竞争对手的关联程度，可以把竞争对手划分为直接竞争对手和间接竞争对手，直接竞争对手指同行业企业，表现为全方位的正面竞争态势，间接竞争对手指与本企业产品有关的新兴行业、老产品的替代行业等，这类竞争对手容易被人忽视，因而更具威胁性。

【拓展知识】

在竞争对手分析与评估过程中，通常要回答下列问题：

（1）什么驱使着竞争对手参与竞争？

（2）竞争对手在做什么和能做什么？

（3）竞争对手的研究与开发活动的重点是什么？

（4）竞争对手的扩展能力有多大？

（5）竞争对手是靠什么来吸引顾客或供应商的？

（6）竞争对手对其自身和产业的各种假设是什么？

（7）竞争对手的强项和弱项在哪里？

（8）竞争对手是如何扬长避短、不断开拓新的商业机会的？

（9）竞争对手对其目前的地位是否满意？

（10）相对于兼并、收购、整合、跨产业延伸等行为，竞争对手是如何做出反应的？

（11）什么将激起竞争对手最强烈和最有效的报复？

（2）竞品分析。竞品分析一词最早出现在经济学领域。市场营销和战略管理方面的竞品分析是指对现有的或潜在的竞争产品的优势和劣势进行评价。这个分析提供了制定产品战略的依据，将竞品分析获得的相关竞品特征整合到有效的产品战略制定、实施、监控和调整的框架中来。

竞品分析的内容包含竞品各个维度下的特性罗列以及分析评价，比如电商企业主要有竞品的标题、竞品的价格、竞品的主图、竞品链接、竞品的成交关键词、促销活动事件、销量、浏览量、访客数、转化率、流量来源细分等。竞品选择的范围并不局限于具有直接竞争关系的产品。通常我们进行竞品分析时，可以从战略定位、盈利模式、用户群体、产品功能、产品界面（交互方式、视觉表现）等维度进行对比分析，需要注意的是这些维度是有机联系的，断然不可以孤立对待。

【案例阅读】

A店和B店是两个定位相似的网店。在"双十一"促销活动中，A店做了"满400减160，满800减320"的活动，B店得到这一情报以后马上制订对策，将活动定为"满400减160，满600减180，满800减320"。这两个看似相同的促销活动，却让B店在此次活动中大获全胜。虽然活动力度完全相同，但由于B店内的服装大部分定价在600～700元，使得活动更有优势。

在经营过程中，应该合理分析对于促销手段的调查结果，同时应该注意扬长避短，注意发挥自己的优势，以达到最佳效果。不仅要注意分析竞争对手的促销手段和方法，还要分析自身的产品及价格体系，同时还要考虑消费者的购买行为及消费习惯等。只有将各种数据进行有效的综合分析，才能达到最终的经营效果，赢得市场先机。

4.3.2 商品分析

商品分析通过对商品在流通运作中各项指标（销售额、毛利率、周转率、贡献度、交叉比率、动销率、增长率等）的统计和分析，来指导商品的结构调整、价格升降，决定各类商品的库存系数以及商品的引进和淘汰，它直接影响到店铺的经营效益，关系到采购、物流和运营等多个部门的有效运作。

1. 商品分析的内容

通过针对性的商品分析，有助于及时调整商品在各环节的运作，改善店铺的营运状况，而不是为分析而分析。商品分析的内容主要有以下几个方面。

（1）销售分析。销售分析是指对各类别商品的销售额、销售数量、平均销售额及其构成比情况等进行分析，使运营者了解营运现状，确定 A 类重点商品，并为调整商品的结构提供依据。

（2）价格分析。价格分析是指对重点及价格敏感商品的平均售价、进价、毛利与同行比较，或对它们的变动趋势等进行分析，使经营者了解商品的价位情况，对比其他数据调整价格制订策略和实施策略。

（3）商品功能组合分析。商品功能组合分析是指对商品各功能类别品项数、销售额、毛利额及其分布情况等进行分析，使经营者了解商品组合结构现状，并根据市场情况调整商品组合。

（4）用户体验分析。在体验为王的时代，如果能够把握好体验的力量，就可以从细微之处改善一个产品，可以创造出一个受欢迎的产品；从宏观角度讲，甚至能颠覆一个产业，改变一个格局。用户体验分析就是从用户出发，从用户体验的细节出发，从更多细微之处出发，对用户体验做出持续的改进。

（5）商品生命周期分析。商品生命周期是指商品从进入市场到退出市场所经历的全过程，分为导入期、成长期、成熟期和衰退期四个阶段。商品生命周期和企业制定营销策略有着直接的联系，企业可以根据产品在生命周期的哪个阶段的显著特征而采取适当的营销策略，以满足顾客需求，赢得长期利润。商品生命周期各阶段的特点如表 4-4 所示。

表4-4　商品生命周期各阶段的特点

阶段	导入期	成长期	成熟期	衰退期
成本	最高	不断下降	最低	开始上升
价格敏感	低	提高	最高	—
竞争情况	没有或极少	竞争者进入市场	激烈	弱者退出
目标市场	革新者	早期购买者	大众	落伍者
销售量	低	迅速增长	达到最大开始下降	下降
利润	微利或亏损	迅速上升	达到最大开始下降	下降
定价策略	建立市场，培育顾客	扩大市场	产品差异，成本领先	紧缩/收割/巩固
市场策略	撇脂定价/渗透定价	视情况而定	适中定价	低价出清库存

（6）商品毛利分析。商品毛利分析是指对各类别商品实现的毛利额、毛利率及其分布情况等进行分析，使经营者可以对各类别商品实现的利润进行对比分析，掌握其获利情况，并为调整商品结构提供依据。

（7）商品库存分析。商品库存分析是指对各类商品的库存量、存销比、周转率、毛利率、交叉比率等进行分析，使经营者全面了解商品库存动态情况，及时调整各类商品库存系数，均衡商品库存比例，及时制订相应的经营政策。

【拓展知识】

定价策略是指为实现定价目标在定价方面采取的谋略和措施。一般的定价策略包括撇脂定价法（Skimming Pricing）、渗透定价法（Penetration Pricing）和适中定价法（Neutral Pricing）三种。

撇脂定价法是指将刚进入市场的产品价格定得较高，以便从份额虽小但价格敏感性低的消费者细分中获得利润。该种方法通过牺牲销量、提高价格来获得较高的毛利，通常只有在价格敏感性低的细分市场上的销售利润比用低价销售给更大的市场所能获得的利润要大的情况下采用。

渗透定价法是指将价格定在较低水平，以便赢得较大的市场份额或销售量。该种方法牺牲高毛利以期获得高销量。同撇脂定价法一样，这一策略也只在特定的环境下才是有利的。

适中定价法尽量降低价格在营销手段中的地位，重视其他更有力或有成本效率的手段。在以下两种情况下会采用该种方法：一是当不存在适合撇脂定价法或渗透定价法的环境时；二是为了保持产品线定价策略的一致性。与撇脂定价法或渗透定价法相比，适中定价法缺乏主动攻击性。

2. 商品分析的重点

进行有效的商品分析，首先必须确定重点商品。企业经营的商品品类数千甚至上万，以有限的人力很难兼顾，因此，应选择那些直接影响到经营绩效的商品进行重点分析。

（1）商品 ABC 分类的 A 类商品。此类商品通常只占经营品类的 20%，然而却为公司贡献 80% 左右的销售额及利润。对此类商品应加强其在营运各阶段的综合销售及流转信息的收集、分析和评估。

（2）价格敏感商品。此类商品的价格高低直接影响消费者心目中的价格形象，应对此类商品进行重点关注，定期进行价格调整，以免在不知不觉中流失客户。

（3）代理或独家销售的高毛利商品。这类商品由于进价较低，毛利率相对较高，应定期检核其销售毛利贡献情况，鼓励网店积极促销，使此类商品的毛利在总毛利额中保持较高的比例。

4.3.3　客户分析

客户分析是根据客户信息数据来分析客户的各种特征，评估客户价值，从而为客户制订相应的营销策略与资源配置计划。通过合理、系统的客户分析，商家可以知道不同的客户有着什么样的需求，分析客户消费特征与经营效益的关系，使运营策略得到最优的规划。更为重要的是客户分析可以帮助商家发现潜在客户，从而进一步扩大商业规模，使企业得到快速的发展。

1. 客户购买频次

客户购买频次即客户在某一时间段内购买的次数，反映客户购物的活跃度，频次越高，其活跃度也越高，客户的价值也就越大，店铺的黏性也就越大。常用以下 3 种方式来提高客户购买频次。

（1）控制产品质量和价格。只有高质量的产品，才能真正在人们的心目中留下深刻的印象。当然，仅有产品的高质量是不够的，合理地制定产品价格也是提高客户回头率的重要手段。

（2）提高客户满意度。通过对客户满意度调查可以了解客户最需要的是什么，什么对他们有价值，让客户对店铺的产品质量和服务质量感到满意，从而增强客户对店铺的满意度。

（3）增加客户对门店的黏性。实行会员制度，采用促销手段。一方面可以对会员提供积分促销、折扣促销、抽奖促销、红包促销等方式；另一方面可以提供个性化的商品或者服务，利用大数据做好分类营销。例如，电商平台通常可以根据客户的浏览历史记录和购买记录做商品的选择分析，动态地调整网站页面，向客户推荐提供一些特有的商品信息和广告，从而使客户能够继续保持对网站的兴趣。

值得注意的是，购买频次的高低判定需要结合具体的商品，如奢侈品或是耐用品的购买频次一般来说会比快消品低。

【案例阅读】

一周内，某化妆品的下单一次的客户有655人，订单总金额为13万元，下单两次的客户有7人，订单总金额为2 000元，如图4-121所示。

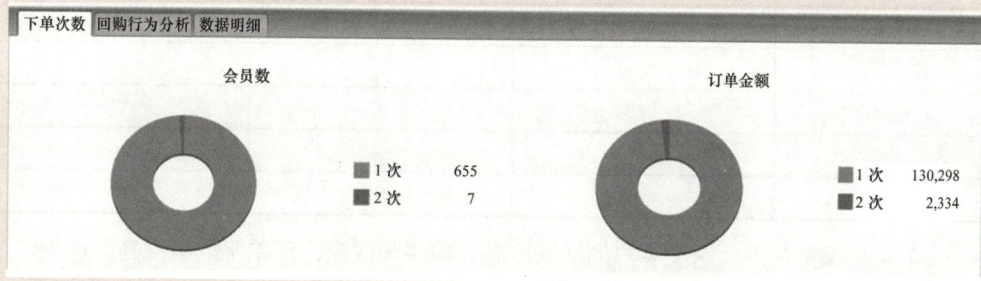

图4-121　客户购买频次

通过对会员下单次数与订单金额分析发现，该化妆品的客户在1周内通常只下单1次，1周内的订单金额大部分是第1次下单所得。考虑到该网站主要经营化妆品，这个结果是合理的。因为化妆品具有一定的使用时间，在短时间内不会重复下单，提高客户在1周内的下单次数和下单金额相对比较困难。

然而，对于其他行业，结果也许会大相径庭。例如，主要销售零食的网站，零食的回购率往往都会很高，所以客服人员可以在短时间内对消费者进行商品推广，适当推出促销活动，这样就可以在短时间内增加回购率，加大订单量，提升店铺效益。

2．RFM客户分类

许多企业在经营过程中会将客户进行分类，如 VIP（Very Important People，贵宾）客户和一般客户。针对不同类别的客户，企业会使用不同的销售策略。RFM 客户细分模型是广泛应用于数据库营销的一种客户细分方法。它是通过客户购买行为中的三个数据来了解客户的层次和结构，客户的质量和价值以及客户流失的原因，从而为商家制定营销策略提供支持，细分模型针对不同的客户采取不同的策略，同时识别其中的行为差异，对不同的客户行为进行购买预测。下面对 RFM 各个字母的含义进行介绍。

R（Recency），指最近一次消费。R 值越大表明客户越久没有来消费，其活跃度低，可能是流失的客户；反之，R 值越小，客户的活跃度越高，越有可能达成新的交易。

F（Frequency），指消费频率。F 值越大表明客户消费意愿越高，活跃度越高，忠诚度也越高；反之，F 值越小，客户的活跃度越低，越有可能会流失。

M（Monetary），指消费金额。M 值越大表明客户产生的价值越高；反之，M 值越小，客户的购买力越低或者购买欲望越低。

根据 RFM 客户细分模型分析，不同类型的客户有自己的特点，需要根据不同的客户特点提供有针对性的客户服务。常见的客户包括以下 6 种类型，如表 4-5 所示。

表4-5　RFM客户分类

客户分类	客户购买行为中的三个数据		
	R	F	M
重要保持客户	√	√	√
重要发展客户	√	×	×
重要价值客户	√	×	√
重要挽留客户	×	×	√
一般重要客户	√	√	×
一般客户	×	×	√
一般挽留客户	×	√	×
无价值客户	×	×	×

（1）重要保持客户。这类客户的活跃度高，购买频次高，订单平均单价高。这类"三高"客户对于企业来说就是宝藏，他们是最具忠诚度、最有购买能力、最活跃的网络购买者，他们的存在证明了企业的成功，企业不断做大也与这类客户密不可分。对于一般企业，这类客户较少，所以一旦出现了这类客户，要积极沟通，重视他们的需求，给予他们 VIP 资格，牢牢抓住这类客户。

（2）重要发展客户。这类客户的活跃度较高，但是购买频次和购买能力都相对较低，不过他们对企业的利益贡献也不能忽视。企业应该采取措施，将这类客户积极发展为高忠诚度、高价值的客户。例如，可以向其提供"满就送"或超值套餐促销等以低价位为主要手段的优惠。

（3）重要价值客户。这类客户活跃度较高，购买能力较强，但是购买频次较低。消费能力高决定了他们可以为网站贡献较大的交易额，是网站赢利的保障，但是他们的购买频次较低，即该类客户在最终购买时，易与其他网站商品进行对比或是购买意愿不够强。工作人员应该在该类客户选购商品时，积极与他们沟通，为他们制定一些促销优惠，或是在平时，定期向他们发送区别于其他网站的商品信息，加大其购买意愿。

（4）重要挽留客户。这类客户活跃度较低，但购物频次高，并且购买能力强。他们的存在往往是店铺持续发展的保证。相关工作人员应加强客户关系管理，重视他们的需求，给予其特定的优惠，逐步增强忠诚度。

（5）一般重要客户和一般挽留客户。一般重要客户活跃度和购买频次都比较高，但是平均订单金额较低，对于以赢利为目的的电子商务网站来说，重要性比起前4种客户相对要低一些。一般挽留客户虽然活跃度和平均订单金额较低，但是购买频次较高，仍然能为网站带来一定的收益，因此也需要一定的关注。

（6）一般客户和无价值客户。这类客户的活跃度不高，购物频次也较低，即网购的机会较低。以电子商务网店为例，这类客户可能更多地选择实体店购物，抑或是其他网站的忠诚客户，只是碰巧进入该网站选购了某样商品。所以，这类客户在该网站购物的随机性过强，如果想发展这类客户，需要付出的成本较高，并且成功率较低。这两类客户的唯一不同就是一般客户的M值高，无价值客户的M值低，这只能说明一般客户的购买能力较强，但是他们的购买能力对于网站来说意义不大，因为其在网站的购物机会不多。

4.3.4　运营分析

运营分析包括销售数据分析、推广数据分析、客服绩效分析及供应链分析。

1. 销售数据分析

进行销售数据分析，首先要对整体销售数据分析，然后围绕区域布局分析、产品线分析、价格体系分析三条主线来研究，最后调整相关的内容，改善销售情况。

（1）整体销售数据分析。整体销售数据分析包括销售额分析、季节性分析、总体产品结构分析及总体价格结构体系分析。销售额分析是指将近几年的总体销售额、销售量，与行业标准相比较，从而分析企业的业绩状况并判断企业的业绩变化类型；季节性分析依据行业销售淡旺季规律，与销售数据中的销售行程进行对比，分析淡旺季发展规律，可以为客户提供渠道压货规划及生产运作规划；通过总体产品结构分析，了解整体产品结构分布和重点产品表现；通过总体价格结构分析，了解企业的优势价位区间，提供价格结构调整的合理性建议。

（2）区域布局分析。此部分包括分析企业的销售区域及各区域的表现，检索重点区域，发现潜在市场，提出下阶段区域布局策略；对重点区域的营销状况予以重点分析，解析该区域的发展走势和结构特点，为未来在重点区域的发展提供借鉴；对增长或者下跌明显的区域予以重点分析，总结经验教训以期避免潜在的威胁或者抓住机会；将重点区域中的产品结构进行时间上的横向对比，进行多要素复合分析。

（3）产品线分析。此部分包括分析产品系列和单产品结构分布，检索重点产品发展趋势及新产品的市场表现；针对重点产品进行分析，发现存在的问题，提供产品改进意见；通过对产品的销售区域分布的分析，区分战略性产品/战术性产品、全国性产品/区域性产品，为产品线的划分和进一步细化提供参考。

（4）价格体系分析。此部分包括分析企业的销售区域及各区域的表现，检索重点区域、发现潜在市场，提出下阶段区域布局策略；对重点区域的营销状况予以重点分析，解析该区域的发展走势和结构特点，为未来在重点区域的发展提供借鉴；对增长或者下跌明显的区域予以重点分析，总结经验教训，以期避免潜在的威胁或者抓住机会；将重点区域中的产品结构进行时间上的横向对比，进行多要素复合分析。

2. 推广数据分析

企业里设有市场推广、市场营销等岗位，帮助企业推广产品，拓展市场占有率，尤其对于互联网零售电商，主要销售平台在网上，做好互联网推广工作是企业销售的重中之重。

进行推广数据分析，首先要明确此次推广的目标定位，然后围绕该目标收集相关的数据，整理并分析相应的数据，找到推广中的优势与不足，最后调整相关的推广策略和内容，改善推广效果。

（1）推广目标定位。企业进行推广的目的核心是销售，但方式千差万别，不同的推广方式往往有不同的推广侧重点。有些推广方式直接为了销售赚钱，比如电话营销、E-mail营销、地面推广、团购活动等；也有些推广方式以提升品牌影响力为主，比如免费试用；还有些推广方式以带动展现机会为主，比如直通车推广带动商品搜索排名。

针对不同的推广方式，需要明确企业在做推广时的直接目标，然后围绕这个直接目标收集数据，分析推广效果，如果存在多个推广目标，容易使推广数据的分析出现偏差。

以淘宝天猫平台 SEM 推广中的直通车为例。直通车是为淘宝天猫卖家量身定制的，按点击付费（CPC）的效果营销工具，可帮助卖家实现宝贝的精准推广。通过直通车，商家的宝贝就可以出现在搜索页的显眼位置，以优先的排序来获得买家的关注，帮助销售商品和提升商品排名。因此，在实际使用中，存在两种目的，一种是以销售为主，辅助维持商品排名；另一种以提升商品排名为主，不考虑直通车直接销售效果。

（2）收集推广目标数据。明确推广目标后，就可围绕相应的目标收集推广数据，或者测试推广的方案，获取测试的推广数据，进行进一步整理分析。

以淘宝天猫平台的直通车为例，如果进行直通车推广纯粹为了提升商品的排名，那么就要重点关注推广计划和推广关键词的展现量、点击量、点击率数据。如果进行直通车推广的目的是销售商品，获取利润，那么就要重点关注推广计划和推广关键调的投入产出比、转化率，进一步展开分析，直通车投入产出比和转化率的数据与直通车的精准投放有重大关系。直通车的精准投放首先通过关键词来实现，只有搜索选定的关键词的客户才能够看到和点击推广的商品、产生费用。但是，搜索的人群存在不同年龄、不同地域、不同消费能力、不同消费习惯等一系列差别，并且，同一关键词搜索展现的商品也存在差异。因此，直通车推出了人群定向功能，帮助卖家更精准地推广，如图 4-122 所示。

状态	推广人群	人群分类	溢价	花费	点击量	点击率	点击转化率	总成交金额
推广中	优质人群扩展 **NEW** ⑩	扩展人群	180%	¥1,818.02	623	5.75%	3.53%	¥3,093.38
推广中	行业高购买欲人群	行业优质人群 ⑦	100%	¥1,459.93	544	4.52%	1.84%	¥2,027.45
推广中	适用空间：卫生间，餐厅，厨房，卧室，客厅	行业定向人群 ⑦	150%	¥312.09	115	6.07%	1.74%	¥77.31
推广中	铝材吸顶灯 ⑩⑫🛒比Q	行业定向人群 ⑦	190%	¥37.51	12	8.82%	8.33%	¥142
推广中	亚克力吸顶灯	行业定向人群 ⑦	190%	¥60.19	18	6.47%	0%	¥0
推广中	玻璃吸顶灯	行业定向人群 ⑦	190%	¥9.57	3	8.33%	–	–
推广中	铁艺吸顶灯	行业定向人群 ⑦	190%	¥196.85	66	6.65%	1.52%	¥33

图4-122 直通车人群定向推广数据

（3）整理和分析目标数据。运营数据分析指标主要有总订单数、有效订单数、订单有效率、总销售额、客单价、毛利润、毛利率、下单转化率、付款转化率、退货率、DSR（Detail Seller Rating，卖家服务动态评分）等。如果每日都进行数据汇总，则每周的数据是相对稳定的，主要通过将本周数据与上上周的数据进行比对，重点指导运营内部的工作，如商品引导、定价策略、促销策略、包邮策略等。运营数据分析人员要思考的是：比对数据，为什么订单数减少了，但销售额增加了？这是否是好事？客单价提高了，但利润率降低了？这是否是好事？能否做到销售额增长，利润率提高，订单数增加？等等。所有的问题，在运营数据中都能够找到答案。

（4）推广策略调整。根据收集整理的数据及分析的结论，进行诊断并调整推广策略。例如，直通车人群定向溢价调整，根据结论提高优质人群出价、降低无效人群出价、控制潜力人群出价，实现更为精准的直通车关键词推广投放，从而有效利用推广费用，提高推广效果，如图 4-123 所示。

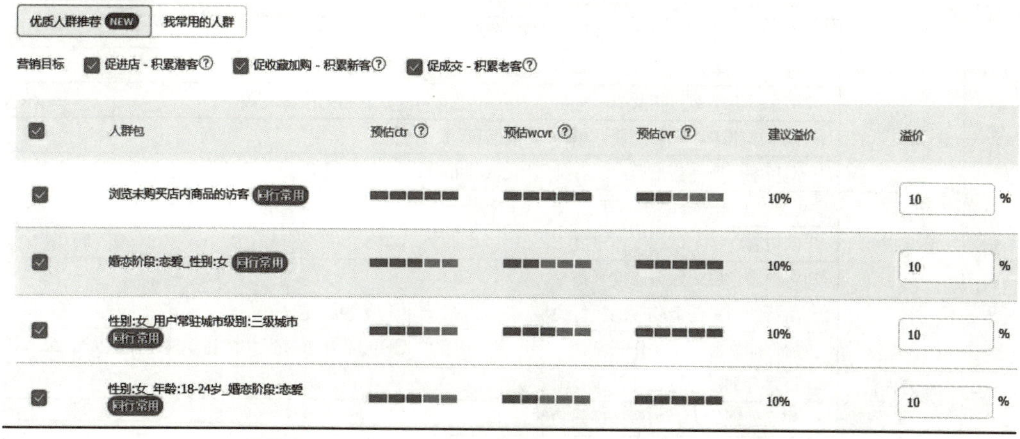

图4-123 直通车人群定向溢价调整

3. 客服绩效分析

客服绩效分析是指在客户服务这个完整系统中，客户服务组织、客户管理人员和员工全部参与进来，管理人员和员工通过沟通、激励的方式，将客户服务企业的战略、管理人员的职责、管理的方式和手段以及员工的绩效目标等管理的基本内容确定下来，在持续不断沟通的前提下，管理人员帮助员工清除服务工作过程中的障碍，提供必要的支持、指导和帮助，与员工一起共同完成客户服务绩效目标，从而实现客户服务组织的远景规划和战略目标。对于管理者来说，客服绩效考核可以从以下几方面入手。

（1）制定适合自己店铺的客服绩效考核标准，分析自己公司的客服团队组成情况。

1）客服团队的人员结构、配置是否合理。

①售前接待：直接跟客户接触，要求对自己的产品和淘宝规则熟悉，有一定销售能力和经验。

②售中维护：从成交到收货，会有一个空档期，需要热情维护和跟踪，提升好评量。

③售后处理：针对客户售后提出的问题，要快速准确地进行处理，耐心、专业、高效很重要。

2）分析团队的年龄、学历层次、男女比例、资历情况。

3）不同的团队结构要采取适当的管理方法。

（2）设置关键考核指标和考核内容。常见的客服绩效考核指标包括售前和售后两部分，如表4-6所示。

表4-6　常见客服绩效考核指标汇总表

售前客服	销售指标	销售额：主要绩效指标
		客单价：即平均交易金额，指每一个顾客平均购买商品的金额
		询单转化率：所有咨询客服并产生购买行为的人数与所有咨询客服总人数的比值
		成交转化率：完成付款的客户数占该商品的所有访问数的比值
		销售额占比：个人销售额占团队百分比
	服务指标	响应时间：买家咨询后，客服回复买家的时间间隔，分为首次响应时间和平均响应时间
		回复率：客服回复客户消息与客户消息数量的比值
		满意率：对客服服务表示满意（非常满意或满意）的顾客占比
	能力评估	执行能力：任务响应的执行力度
		协作能力：团队协作分享，共同进步
		日常考勤：守则遵守情况
		知识考核：商品知识点和客服素质考核
		进步性：改善过去考核中所存在的问题
售后客服	销售指标	售后完成率：处理买家售后事件的完成度，完成的售后订单与总处理售后订单的比值
		买家投诉笔数：买家要求平台方介入处理或向官方发起的投诉笔数
		订单出错率：错误处理订单与总处理订单数的比值
		退货率：产品售出后由于各种原因被退回的数量与同期售出的产品总数量之间的比率
	服务指标	QA质检合格率：对客服话术规范进行考核
		回访客户数：掌握工作进度
		客户满意度：服务态度考核
	能力评估	执行能力：任务响应的执行力度，由日常工作执行力度而定
		协作能力：团队协作分享，共同进步，由日常工作过程中在团队中的协作能力高低而定
		日常考勤：守则遵守情况
		售后处理能力：售后处理能力综合评估
		进步性：改善过去考核中所存在的问题

设置考核内容和考核程序，着眼于增强考核评价体系的系统性、针对性、科学性和可操作性，分层次细化考核。例如回复率的考核，制定全店的回复率要求，一般为100%，每下降一定百分比扣相应分数，也应考虑特殊情况，如半年内允许有几个未回复人数，不扣绩效等。

（3）设置权重值。一方面分析企业的实际情况，不同规模的企业应该有不同的考核权重。小规模、发展初期的电商企业更多关注营业规模，提高销售、客单价的考核比例；发展到一定阶段，则注重提高服务质量的考核，如响应率、回评、回复时间等；后期人员数量增多时，要适当提高日常管理方面的考核权重。另一方面，确定权重比例，根据企业实际情况分配指标权重，可以有额外的加分，绩效要与奖金直接挂钩。

在大数据时代，客服绩效分析可以借助于软件工具，有效地分析客服问题，合理分配工作时间，全面提升店铺服务质量。赤兔名品是一款电商卖家客服绩效管理软件，卖家利用该软件可以掌握客服销售额、转化率、客单价、响应速度、工作量和接待压力等数据，设计客服薪资方案并一键计算，通过软件内的客服接待明细还可分析买家流失原因，进而提高店铺业绩。赤兔名品店铺绩效页面如图4-124所示。

图4-124 赤兔名品店铺绩效页面

4. 供应链分析

供应链是指围绕核心企业，从配套零件开始，制成中间产品以及最终产品，最后由销售网络把产品送到消费者手中的生产、交易全链条。供应链是一个链状结构，涵盖了从供应商到客户之间有关最终产品和服务的一切业务活动，用于供应链数据分析的内容包括但不限于以下三类：采购数据分析、物流数据分析和仓储数据分析。

（1）采购数据分析。采购数据分析主要包括采购需求计划分析、采购成本数据分析和采购策略分析。

1）采购需求计划分析。在供应链领域，可以将需求定义为"销售需求"，需求计划也可以称为"销售预测"。采购需求计划分析是基于实际销售数据，对未来的销售预测进行评估，先对过去的销量进行数据统计，得出以SKU为颗粒度的销量统计表，然后分别对日常销量和活动销量进行预判，得出需求预测，再基于时间维度进行需求预测汇总，最后结合市场和销售策略，定期对所有需求进行符合事实的更新。

2）采购成本数据分析。作为经营者，想要获得更多的利润，就必须考虑前期的资金投入。其中，占比较大的是产品采购成本，通过对其进行相应的分析，可以得出科学的依据，以制定或采取措施对采购成本进行有效控制。采购成本数据分析的内容包括采购成本走势分析、不同渠道采购成本分析、商品采购价格分析等。

3）采购策略分析。采购策略分析的目的是了解目前采购策略所处的状态，并根据状态调整优化，以更好地适应公司业务的需求，最终达到最佳供应链总利润的规模。采购成本数据分析的内容包括自制还是外包、供应商的选择、供货、采购相关指标等。

【拓展知识】

采购决策直接影响产品销售成本和应付账款。采购绩效也影响着质量、库存及内向运输成本。管理者应该审核以下影响供应链绩效与采购的相关指标，如应付账款周转天数、平均购买价格、平均购买数量、供应质量和准时交货比例等。

（2）物流数据分析。物流是指物品从供应地向接收地的实体流动的过程，是电子商务活动中不可或缺的一个环节。物流水平直接影响着店铺DSR中的物流服务分数，如图4-125所示。

物流服务的优劣是用户选择下单与否的重要参考依据。通过物流数据分析，可以帮

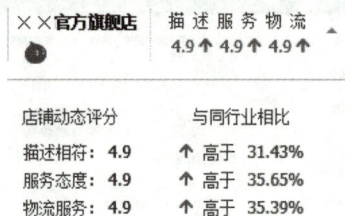

图4-125　天猫某店铺DSR评分

助企业完成实时物流订单追踪、订单时效监控以及异常物流诊断等，避免因为物流原因造成用户投诉和用户流失等，而企业却只能被动接受这一结果。

1）物流运费分析。一般来说，考虑到成本的问题，商家都会选择已经确定的合作快递公司。在选择快递之前，首先要注意地区的概念，不同快递公司、不同区域之间的运费是不相同的。如果统一定价，不分地区，会给网店带来经济上的损失，所以网店物流配送应划分区域，并对每个区域的运费进行不同的定价，而定价范围可以与物流公司协商后决定。确定好合作快递公司后，物流运费分析的核心问题就是产品是否包邮，也就是在包邮带来的产品竞争力与不包邮带来的产品利润之间找到一个平衡点。

2）订单时效分析。订单时效是指用户从完成订单支付开始，到完成商品签收的时间跨度，即支付到签收时长。随着电商的发展，用户对于物流时效的感知和要求越来越高，在追求用户体验极致的今天，订单时效是提升用户体验、增强用户满意度的基本要素之一。订单时效分析的主要目的是通过数据分析找出影响订单时效的因素及不同物流公司之间的差距，从而有针对性地进行流程优化，以达到更优的效率。

【拓展知识】

订单时效分析的指标主要包括以下四个：

（1）平均发货——揽收时长，即商品发货到物流揽收的平均时间。

（2）平均揽收——签收时长，即物流揽收到用户签收的平均时间。

（3）揽收包裹数，即物流公司回传了揽收信息的物流包裹数。

（4）签收成功率，即签收成功的包裹数占总派送包裹数的比例。

3）异常物流分析。异常物流包括发货异常、揽收异常、派送异常和签收异常等数据，如表4-7所示，各平台划分维度及标准略有不同，节假日及特殊地区也会区别对待。

表4-7　异常物流分析详表

异常类别	具体表现	主要原因
发货异常	用户下单完成支付后 24 小时仍未发货的包裹	● 缺货 ● 出货量大，不能及时发货 ● 订单被遗漏等
揽收异常	商品发货后超过 24 小时仍未派送的包裹	● 物流公司原因 ● 物流信息未及时上传
派送异常	物流揽收后停滞超过 24 小时仍未派送的包裹	● 物流运输原因 ● 物流信息未及时上传
签收异常	当日派件，但在次日还没有签收的包裹	● 快递原因导致未妥投，如货物破损等 ● 客户原因导致未妥投，如客户改签、拒签等 ● 节假日、恶劣天气等导致未妥投

（3）仓储数据分析。仓储是指为有形商品提供存放场所并对存放物进行保管、存取与控制的过程，一般指的是库存。供应链中库存的存在是为了解决供给与需求之间的不匹配，库存影响供应链持有的资产、所发生的成本，以及提供的响应性。高水平的库存会降低运输成本，但增加了库存成本；低水平的库存会提高库存周转率，但供不应求会降低响应性。因此，管理者应做好相关数据分析，制定行之有效的库存决策。

仓储数据分析的意义不仅在于核对产品数量的对错，而且在于通过数据分析了解产品库存的情况，从而判断库存产品结构是否完整，产品数量是否适中，以及库存是否处于健康水平，是否存在经济损失的风险。

1）库存结构分析。库存结构分析主要是通过分析库存产品的占比情况，了解产品结构是否符合市场需求，从而及时调整销售策略。

2）库存数量分析。产品库存数量要保持适中，既要保证产品供应充足，满足日常销售所需，又不能有太多积压，产生较多仓储成本，因此需要对库存数量进行分析，为下次入库数量提供数据支持。

3）库存健康度分析。库存健康度分析是针对库存的实际情况，以一定的指标进行测验，以判断库存是否处于健康水平，是否存在经济损失的风险。

【拓展知识】

库存健康度分析主要通过四个方面进行。

（1）库存周转（通过周转判断缓流或紧缺）。库存周转一般在目标库存的80%以上，同时在目标库存的1.5倍以下，可以称为健康的周转水平。

（2）近效期库存（存在失效报废风险）。通常将效期在一半以下的产品控制为0。

（3）残次品库存。及时处理，控制为0。

（4）其他不良库存。控制为0。

实战任务

任务 4-1

任务背景

已知某店铺2013～2021年的销售额，现需要分析店铺销售额的发展趋势，经理安排小李基于前期销售额数据预测店铺2022年的销售额，从而为销售计划制订做准备。

任务分析

对店铺销售额趋势进行分析，需要了解数据初步呈现的发展规律，选择合适的趋势分析方法，从而完成趋势预测与数值预估。在电商企业经营过程中，商家可以通过图表趋势法选择合适的趋势线预测店铺销售额。

任务操作

步骤1：数据获取。获取店铺2013～2021年销售额数据，如图4-126所示。

步骤2：制作折线图。选择单元格区域，插入折线图，并完成对图表的基本设置。

步骤3：添加线性趋势线。选中折线图图表，为该折线图添加线性趋势线。

步骤4：趋势线格式设置。双击插入的趋势线，完成趋势线格式设置。

	A	B
1	店铺2013-2021年销售额（单位：万元）	
2	2013年	650
3	2014年	860
4	2015年	912
5	2016年	1120
6	2017年	1335
7	2018年	1520
8	2019年	1778
9	2020年	1839
10	2021年	1967

图4-126 店铺2013～2021年销售额数据

步骤5：店铺销售额预测。根据公式预测2022年销售额。

任务 4-2

任务背景

已知某企业近两年的利润数据，经理安排小李对两年同一时期的利润进行分析，考察利润的增长速度，分析利润的变动情况，从而规划下一年的运营投入。

任务分析

选择不同年的相同时期，进行相同事物的对比，可以采用同比分析法，用某一期的数据和上期的数据进行比较，计算趋势百分比，观察数据的增减变化情况，从而分析数据变化原因。

任务操作

步骤1：数据获取。获取企业2020～2021年各月份利润数据，如图4-127所示。

	A	B	C	D
1	某企业2020-2021年各月份利润数据（单位：万元）			
2	月份	利润	月份	利润
3	2020年1月	150	2021年1月	246
4	2020年2月	175	2021年2月	330
5	2020年3月	220	2021年3月	360
6	2020年4月	300	2021年4月	406
7	2020年5月	298	2021年5月	396
8	2020年6月	270	2021年6月	378
9	2020年7月	297	2021年7月	366
10	2020年8月	294	2021年8月	392
11	2020年9月	291	2021年9月	382
12	2020年10月	301	2021年10月	442
13	2020年11月	384	2021年11月	578
14	2020年12月	379	2021年12月	425

图4-127 企业2020～2021年各月份利润数据

步骤2：创建数据透视表，对该企业2020年、2021年各季度的销售额进行同比分析。

步骤3：计算同比增长值与同比增长率。

在数据透视表中选中汇总的某一个数值并单击鼠标右键，然后单击"值显示方式"按钮，单击"差异"按钮，在"值显示方式"编辑框的"基本字段"选择"年"，"基本项"选择"上一个"，即可得出年度利润同比增长值。同理，当选择"差异百分比"按钮时，在"值显示方式"编辑框完成基本字段和基本项的设置即可得出年度利润同比增长率。

步骤4：年度利润同比分析。

查看年度利润同比分析结果，可以明确企业2020年和2021年利润的变化情况，分析同比增长的趋势。

任务 4-3

任务背景

洞察企业客户群画像，能够帮助企业实现"千人千面"，使企业可以针对不同人群制定差异化的运营策略。某电子商务企业打算近期举办一场营销活动，以推广其上架的新产品，为了顺利推出新产品并取得较好的营销效果，该企业负责人安排员工小宁对企业客户特征进行整体分析并绘制客户画像，为企业精准营销提供基础。

任务分析

描绘客户画像，首先需要明确客户画像涉及的分析维度有哪些。一般来说，描绘客户画像需要分析的维度主要有:客户年龄、客户地域、客户消费层级、客户产品偏好、客户来源终端、客户性别、客户职业等。因此,小宁决定先从这几个主要维度展开分析,然后汇总分析结果,形成客户画像,进而形成分析结论并提出合理的客户营销策略,指导新产品推广。

任务操作

描绘客户画像的操作步骤和关键节点如下:

步骤1:获取客户数据。

步骤2:客户地域和性别分析。

步骤3:客户产品偏好和价格偏好分析。

步骤4:客户年龄分析。

步骤5:客户端分析。

步骤6:客户职业分析。

步骤7:绘制客户画像。

步骤8:归纳分析结论。

模块小结

本模块主要介绍数据分析的不同方法,包括描述性统计分析、动态数列的分析与预测、相关分析和回归分析、综合评价分析法、四象限分析法和其他常用的分析方法。这些方法各自都具有不同的应用场景,因此应该全面掌握这些数据分析方法,才能在数据分析过程中更加合理地使用它们。此外,本模块还介绍了强大的数据分析工具以及数据的应用。

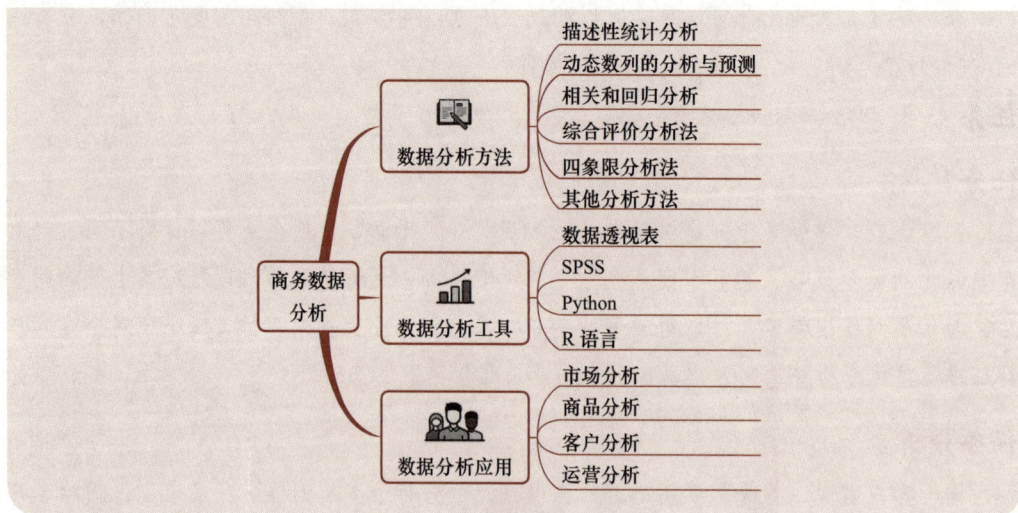

案例在线

保护个人信息，拒绝做"透明人"

数字时代，信息对金融业的重要性不言而喻。近几年，企业及个人的金融信息和数据被深度开放和运用，一方面满足了消费者的金融服务需求，另一方面也不断推动金融业管理方式、经营模式的变革和优化。例如，因为越来越了解用户的消费习惯、还款习惯等信用信息，金融机构能够向消费者提供合理的贷款额度。再如，不少金融机构推出的无接触贷款之所以能脱离线下网点存在，正是建立在线上对信用信息的分析和运用上。解决信息不对称问题，一直是金融业努力的方向之一。信息应用得当，可以较大幅度提升金融服务的可得性、精准性和普惠性。

然而，信息赋能金融业的过程中，一些金融机构在个人金融信息保护方面还存在不规范行为，有的机构没有得到用户授权就随意给用户"画像"，进行诱导消费和过度营销。有的不法分子甚至将个人金融信息拿到市场上倒卖，获取非法收益。这些行为侵犯了金融消费者的知情权、隐私权和选择权。金融机构应强化法律合规意识，合理运用并严格保护客户的金融信息，这样才能更好地发挥个人金融信息的最大效用。2021年，中国人民银行发布《征信业务管理办法》（中国人民银行令[2021]第4号），要求征信机构采集信息要遵循"最小、必要"原则，这也应当成为金融机构采集运用个人金融信息的基本原则。

加强个人金融信息保护是摆在监管部门面前的重要课题。监管部门应引导金融机构做好保护客户金融信息工作。对发生信息泄露，甚至违规倒卖客户数据的金融机构等，应依法从严惩处，形成监管震慑。同时适时推出个人金融信息保护相关法律法规，以更大力度规范个人金融信息在金融领域的使用。

金融消费者亟须提升个人金融信息保护意识，一些消费者缺乏自我保护意识，客观上加大了个人金融信息保护难度。应加强个人金融信息保护宣传，引导消费者不向他人随意透露个人金融信息、在可靠的网络环境下进行支付、网购付款时使用正规支付工具……数字时代，进一步加强个人金融信息保护，需要监管部门、金融机构和消费者的共同努力。

同 步 练 习

一、单选题

1. 标准差系数越小，其算术平均数的代表性（　　　）。

    A. 越大　　　　　B. 越小　　　　　C. 没有影响　　　　D. 无法判断

2. 某企业今年5月份的产量与4月份相比增加了12%，那我们可以说5月份产量（　　　）增加了12%。

A. 定基比　　　　B. 同比　　　　C. 环比　　　　D. 正比

3. 某企业今年5月份的产量与去年5月份相比增加了12%，那我们可以说5月份产量（　　）增加了12%。

A. 定基比　　　　B. 同比　　　　C. 环比　　　　D. 正比

4. 下列现象中，指标之间相关性最为密切的是（　　）。

A. 产品的产量与工人数量之间的相关系数为0.6

B. 商品的销售量与推广费用之间的相关系数为0.8

C. 企业利润与企业成本之间的相关系数为−0.5

D. 产品的产量与产品的单位成本之间的相关系数为−0.89

5. 以下哪种是不常见的频数分布曲线（　　）。

A. L形分布　　　B. U形分布　　　C. J形分布　　　D. 正态分布

二、多选题

1. 表示数据集中趋势的数据指标有（　　）。

A. 简单算术平均数　　　　　　　B. 加权算术平均数

C. 简单几何平均数　　　　　　　D. 中位数和众数

2. 表示数据离散程度的数据指标有（　　）。

A. 极差　　　B. 方差　　　C. 离散系数　　　D. 标准差

3. 平稳时间序列的预测方法有（　　）。

A. 简单平均法　　B. 季节分解法　　C. 移动平均法　　D. 指数平滑法

4. 以下说法中，属于四象限分析法中的是（　　）。

A. 明星象限　　B. 金牛象限　　C. 瘦狗象限　　D. 问题象限

5. 商品生命周期是指商品从进入市场到退出市场所经历的全过程，分为（　　）。

A. 导入期　　B. 成长期　　C. 成熟期　　D. 衰退期

6. RFM价值模型可用来衡量客户价值和客户转化能力，主要围绕（　　）这几项指标展开分析。

A. 消费金额　　B. 消费频率　　C. 消费力度　　D. 最近一次消费

三、判断题

1. 相较于平均数，中位数能够不受到数列中极值的影响。（　　）

2. 变异度指标值越小，表示数据的离散程度越大。（　　）

3. 在使用综合评价分析法时，确定权重的方法可以使用主观赋权法。（　　）

4. 在制作漏斗图过程中，占位数据=（第一步用户数−第N步用户数）/2。（　　）

5. 在创建数据透视表之前需要保证数据源是正确和完整的，需要透视的数据源中每一列都必须包含该列的标题。（　　）

6. 市场需求分析主要是估计市场规模的大小及产品潜在需求量，包括市场需求量、

需求结构和需求时间。　　　　　　　　　　　　　　　　　　　　　（　　）

7. 在大数据时代，客服绩效分析可以借助于软件工具，有效地分析客服问题，合理分配工作时间，全面提升店铺服务质量。　　　　　　　　　　　　　（　　）

四、技能训练题

1. 根据某女鞋淘宝店铺订单信息表（详见数据包），现在该店铺的店长需要统计每天的有效订单数量、每天交易金额数据，请使用数据透视表完成相关的统计。

2. 某男装店铺7月份的销售额数据（详见数据包）已知，利用描述性统计方法分析销售额数据的分布情况。

3. 根据某店铺产品转化信息（详见数据包），从产品的浏览量和转化量两个维度分析，利用四象限分析法寻找最具价值的产品。

模块5
商务数据可视化

学习目标

知识目标

◆ 了解图表的类型和组成

◆ 熟悉数据图表的类型及不同类型图表的适用场景

◆ 了解美化图表的技巧

技能目标

◆ 能够进行常见图表的制作

◆ 能够进行图表的美化

引导案例

进入20世纪之后，随着人们对紫外线的了解不断深入，含有化学防晒剂的防晒产品开始面世，并获得飞速发展。之后的几十年里，国外众多品牌陆续研发出防晒产品，现代防晒市场逐渐成形。随后，中国本土品牌也开始加入防晒战局。目前淘宝、天猫平台上有销售记录的防晒品牌有两千多个，2020年防晒产品销售额达到43.68亿元，年增长率为55.89%。

淘宝、天猫平台防晒产品2021年第一季度至2022第一季度的销售情况，如表5-1所示。

表5-1　2021年Q1～2022年Q1防晒产品销售情况

季度	销售额（亿元）	销量（百万件）	环比增长率
2021 年 Q1	6.58	8.15	68.51%
2021 年 Q2	21.89	29.01	54.96%
2021 年 Q3	10.76	14.21	33.32%
2021 年 Q4	4.46	4.54	82.31%
2022 年 Q1	12.32	13.36	87.32%

为了能够清晰有效地传达数据背后的规律和数据分析的结论，运用柱形图和折线图的复合图表进行展现，如图5-1所示。

图5-1　数据图表

【引入问题】

1. 通过对比表格和图表，大家觉得哪种获取信息的效率高？

2. 观察并思考，在完善的图表中应包括哪些元素？

从数据中获得认识的第一步，通常是用某种方法对数据进行可视化处理。数据可视化有可能是简单地编制数据汇总表，有可能是绘制数据图像，以帮助解释、分析数据和获取认识。通过突出数据中存在的重要关系和趋势，数据可视化可以帮助人们识别数据中的错误，减少数据过于庞杂所带来的认识干扰。

5.1　图表的类型与组成

图表是以图形的方式描述工作表中的数据，可以直观形象地表现数据的构成、数据之间的关系和走势，帮助我们快速理解和分析数据。

5.1.1　图表的类型

1. 表格

表格是商务数据可视化的一种形式，可以查看和处理大量数据，它主要承载了数据的收集、整理、组织、展示、对比和归纳，既是一种可视化交流模式，又是一种组织整理数据的手段。

一般来说，图形能够更快地传递信息并且更易阅读，但是在某些场合下，表格会更加合适。对于以下情况，最好选择表格：

（1）需要保留具体的数值资料。

（2）需要进行不同值间的精确比较而不仅仅是相关比较。

（3）数据的计量单位不同或者量级不一样。

在设计表格时，可以遵循以下原则：

（1）易读性。表格的层级一定要划分得非常清晰，层级分明。你要让用户更关注数据本身，而不是花里胡哨的样式。

（2）可寻性。列表以易于浏览的逻辑排序，提供合适的搜寻组件帮助用户快速查找信息。

（3）高效性。表格要用最短的时间告诉用户想要得到的信息。

（4）灵活性。可以让用户根据自己的习惯及兴趣自定义自己的表格展示，比如排序、筛选、调整表头顺序等功能。

表格的适应场景非常丰富，例如，交叉表作为一种常用的分类汇总表格，在反映两个变量的取值时经常用到，可用于对两个变量数据汇总，运用 Excel 的数据透视表功能编制出交叉表。再如报表，用表格的形式呈现企业运营过程中特定时间段的各项数据，作为一种信息组织和分析的有效手段，一方面有利于了解经营动态，进行整体评估；另一方面可以统计数据，便于随时查找，也能够为经营策略的调整提供系统的参考信息。

2．统计图

Excel 提供了柱形图、折线图、饼图、条形图、面积图、XY 散点图、股价图、雷达图等十几种图表类型，每一种图表类型又细分为多个子类型，具体如图 5-2 所示。根据展示需要，又可以在基本类型的基础上制作相关的衍生图表，如漏斗图、矩阵图等。

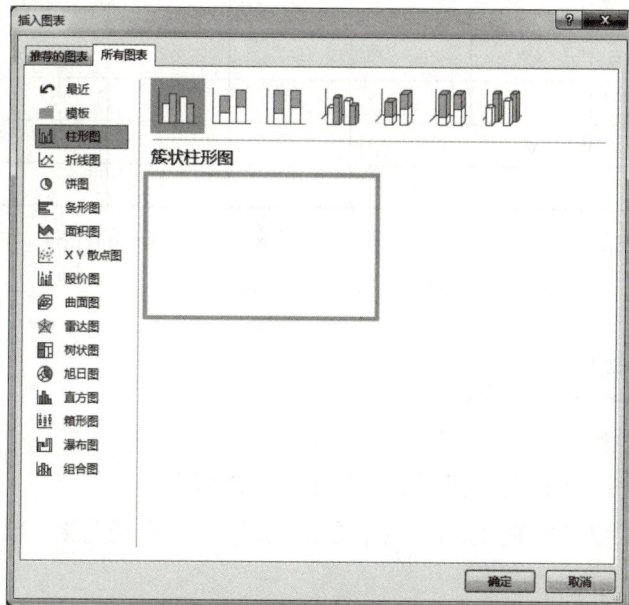

图5-2 Excel图表类型

根据数据分析的目的，选择不同的图表类型描述数据。选择哪种类型的图表进行数据展现，主要依据数据之间呈现哪种关系而定。数据之间的关系一般分为五类，包括构成关系、比较关系、关联关系、分布关系、趋势关系。

（1）构成关系。构成关系也称为组成关系，显示占比构成，展现不同类别数据的组成与比例。如果想表达的数据信息包括"份额""百分比"等，可以用饼图、堆积柱形图、瀑布图、漏斗图等。

（2）比较关系。比较关系也称为排序关系，展现不同项目、类别间的数据比较，并区分不同的场景，如进度完成情况、项目间的数据、地域间的数据等。比较关系可以选用柱形图、条形图、折线图等。

（3）关联关系。关联关系用来衡量两个或多个变量之间的关系，又称为数据的相关性，用于表达"与……有关""随……而增长""随……而不同"的变量间的关系，可以选用散点图、气泡图、雷达图等。

（4）分布关系。统计数据之间的频率分布与数据的频次。分布展示各数值范围内分别包含了多少项目，典型的信息包括"集中""频率""分布"等，可以选用散点图、气泡图等。此外，还可以根据地理位置数据，利用热力图展示不同的分布特征。

（5）趋势关系。趋势关系是较为常见的一种时间序列关系，展示数据如何随着时间的变化而变化，每周、每月、每年的变化趋势是增长减少、上下波动还是基本不变，使用折线图可以更好地表现各项指标随着时间变化的趋势。

不同数据关系对应的图表总结如表5-2所示。

表5-2　不同数据关系对应的图表总结

数据关系	建议采用图表						
	柱形图	条形图	折线图	饼图	XY 散点图	气泡图	其他衍生图
构成关系	√			√			瀑布图
比较关系	√	√	√				雷达图
关联关系					√	√	雷达图
分布关系	√	√			√	√	热力图
趋势关系	√		√				股价图

表5-2中列出的数据关系与对应的图表类型选择不是唯一的标准，通常在分析数据时会根据表现意图综合运用多种图表来进行数据的展现。

5.1.2　图表的组成

图表主要由以下部分组成。如图5-3所示。

（1）图表标题：描述图表的名称，一般在图表的顶端。

（2）绘图区：以坐标轴为界的区域，包括数据系列、分类名称、刻度、网格线等。

（3）数据系列：图表中的一个数据系列对应工作表中选定区域的一

图表的组成

行或一列数据。在默认情况下，每个数据系列具有唯一的颜色和图案，并与图表的图例一致。

（4）数据标签：标识数据系列中数据的详细信息，源于数据表中的值。

（5）图例：标识图表中相应的数据系列的名称和数据系列在图中的颜色。

（6）网格线：从坐标轴刻度线延伸出来并贯穿整个"绘图区"的线条系列，可有可无。

（7）坐标轴：坐标轴分为横（水平）坐标轴和纵（垂直）坐标轴。水平坐标轴通常称为 X 轴，包含分类名称。垂直坐标轴通常称为 Y 轴，包含数值型数据。

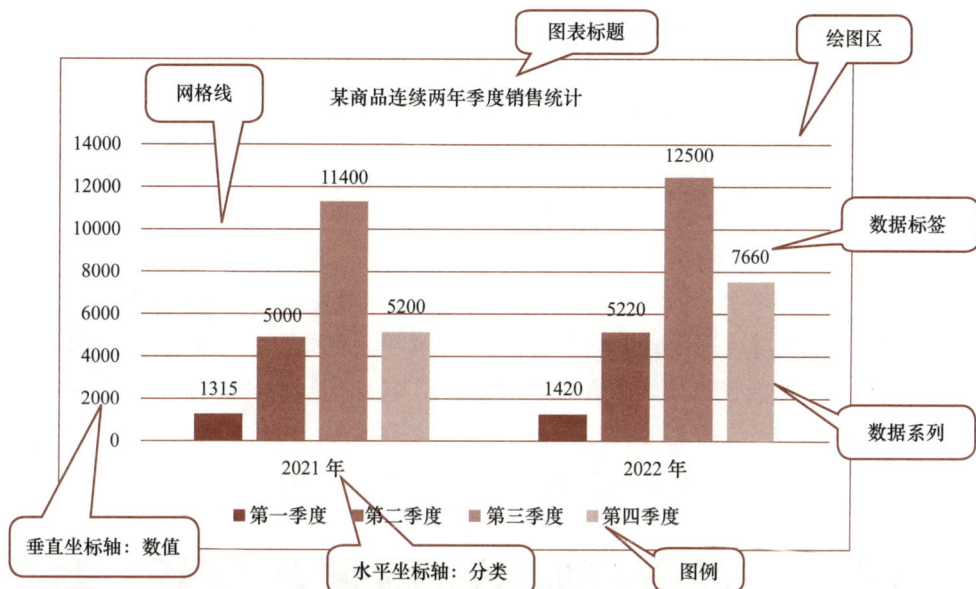

图5-3　图表的组成

5.1.3　图表的一般操作

图表的目的在于更清晰地表现和传递数据中的信息，在制作图表的过程中，需要规避误区，制作出既符合规范，又简约美观，并且能够准确传达信息的各类图表。

1. 图表的制作步骤

数据图表的制作分为四个步骤，如图 5-4 所示。

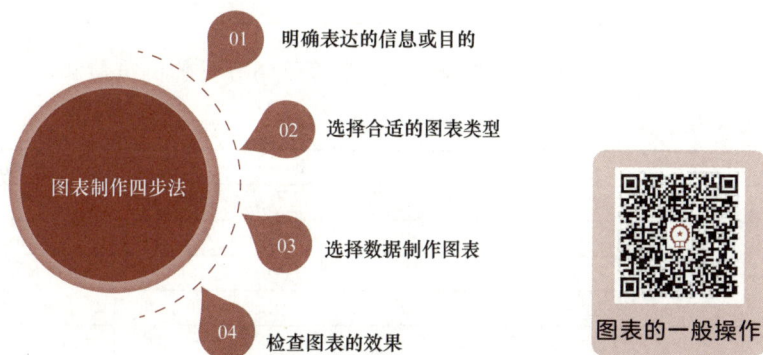

图5-4　图表制作四步法

161

2. 图表制作要点

不同类型的图表在制作过程中有不同的注意事项，但其中存在一些共性。

（1）图表的主题应明确。一张图表应阐明一个主题，突出重点，让观者迅速捕捉到核心思想。在图表的标题中应直接说明观点或者需要强调的重点信息，切中主题，如"公司销售额翻了一番""A区产量稳居第一"。

（2）避免生成无意义的图表。图表贵精不贵多，要判断是否可以有效表达信息。在某些情境下，表格比图表更能有效传递信息，要避免生成无意义的图表。

（3）只选对的，不选复杂的。复杂的图表不一定是好的，避免沉迷于设计各种所谓"高级"的图表。好的图表能省掉用来解释的复杂语言，而不是需要用复杂的语言来解释。

【拓展知识】

数据可视化是关于数据视觉表现形式的科学技术研究，即利用图形、表格、动画等手段，将数据内在的规律直观地进行展现的一种方式。数据可视化与信息图形、信息可视化、科学可视化以及统计图形密切相关，在研究、教学和开发等领域都被广泛应用。商务数据可视化处理，普遍使用到的工具就是Excel。利用Excel能轻松地制作出符合要求的数据可视化图表。随着科技的发展以及可视化需求的急剧增大，涌现了大批的数据可视化工具，如Tableau、Echarts、Plotly、Highcharts、Google Charts、D3.js等。

5.2 统计图

统计图是一个展示数据的可视化方法，包括柱形图、折线图、条形图等。

5.2.1 柱形图、条形图的应用案例

1. 柱形图

柱形图是展现数据关系最常用的图形，用垂直放置的长方形柱子显示各项数据之间的比较情况或显示一段时间内的数据变化。在柱形图中，通常沿水平轴组织类别，沿垂直轴组织数值。柱形图一般分为簇状柱形图和堆积柱形图，可以根据数据展现的效果选择合适的类型。

【例5-1】某网站2022年2月2日至2月6日的浏览量和访客数相关数据如图5-5所示。

日　　期	浏　览　量	访　客　数
2022-02-02	3175	1648
2022-02-03	2435	1153
2022-02-04	2883	1352
2022-02-05	1965	757
2022-02-06	2661	1221

图5-5　浏览量和访客数相关数据

为了更好地表现数据对比情况，制作柱形图，如图 5-6 所示。

某网站浏览量和访客数

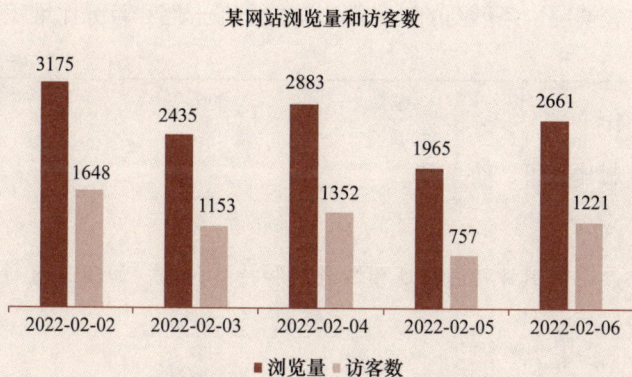

图5-6　柱形图

步骤 1：在 Excel 中选定要创建图表的数据区域。

步骤 2：选择图表类型。单击"插入"→"图表"→"所有图表"，选择"柱形图"中的"簇状柱形图"。

步骤 3：选中生成的柱形图，设置图表标题，添加数据标签，删除网格线。

柱形图简明、醒目，可以直观反映数据的差异，其局限在于只适用于中小规模的数据集。

柱形图适用于展示二维数据集，但只有一个维度需要比较。柱形图的延伸图表有堆积柱状图和百分比堆积柱状图，不仅可以直观地看出每个系列的值，还能够反映出系列的总和，尤其是当需要看某一单位的综合以及各系列值的比重时，最适合。

2．条形图

条形图用水平放置的长条形，表示数量变量取值的大小。条形图的本质是旋转后的柱形图。

【例 5-2】20××年"双十一"购物狂欢节各平台的交易数据如下：天猫当日销售额为 2 684 亿元，排名第一；京东当日销售额为 705 亿元；拼多多当日销售额为 250 亿元；苏宁易购当日销售额为 200.8 亿元；唯品会当日销售额为 106.6 亿元；其他平台销售额为 151 亿元。

将数据制作条形图，如图 5-7 所示。

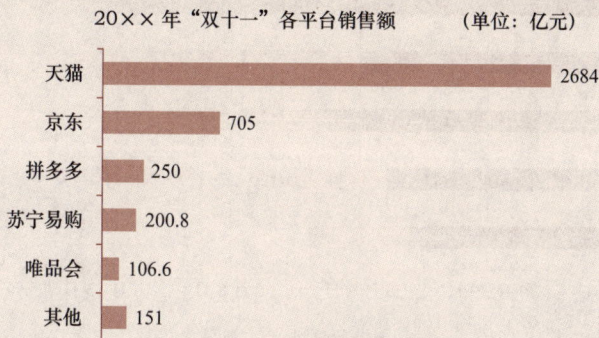

20××年"双十一"各平台销售额　　（单位：亿元）

图5-7　条形图

条形图每个类别的数据条差异清晰、直观。常用于类别标签过长或较多的情况，显示各个项目之间的比较情况。条形图的延伸图表有堆积条形图和百分比堆积条形图。

【拓展知识】

利用条形图绘制甘特图、漏斗图。

1. 甘特图

在项目管理中，通常用甘特图描述项目进度和持续时间，如图5-8所示。

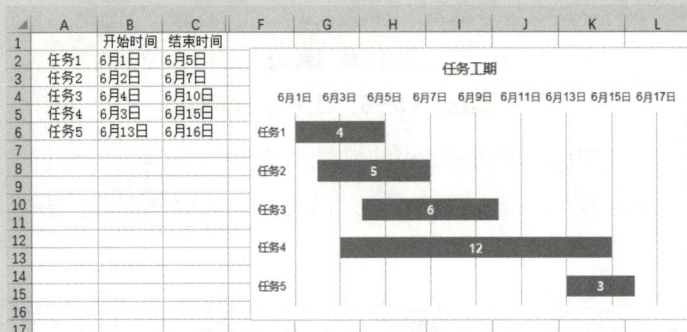

图5-8　甘特图

步骤1：制作准备数据。在单元格D2-D6中用公式"=C2-B2"计算完成任务所需的天数，如图5-9所示。

图5-9　计算相关数据

步骤2：插入"堆积条形图"。选择数据区域A1:B6和D1:D6，插入堆积条形图，如图5-10所示。

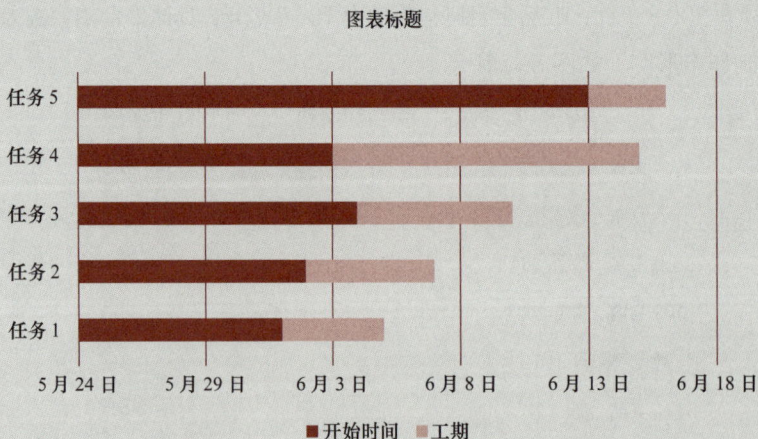

图5-10　插入"堆积条形图"

步骤3：隐藏"开始时间"数据条形。选中"开始时间"系列，即蓝色条形部分，单击鼠标右键选择"设置数据系列格式"，把"填充"设置成"无填充"，边框设置为"无线条"；删除图例。

步骤4：设置横坐标。单击横坐标，打开"设置坐标轴格式"对话框，将坐标轴边界的"最小值"设置为43983（即6月1日的常规单元格格式），如图"5-11"所示。

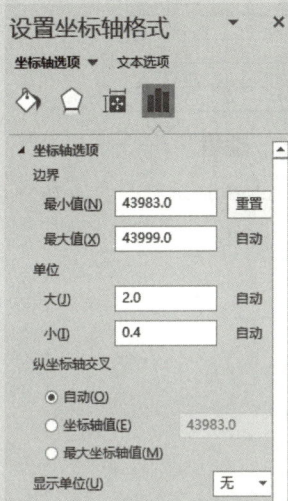
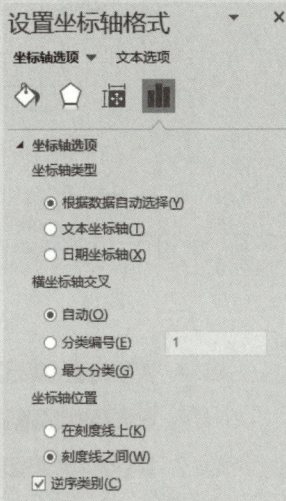

图5-11　设置横坐标　　　　图5-12　设置纵坐标

步骤5：设置纵坐标。单击纵坐标，打开"设置坐标轴格式"对话框，选中"逆序类别"，如图5-12所示。

步骤6：添加相关数据及最后美化。选中条形部分，单击鼠标右键选择"添加数据标签"；添加"图表标题"；根据美观性进行字体设置、间隙宽度、颜色等调整。

2. 漏斗图

漏斗图适用于业务流程比较规范、周期长、环节多的流程分析，通过漏斗各环节业务数据的比较，能够直观地发现和分析问题所在。

某网站客户转化率的统计数据通过漏斗图进行展现，如图5-13所示。

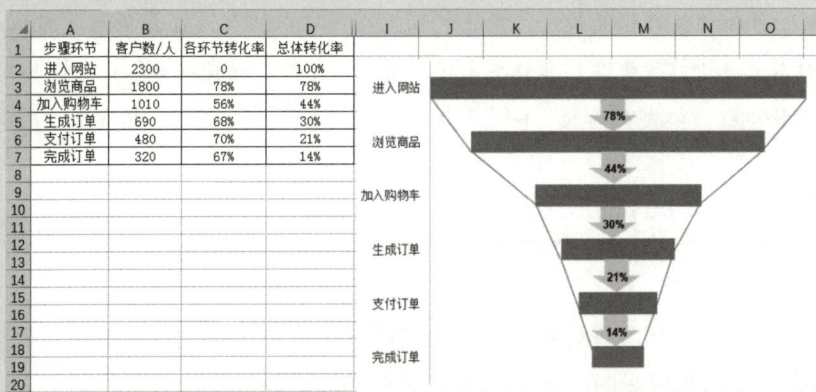

图5-13　网站转化率统计数据及漏斗图示意

步骤1：添加占位数据。占位数据是制作漏斗图时必不可少的一个环节，占位数据＝（第1环节客户数－该环节客户数）/2，相关计算数值如图5-14所示。

	A	B	C	D	E
	B3		✕ ✓ *fx*	=(C2-C3)/2	
1	步骤环节	占位数据	客户数/人	各环节转化率	总体转化率
2	进入网站	0	2300	0	100%
3	浏览商品	250	1800	78%	78%
4	加入购物车	645	1010	56%	44%
5	生成订单	805	690	68%	30%
6	支付订单	910	480	70%	21%
7	完成订单	990	320	67%	14%

■ 图5-14 计算相关数值 ■

步骤2：插入"堆积条形图"。选择"步骤环节""占位数据""客户数"三列数据，插入堆积条形图，如图5-15所示。

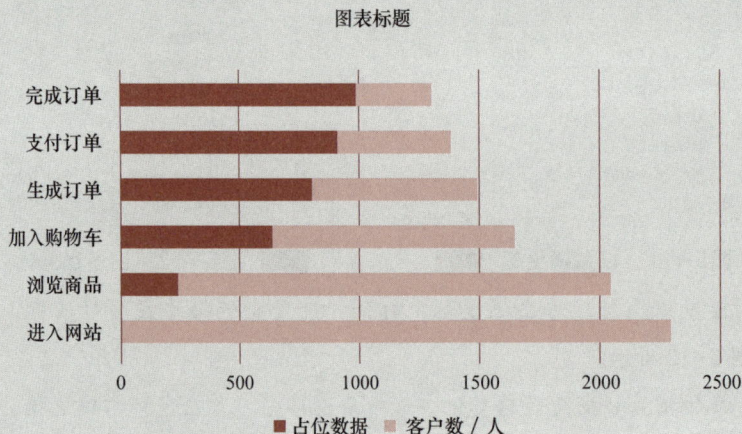

■ 图5-15 插入"堆积条形图" ■

步骤3：隐藏"占位数据"条形。选中"占位数据"系列，单击鼠标右键选择"设置数据系列格式"，把填充设置成"无填充"，边框设置为"无线条"；删除图例及网格线。

步骤4：将纵轴逆序。选中纵坐标轴，单击鼠标右键选择"设置坐标轴格式"，选中"逆序类别"，即将纵坐标原来的显示内容顺序逆转。

步骤5：添加相关数据及线条。单击"插入"→"形状"，在各条形之间插入向下的箭头，并对其颜色进行设置。在各箭头上插入文本框，输入转化率数据，并调整字体大小。添加漏斗形状边框。单击"插入"→"形状"→"线条"，设置合适的线型、颜色等。

5.2.2 折线图、面积图的应用案例

1. 折线图

折线图是将同一个系列的数据表示的点用直线连接，可以直观地描述每一个数据系列的变化趋势。在折线图中，类别数据沿水平轴均匀分布，所有值数据沿垂直轴均匀分布。

【例5-3】根据某公司7～12月产品进出库数据绘制折线图，如图5-16所示。

步骤1：选定要创建图表的数据区域A1:C7。

步骤2：选择图表类型，单击"插入"→"图表"→"所有图表"→"折线图"→"带数据标记的折线图"。

步骤3：选中生成的折线图，添加图表标题，删除网格线，根据美观性进行字体、颜色等设置。

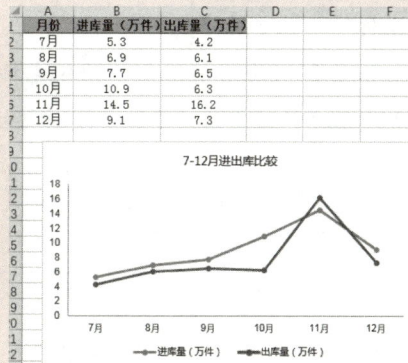

图5-16　折线图

折线图的每个类别数据差异清晰、直观，能很好地展现某个维度的变化趋势，并且可以比较多组数据在同一维度上的变化趋势。折线图适合二维的大数据集，还适合多个二维数据集的比较。与柱形图相比，折线图更适合那些趋势比单个数据点更重要的场景。

2. 面积图

面积图又称区域图，强调数量随时间而变化的程度，也可用于引起人们对总值趋势的注意。

【例5-4】某店铺各产品的销售数量已统计好，为了能直观地比较各个季度的销售情况，可绘制面积图来描述，如图5-17所示。

步骤1：选定要创建图表的数据区域A1:E5。

步骤2：选择图表类型，单击"插入"→"图表"→"所有图表"→"面积图"。

步骤3：选中生成的面积图，添加图表标题，删除网格线，根据美观性进行字体、颜色等设置。

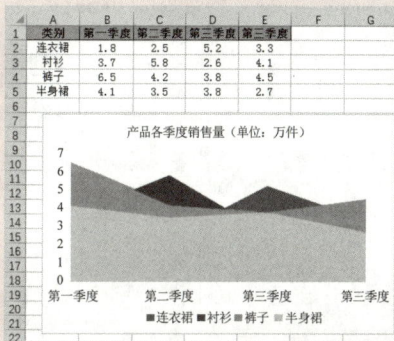

图5-17　面积图

绘制面积图时要确保数据不会因为设计而丢失或被覆盖，例如在面积图中可使用透明效果来确保用户可以看到全部数据。

面积图强调数量随时间而变化的程度，也适合显示部分与整体的关系，引起人们对总值趋势的注意。面积图的延伸图表有堆积面积图、百分比堆积面积图。

【拓展知识】

1. 双坐标图

两个系列数据差别很大时，在同一坐标轴下就无法很好地展现出数据原本的面貌，这时可以采用双坐标图。双坐标图比平常的图表多了一个在右侧的纵坐标轴，我们称之为次纵坐标轴，也可简称为右轴。

如图 5-18 所示，在同一个纵坐标轴下，无法很好地了解该企业的销售情况，因为销量与增长率单位不同，且数量差别太大，这时就可以采用次纵坐标轴来展示增长率。

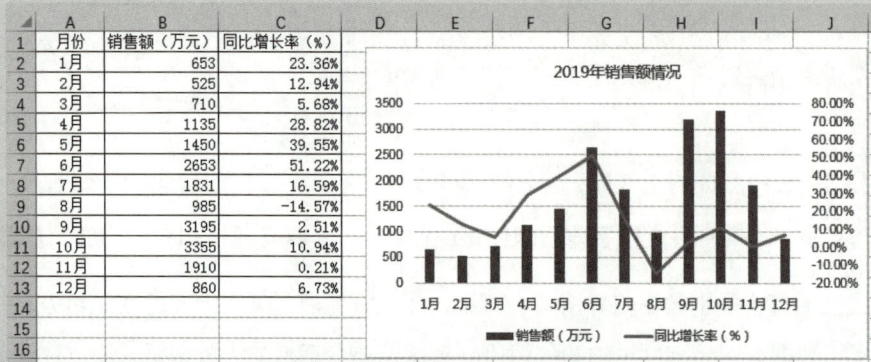

图5-18　双坐标图

步骤 1：在 Excel 中选定要创建图表的数据区域。

步骤 2：选择图表类型。单击"插入"→"图表"→"所有图表"，选择"组合图"中的"簇状柱形图 – 次坐标轴上的折线图"，如图 5-19 所示。

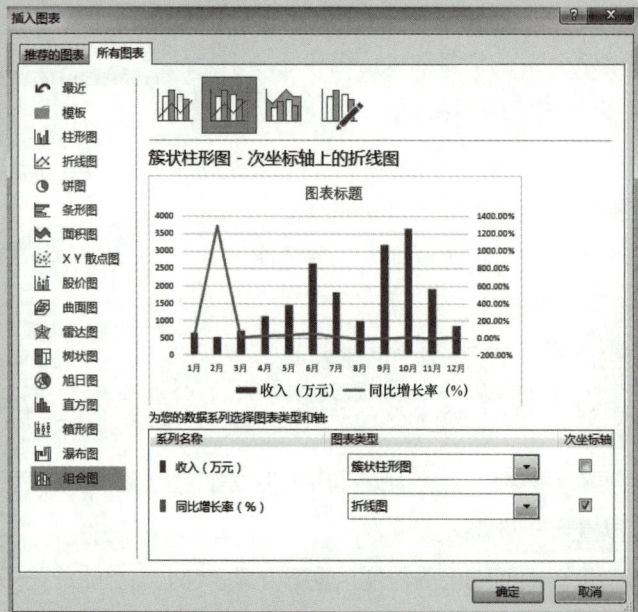

图5-19　簇状柱形图-次坐标轴上的折线图

步骤 3：添加图表标题，删除网格线，根据美观性进行字体、颜色等设置。

2. 帕累托图

帕累托图又叫排列图、主次图，是按照发生频率的高低顺序绘制的直方图（无间距的柱形图），表示有多少结果是由已确认的原因所造成。帕累托图是将出现的质量问题和质量改进项目按照重要程度依次排列而得到的一种图表，可以用来分析质量问题，确定产生质量问题的主要因素。

帕累托图与帕累托法则一脉相承。帕累托法则往往称为二八原理，即80%的问题是20%的原因所造成的。帕累托图是项目管理中常用的一种统计工具，主要用来找出产生大多数问题的关键因素，例如利用帕累托图分析生产停线主要原因，如图5-20所示。

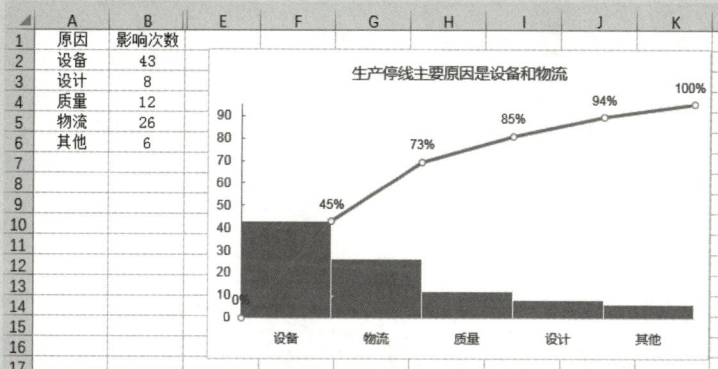

图5-20 帕累托图

步骤1：准备数据源。把B列的影响次数进行降序排列；计算累计次数与累计占比；在C2中增加折线图起始点数据"0%"，如图5-21所示。

步骤2：创建图表。选中A3:C7单元格区域，选择"插入"→"图表"→"所有图表"→"柱形图"→"簇状柱形图"，如图5-22所示。

图5-21 准备数据源

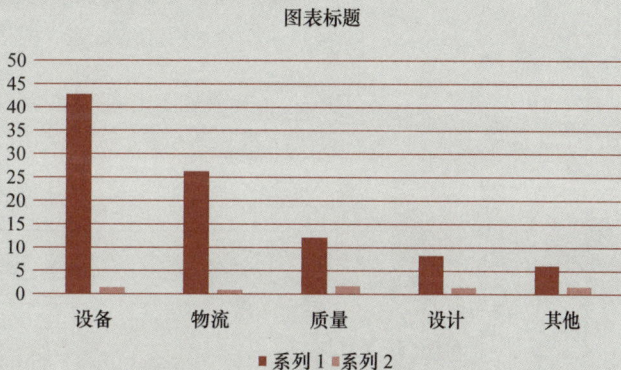

图5-22 簇状柱形图

步骤3：设置系列2。选中"系列2"系列，单击鼠标右键，在弹出的快捷菜单中单击"更改系列图表类型"→"所有图表"→"组合图"，将系列2的图表类型设置为"带数据标记的折线图"，并勾选"次坐标轴"，如图5-23所示。

"系列2"应从0开始，调整"系列2"的数据源。选中"系列2"后，单击"图表设计"→"选择数据"，对系列2进行编辑，系列值更改为C2:C7单元格区域，如图5-24所示。

步骤4：设置系列1。选中"系列1"，单击鼠标右键，选择"设置数据系列格式"，在弹出的"设置数据系列格式"对话框中选择"系列选项"→"分类间距"→"无间距"，设置填充色、边框色。具体如图5-25所示。

图表标题

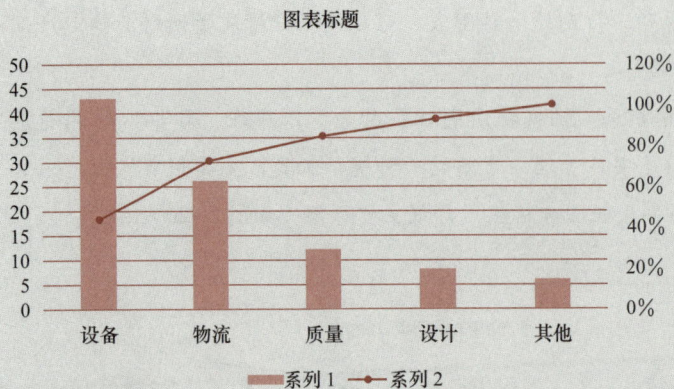

图5-23 设置系列2

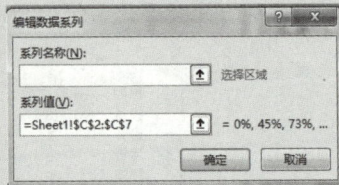

图5-24 编辑数据系列

图表标题

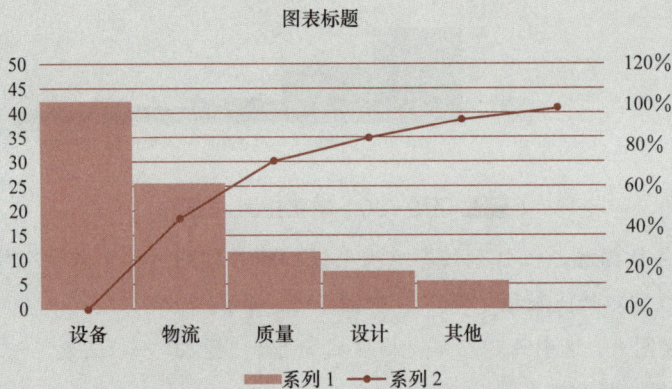

图5-25 设置系列1

图表标题

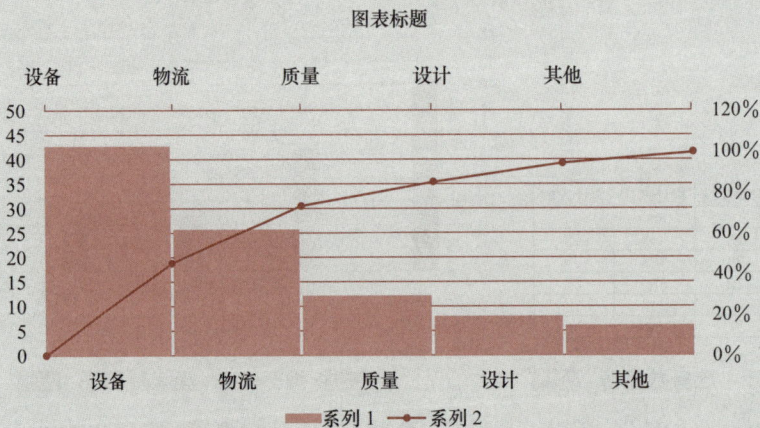

图5-26 设置次要横坐标轴

步骤5：设置次要横坐标轴。选中整个图表，单击"图表设计"→"添加图表元素"→"坐标轴"→"次要横坐标轴"。对刚添加的次要横坐标轴进行设置，选择"设置坐标轴格式"→"坐标轴选项"→"坐标轴位置"→"在刻度线上"，如图5-26所示。

隐藏次要横坐标轴，选择"设置坐标轴格式"→"主刻度线类型：无"→"坐标轴标签：无"。

步骤6：设置纵坐标轴。选中主要纵坐标轴，右击选择"设置坐标轴格式"→"最小值：

"0"→"最大值: 95"；选中次要纵坐标轴，右击选择"设置坐标轴格式"→"最小值: 0"→"最大值: 1"；隐藏次要纵坐标轴，选择"设置坐标轴格式"→"主刻度线类型: 无"→"坐标轴标签: 无"。

步骤7：美化图表。添加图表标题及数据标签，删除网格线与图例，进行字体、颜色等设置。

5.2.3　饼图、圆环图的应用案例

1. 饼图

饼图以饼状图形显示数据构成及占比，用于描述一个数据系列中的每一个数据占该系列数值总和的比例。为了表示占比，饼图需要数值维度，如图 5-27 所示。

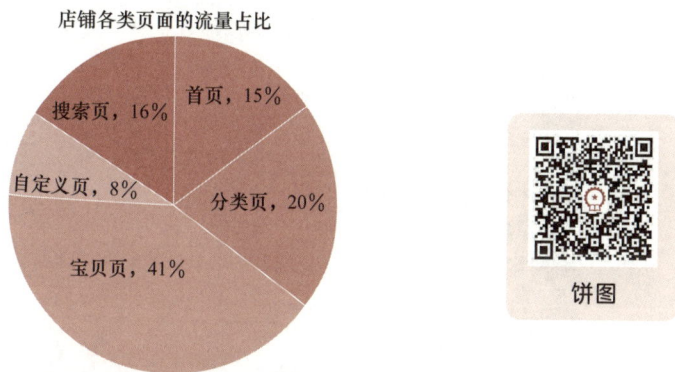

图5-27　饼图

饼图可明确展示各项数据的占比情况，显示单项与单项、单项与整体的数据关系。

饼图适用于单维度多项数据占总数据比重情况的对比，以及展示各项数据大小的分布情况，尤其适合渠道来源等场景。

【例5-5】对某淘宝店铺不同渠道的新客户访问数进行数据统计，其中自主访问占32%，门户网站占23%，淘宝活动占18%，淘宝直通车占12%，淘宝信用评价占6%，SNS 社交工具占4%，其他占5%。将数据展现为复合条饼图，如图5-28所示。

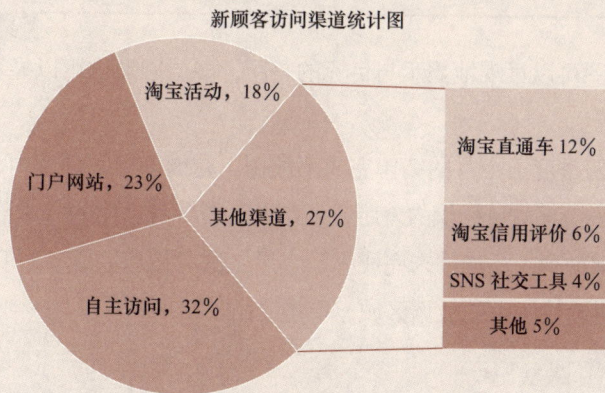

图5-28　复合条饼图

步骤1：选定要创建图表的数据区域 A1:B7。

步骤2：选择图表类型，单击"插入→图表→所有图表→饼图→复合条饼图"。

步骤3：选中生成的饼图，右击选择"设置数据系列格式"，在"设置数据系列格式"对话框中，设置"系列分割依据"为"百分比值"，值小于18%，如图 5-29 所示。

步骤4：美化图表。对字体、颜色等进行设置，添加图表标题。选中饼图，右击选择"添加数据标签"，再选中饼图，右击选择"设置数据标签格式"，勾选"类别名称"，如图 5-30 所示。

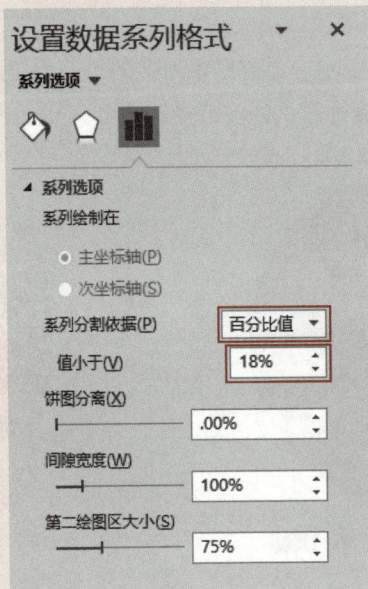

图5-29 设置"系列分割依据"

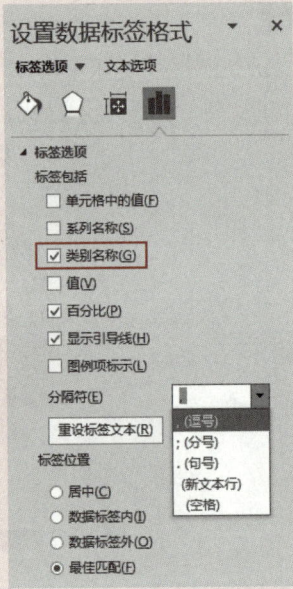

图5-30 添加类别名称

2. 圆环图

圆环图与饼图很相似，描述各部分与整体之间的关系，但是它可以同时描述多个数据系列，每一个环描述一个数据系列。在圆环图中绘制的每个数据系列会向圆环图中添加一个环。第一个数据系列显示在圆环图中心。但是在使用圆环图时要注意的是：绘制的数值不能是负值且不为零值。

【例5-6】圆环图可以直观地显示与目标的差距，多层圆环图可以显示不同数据的对比情况，如图 5-31 所示。

左侧表中是第四季度三个月的销售完成率数据。右侧多层圆环图中，不仅可以明显地看到三个月实际销售情况与目标值的差距，还可以比较各月之间的完成情况。

步骤1：添加辅助列。添加"未完成率"，用1减"销售完成率"填充数据即可。

步骤2：选定要创建图表的数据区域，单击"插入"→"图表"→"所有图表"→"饼图"→"圆环图"。

步骤3：调整圆环图类型。选中图表，单击"图表设计"→"选择数据"→"切换行/列"，生成三层圆环图。

步骤4：调整圆环大小及颜色。选中图表中的圆环，右击选择"设置数据系列格式"，在弹出的"设置数据系列格式"对话框中将"圆环图圆环大小"设置为"32%"；分别双击销售完成的半圆环，选择深浅不同的三种颜色进行填充；分别双击未完成部分的半圆环，选择无填充、无边框。

步骤5：美化图表。删除图例，修改图表标题。插入文本框，依次输入"10月、11月、12月"，设置字体和字号，然后拖拽到合适的位置。

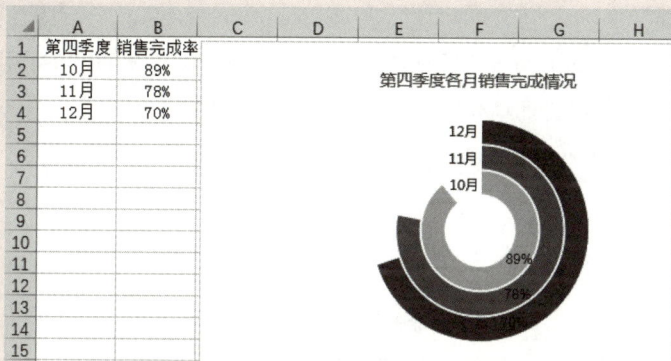

图5-31　圆环图

【拓展知识】

股价图用于描述股票价格的走势或波动，也可以描述其他类别数据的波动。只有数据以特定顺序排列在工作表中，才能创建股价图。例如，要创建一个简单的盘高-盘低-收盘股价图，应根据盘高、盘低和收盘次序输入的列标题来排列数据。股价图也可用于科学数据，例如，可以使用股价图来显示每天或每年温度的波动。

创建股价图的操作很简单，首先按股价图的要求输入数据系列（可以从股票行情的软件中下载），数据系列按时间、开盘、最高、最低、收盘顺序存放。选定要制作股价图的数据区，然后在"插入"选项卡"图表"中选择"股价图"即可，如图5-32所示。

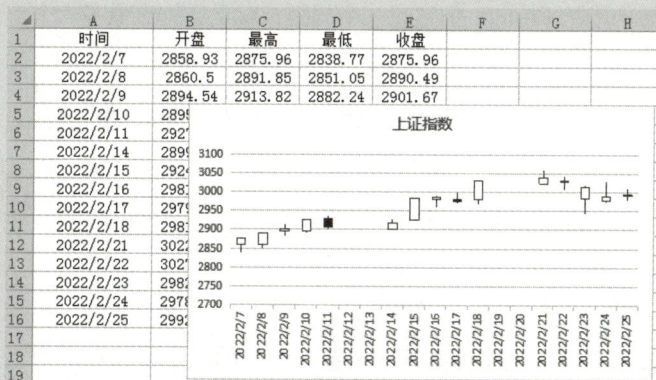

图5-32　股价图

5.2.4 雷达图、矩阵图的应用案例

1. 雷达图

雷达图又称蛛网图,是一种以二维形式展示多维数据的图形。雷达图从中心点出发辐射出多条坐标轴(至少大于三条),每一份多维数据在每一维度上的数值都占用一条坐标轴,并和相邻坐标轴上的数据点连接起来,形成一个不规则多边形。雷达图可以应用于不同项目的多个指标上的对比,也可用于多个指标在不同时间状态下的前后对比。

【例5-7】如图5-33中的雷达图所示,可以直观清晰地了解各个公司的各维度的竞争力对比,使企业能了解自身弱项和强项,及时调整经营策略。

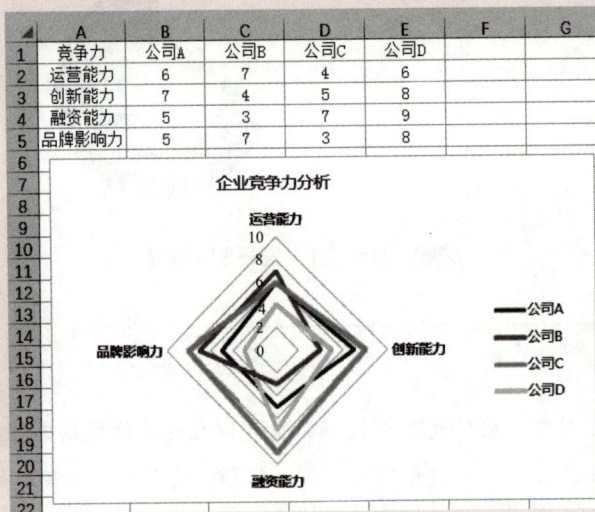

图5-33 雷达图

雷达图具有完整、清晰和直观的优点,有利于展现某个数据集的多个关键特征。需要注意的是,对于不熟悉雷达图的用户,在解读上会有困难,应尽量加上说明,减轻解读负担。

雷达图适用于多维数据(四维以上),且每个维度必须可以排序,主要用来了解各项数据指标的变动情况及其好坏趋向。但它有一个局限,就是数据点最多六个,否则无法辨别。

2. 矩阵图

矩阵图是散点图的阵列,利用数学上矩阵的形式表示因素间的相互关系,从中探索问题所在并得出解决问题的设想。矩阵图是从多维问题的事件中,找出成对的因素,排列成矩阵图,然后根据矩阵图来分析问题,确定关键点。矩阵图可视问题的复杂程度生成多种不同的形式,可按对象选择并灵活运用适当的矩阵图形。

矩阵图的优点在于寻找对应元素的交点很方便,而且不会遗漏,显示对应元素的关系也很清楚,能够使我们掌握到全体要素的关系。在目的或结果都有两个以上,而要找出原因或对策时,用矩阵图比其他图方便。

【例5-8】产品矩阵是根据各个产品的市场占有率和利润率而设计，通过产品间的对比分析，找出对公司贡献大的产品、成长中的产品和需淘汰的产品，优化公司产品结构和明确以后的工作方向，如图 5-34 所示。

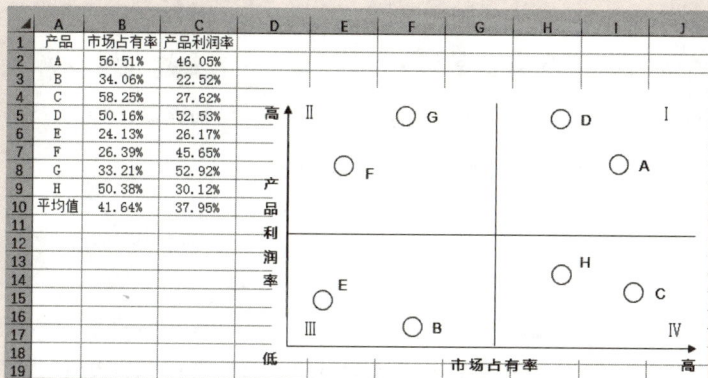

图5-34 矩阵图

步骤1：选中 B2:C9 数据区域，单击"插入"→"图表"→"所有图表"→"散点图"。

步骤2：删除标题、网格线，选中图中的散点单击鼠标右键，在弹出的快捷菜单中选择"设置数据系列格式"→"填充与线条"→"标记"，按如图 5-35 所示设置散点的形状与大小，"填充"设置为"无填充"。

步骤3：设置横坐标格式。选中代表市场占有率的横坐标，右击选择"设置坐标轴格式"→"坐标轴选项"→"最小值：0.2"→"最大值：0.65"→"坐标轴值：0.42"→"标签位置：无"。坐标轴值即市场占有率的平均值约为 0.42。如图 5-36 所示。

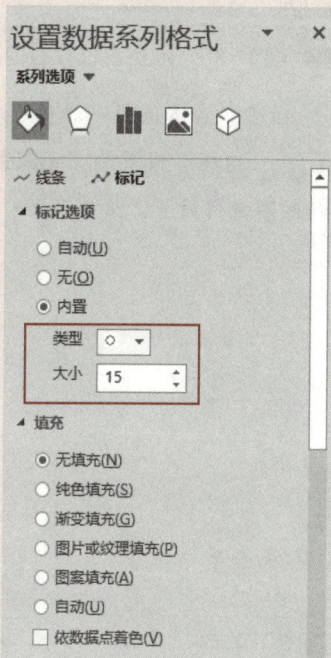

图5-35 设置散点图的数据标记

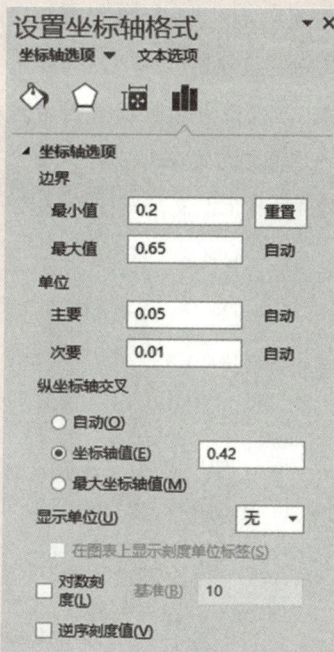

图5-36 设置横坐标格式

步骤4：设置纵坐标格式。与横坐标类似，其中，坐标轴的最小值和最大值分别为 0.2 和 0.55，标签位置为"无"，坐标轴值设置为 0.38。完成坐标轴设置后效果如图 5-37 所示。

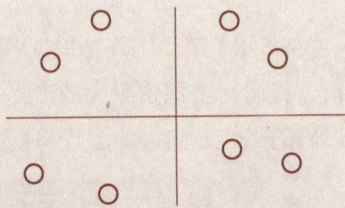

步骤5：单击"插入"→"形状"，选择"箭头"，绘制合适的横向箭头和纵向箭头。单击"插入"→"文本框"，添加相应的标签（产品标签、市场占有率、产品利润率）以及说明（高与低），添加表示矩阵四个象限的标签，即可完成最终效果图。

图5-37　效果图

【拓展知识】

瀑布图，又称阶梯图，通过巧妙的设置，使图表中数据点的排列形状看似瀑布悬空。瀑布图能够反映数据在不同时期或受不同因素影响的程度及结果，还可以直观地反映出数据的增减变化，非常有实用价值。

Excel2016 版新增加了瀑布图类型，但较低的版本还需要经过一定的数据处理，才能达到预期的效果。比如销售价格、成本、利润三者之间的关系就可以用瀑布图清晰地表达出来。

步骤1：准备占位数据。B 列占位数据头尾值为 0，需要从 B3 单元格开始计算占位数据，B3 单元格写入公式"=C\$2-SUM（C\$3:C3）"，向下复制到 B7，如图 5-38 所示。

步骤2：插入堆积柱形图。选择要创建图表的数据区域 A1:C8，单击"插入"→"图表"→"所有图表"→"柱状图"→"堆积柱形图"。

图5-38　准备占位数据

步骤3：隐藏占位数据系列图。选中占位数据系列的柱子，右击选择"设置数据系列格式"→"填充与线条"，将"填充"设置为"无填充"，"边框"设置为"无线条"。

步骤4：美化图表。删除网格线和图例，对字体、颜色等进行设置。如图 5-39 所示。

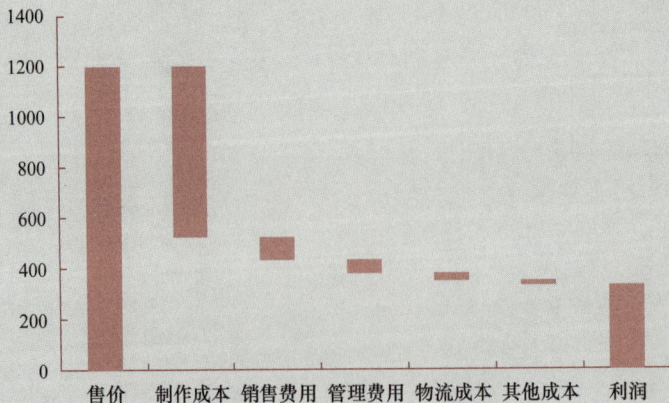

图5-39　瀑布图

以上瀑布图可以一目了然地展现基本的数据关系"售价－各项成本之和＝利润"，展示三者之间的演变过程。

瀑布图采用绝对值与相对值结合的方式，适用于表达数个特定数值之间的数量变化关系，最终展示一个累计值。

5.3　图表美化

一般而言，数据图表的制作应遵循"表达真实、风格简约、重点突出"的原则。图表设计需要很高的技巧，它是一门科学，也是一种艺术。

5.3.1　避免图表中常见的错误

缺乏理论和经验往往会设计出不完美的图表，从而使观者不明所以，甚至与自己想要表达的信息南辕北辙。需要结合各类图表的特性及表达的主题进行图表的制作，下面就Excel中常用的图表类型分别阐述。

1. 柱形图

柱形图在日常工作中很实用，比如在数据对比分析时就会经常用到，需要注意的地方如下：

（1）同一数据系列的柱子使用相同的颜色。

（2）柱形图的Y轴刻度无特殊原因需要从0开始。

（3）柱形图的X轴不要使用倾斜的标签，避免增加阅读难度。

（4）若比较分类项目时标签表述过长，导致重叠或倾斜，可改用条形图。

【例5-9】根据自己对图表制作原则的认识，说明图5-40主要存在的问题。

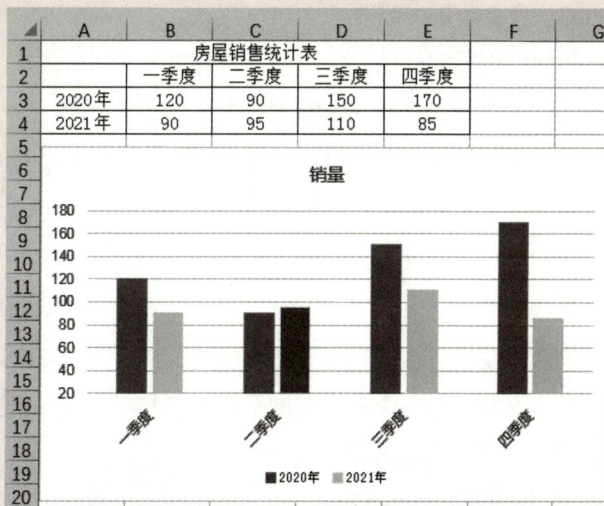

图5-40　房屋销售统计情况

2. 饼图

（1）饼图要按照时钟表盘的刻度，把数据从 12 点钟的位置顺时针由大到小排列，最重要的成分紧靠 12 点钟的位置。

（2）饼图的数据项不应太多，保持在 5 项以内。

（3）不要使用爆炸式的"饼图分离"。

（4）饼图不建议使用图例，可将标签直接标在扇区内或旁边。

（5）饼图尽量不使用 3D 效果，容易分散预期和扰乱数据。推荐使用白色的边框线，以具有较好的切割感。

【拓展知识】

"饼图分离"是指将扇区都分离开来，如图 5-41 所示。这种做法不但不美观，而且也不方便阅读。对于想要强调的扇区，可以单独分离出来。

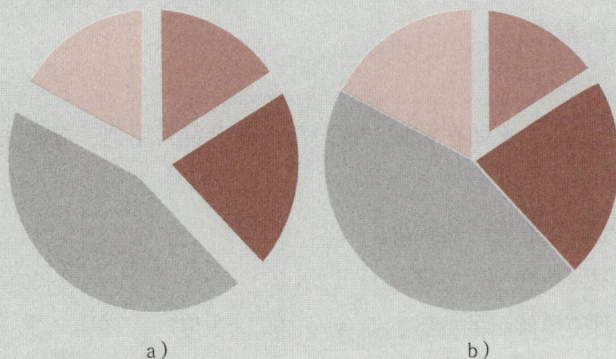

各类图表
适用场景

a)   b)

图 5-41   饼图分离

3. 条形图

条形图与柱形图的注意事项是类似的。

（1）同一数据序列使用相同的颜色。

（2）尽量将数据类目按字母、次数或数值大小排序，方便阅读。

（3）不要使用倾斜的标签。分类标签特别长时，可放在数据条之间的空白处。

（4）添加数据标签。

4. 折线图

使用折线图时的注意事项：

（1）折线图选用的线型要相对粗些，最好比网格线、坐标轴等突出。

（2）折线一般不超过 5 条，避免凌乱。数据系列过多时可以分开制图表。

（3）折线图 X 轴不要使用倾斜的标签。

（4）折线图 Y 轴刻度一般从 0 开始。

（5）折线图尽量用实线搭配合适的颜色，更容易彼此区分。虚线会让人分心。

【例5-10】某产品价格趋势图如图5-42所示。

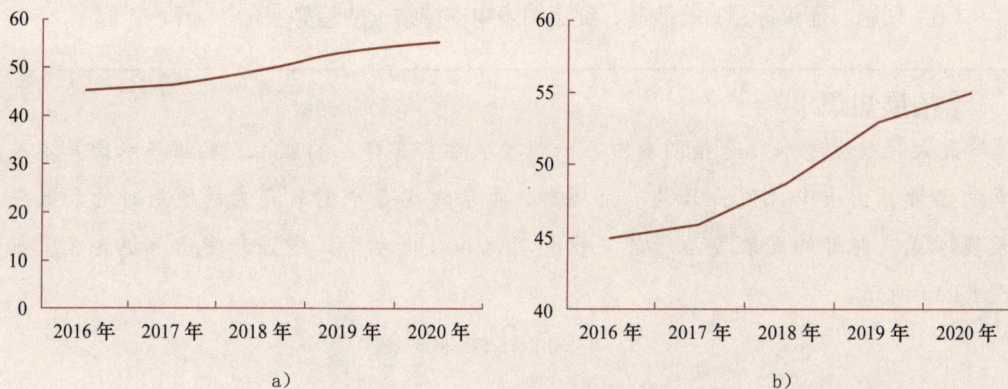

图5-42　某产品价格趋势图

图5-42a与图5-42b中该产品价格增幅完全一样，但是我们从图5-42a中看到的增长是缓慢的，而图5-42b给人的感觉却是价格在飞速增长，导致这种结果的原因是纵坐标轴的刻度取值区间不同。原来图5-42a中纵坐标总长度是60，而图5-42b中纵坐标总长度变为20，相当于纵向拉长了5倍。当然，得到的图形也大相径庭，读者一不小心就会被表象所欺骗。在实际应用中一定要避免这种"图表说谎"情况的发生。

【拓展知识】

不恰当的数据展示常导致远离数据的本质，是一种"图表说谎"的现象。产生"图表说谎"的可能操作有：图表拉伸，无特殊用途情况下图表的横纵轴比例为1:2～1:1，超出这个范围数据展示易产生误导；坐标轴刻度区间选择不当；逆序排列等。

5.3.2　美化图表的技巧

图表制作完成后，还需要对图表进行美化，使得所呈现的图表简约大方。我们可以依据好懂、好看、好做、好用四个标准对图表进行美化。

1. 好懂：简单实用，清晰准确

每类图表都有自己独特的表现力，好懂的图表应该符合以下几点：

（1）实用。不能形式大于内容，也不要用过于复杂的技巧去表达简单的趋势变化。

（2）极简。最大化数据墨水比，删除多余元素，减少重复元素，保留关键因素，增加必要因素。

（3）清晰。图表应层次分明，切忌混乱无序。

（4）唯一。一张图表尽量只表达一个观点，多个观点的话就分开阐述。

图表美化

（5）细节。通过设置图表细节引导读者视线和思路，如引导线、参考线（值线）、趋势线、标签等。

（6）切题。建议标题直抒胸臆，突出图表中支持结论的趋势变化。

【拓展知识】

最大化数据墨水比是指图表中每一滴墨水都要有存在的理由。数据墨水比并不是真的要计算出一个比例，只是一个观念，要求考虑每个图表元素的使用目的和最佳呈现方式，即好的图表要尽可能减少和弱化非数据元素，增强和突出数据元素，如图 5-43 所示。

本公司市场份额占据第二位

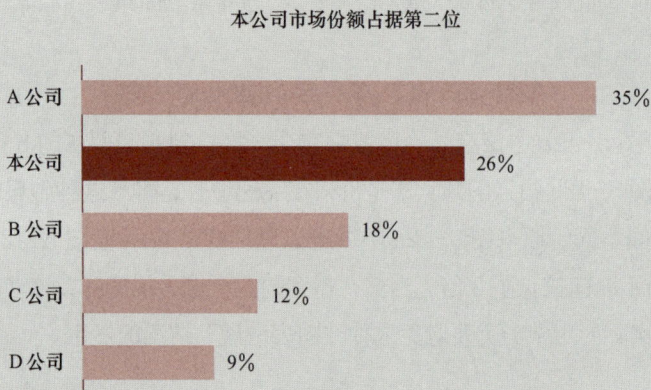

图5-43　最大化数据墨水比的条形图

想要最大化数据墨水比，可以从以下方面出发：

① 去掉不必要的背景填充色。

② 去掉无意义的颜色分类。

③ 去掉装饰性的渐变色、图片。

④ 去掉网格线、边框。

⑤ 去掉不必要的图例、坐标轴。

⑥ 以上不能去掉的元素就尽量淡化。

⑦ 对需强调的数据元素进行突出标识。

2. 好看：配色得体，风格统一

（1）数据匹配。同样的数据可以做成不同类型的图表，但恰当的图表类型才是数据的最佳拍档。图表要与数据类型、数据关系匹配才是好的选择。

（2）字体合适。一般情况下，图表中的中文字体推荐使用微软雅黑，数字和字母标注使用 Arial 字体更为美观。

（3）配色合理。合理的配色可以让图表大方、得体、专业、美观，集中读者的注意力，甚至化腐朽为神奇。建议在图表中使用同一色调的不同饱和度，保证配色协调、自然。此外，在表示强调和对比时可选用对比色，如深色和浅色、暖色和冷色。

（4）配色成体系。在一份研究报告之中，使用同一套主题色，上下一致，前后呼应。

（5）图表风格一致。数据分析报告由于对象、内容、时间、方法等情况的不同，可以分为多种形式的报告类型。选图表时不仅要选对风格，还要保持前后风格一致。

【拓展知识】

色调是指图像的相对明暗程度，在彩色图像上表现为颜色，在冷暖方面分为暖色调与冷色调。对于视觉而言，橙红、黄色、棕色以及红色一端的色系常与炽热、温暖、热情有关，所以将其称为暖色调。至于蓝、绿、紫色系则与平静、安逸、通透、凉快相关联，就将其称为冷色调。

对比指两种可以明显区分的色彩，如深色和浅色、冷色和暖色、亮色和暗色，可用于突出主题、内容或表现不同类别等。相似色指一个颜色在明度上的深浅变化（也就是同色系的颜色），如蓝色有深蓝、浅蓝等颜色，可用于表现类似、过渡的事物。

3. 好做：方便制作，容易套用

只选对的，不选复杂的，不要一味追求新颖、抓人眼球的图表。常见的柱形图、折线图、饼图等，套用数据后可以直接生成，再对图表元素做一些简单设置就可以了。

在 Excel 中有内置存放模板的操作，方便随时调用。例如选中如下饼图，单击鼠标右键，选择"另存为模板"，如图 5-44 所示。

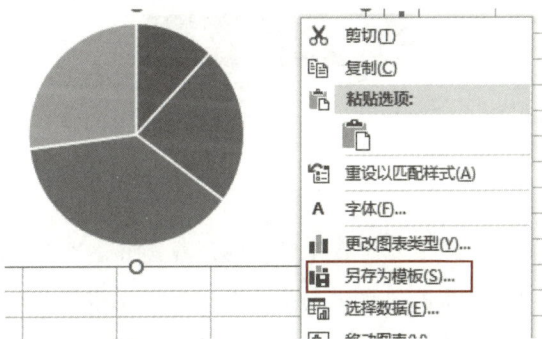

图5-44　保存饼图模板

4. 好用：开口说话，表达观点

好用的图表就是"会说话"的图表，可以跟读者交流，产生共鸣。图表开口说话的实现方法如下：

（1）采用直抒胸臆式的一句话图表标题。

（2）利用特殊技巧突出图表中支持结论的趋势变化，比如分色显示、划定特定区域、显示特定数据的标签等。

（3）丰富数据标签的内容。

（4）在坐标轴标签上增加解释性文字。

【例5-11】平均线图是"对比分析"的典型图例，可以用来对比图中各项目之间与平均线的差距。如图 5-45 所示。

2021年各省销售量完成情况

亿元

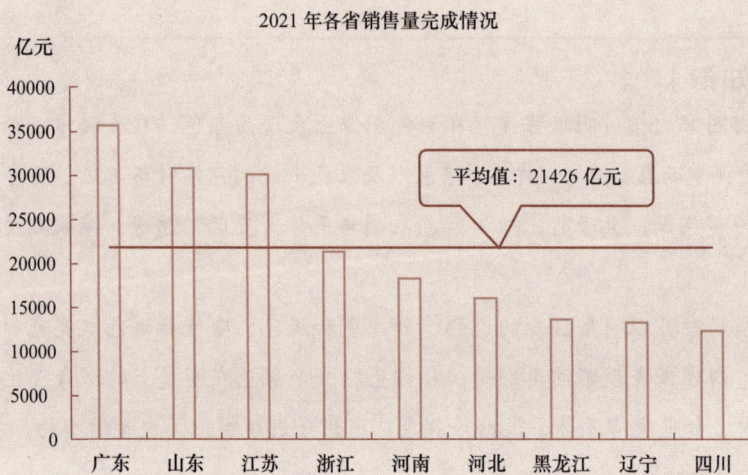

平均值：21426 亿元

图5-45　平均线图

数据展现的图表不在乎是简单还是复杂，只要能将隐藏的数据中存在的状态及其之间的关系揭示出来就可以。数据展现不仅仅是技术，还是一门艺术。不仅要熟悉图表结构，掌握图表基本操作，还要有创意、有审美、有钻研精神。

实战任务

任务 5-1

任务背景

分析商品价格区间，有助于明确店铺客户的消费喜好，进而对店铺上架商品的定价做出调整。小刘是一家女装品牌的运营人员，该店铺上线已经半年了，但对于店铺内的商品定价是否合理、客户的消费偏好在哪个价格区间，还需要进一步明确。小刘对店铺2021年7～12月的商品销量和销售额按照价格区间进行统计，分析不同商品价格区间的销售额占比。

任务分析

商品不同价格区间的销售额占比分析旨在展示数据的比较关系，在各种图表类型中，选择并制作合适的图表来进行商品价格区间分析，据此判断上架商品的定价是否合理以及目标客户的消费偏好。

任务操作

步骤1：数据获取。××店铺2021年7～12月销售统计表如表5-3所示。

表5-3　××店铺2021年7～12月销售统计表

价格区间（元）	销售量（件）	销售额（元）
50～100	42	3 358.00
110～160	91	13 206.00
170～220	153	28 880.00
230～280	65	17 510.00
290～340	28	8 790.00
350～400	16	6 186.00

步骤2：数据整理与求和。

步骤3：计算销售额占比。计算各个价格区间的销售额占总销售额的比例。

步骤4：制作合适的图表。

步骤5：商品价格区间分析。结合制作完成的图表，分析不同商品价格区间的销售额占比。

任务 5-2

任务背景

在运营过程中，企业需要及时总结上一年的销量变化，通过分析销量的变化趋势，找出其中存在的问题，并指导制定下一年的销售目标或生产量。临近年关，某小家电品牌线上店铺的运营主管计划制作年度数据报告，为了使报告结构清晰，并且直观展现其中的关键数据，主管统计2021年度每个季度的小家电销量，将2021年总销量与之前三年的销量分别进行比较，并选择合适的图表类型进行呈现。

任务分析

年度销量分析旨在展示销量随时间变化的趋势（上下波动、增长还是下降），据此判断企业的运营状况，预测发展趋势。在各种图表类型中，折线图相对来说比较适合展示数据的趋势关系。

任务操作

一、2021年各个季度销量折线图制作

2021年第1～4季度销量汇总如表5-4所示。

表5-4　2021年第1～4季度销量汇总　　（单位：台）

第1季度	第2季度	第3季度	第4季度
2 820	2 198	3 120	3 585

步骤1：数据获取。将获取到的数据添加到Excel工具中。

步骤2：制作折线图。

步骤3：插入趋势线。为了在图表中更清晰地显示2021年的总体趋势，需要插入线性趋势线。

步骤4：完善图表要素并进行美化。为制作的折线图补充图表要素，包括图表标题、图例、数据标签等，并结合图表美化的技巧，从数据墨水比最大化、颜色、数字格式等方面进行美化设计。

步骤5：年度销量分析。结合制作完成的折线图，对2021年度的销量进行分析。

二、2018～2021年销量增长率分析

2018～2021年销售量统计表如表5-5所示。

表5-5　2018～2021年销售量统计表　（单位：台）

年份	2018 年	2019 年	2020 年	2021 年
销售量	6 990	7 503	8 739	11 723

步骤1：数据获取。

步骤2：计算环比增长率。

步骤3：制作双Y轴折线图。

步骤4：完善图表要素并进行美化。

步骤5：销量增长率分析。结合制作完成的折线图，对2018～2021年度的销量及环比增长率进行分析。

模 块 小 结

本模块讲解了数据展现的相关内容，包括：图表的类型与组成、图表的一般操作；各类数据图表的制作步骤及应用案例，以及不同类型图表的适用场景；美化图表的技巧。数据展现是数据分析师用最简单的、易于理解的形式，把数据分析的结果呈现给决策者，帮助决策者理解数据所反映的规律和特性。

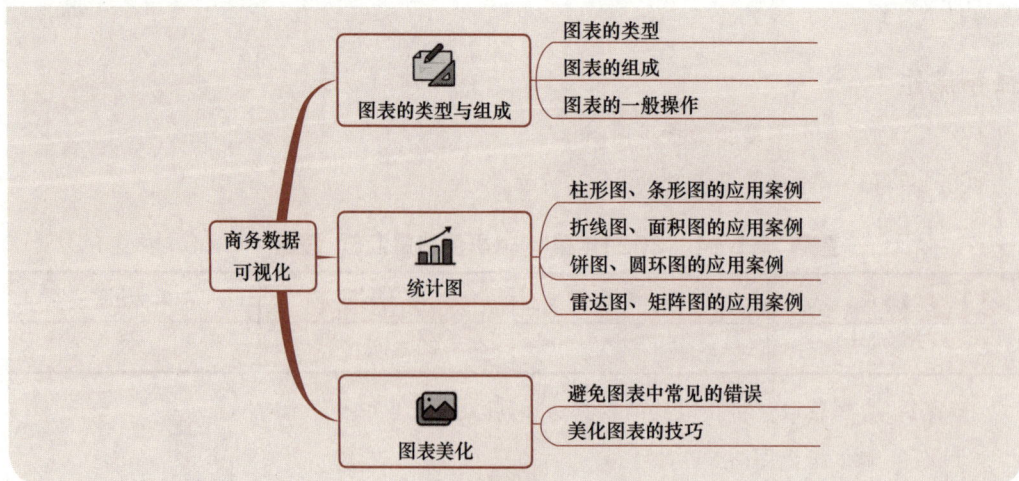

图表的类型与组成
- 图表的类型
- 图表的组成
- 图表的一般操作

商务数据可视化

统计图
- 柱形图、条形图的应用案例
- 折线图、面积图的应用案例
- 饼图、圆环图的应用案例
- 雷达图、矩阵图的应用案例

图表美化
- 避免图表中常见的错误
- 美化图表的技巧

案例在线

无形大数据的"有形"保护

淘宝公司开发运营的电商大数据平台"生意参谋",是在收集巨量原始数据基础上,以特定的算法深度分析过滤、提炼整合并经匿名化脱敏处理后形成的,用来帮助商家提高经营水平。

安徽××信息科技有限公司(以下简称××公司)系"××互助平台"的运营商,其以提供远程登录已订购涉案数据产品用户电脑技术服务的方式,招揽、组织、帮助他人获取涉案数据产品中的数据内容,从中牟利。淘宝公司认为,其对数据产品中的原始数据与衍生数据享有财产权,被诉行为恶意破坏其商业模式,构成不正当竞争,遂诉至法院。

2018年8月16日,杭州互联网法院认为,××公司搭便车的行为,未付出劳动创造,将涉案数据产品直接作为获取商业利益的工具,此种据他人劳动成果为己牟利的行为,明显有悖公认的商业道德,判处××公司立即停止涉案不正当竞争行为并赔偿淘宝公司经济损失(含合理费用)200万元。

这起案件是全国首例大数据产品不正当竞争案,它首次明确界定了网络运营者对其研发的大数据产品的独立财产性权益,体现了法律对大数据这类无形资产的"有形"保护。

当前,大数据产业已成为新一轮科技革命和产业变革中一个蓬勃兴起的新产业。本案判决确认平台运营者对其收集的原始数据有权依照其与网络用户的约定进行使用,对其研发的大数据产品享有独立的财产性权益,并妥善运用《反不正当竞争法》原则性条款对擅自利用他人大数据产品内容的行为予以规制,依法保护了研发者对大数据产品所享有的竞争优势和商业利益,也为大数据产业的发展营造了公平有序的竞争环境。

同步练习

一、单选题

1. 关于图表制作,下列说法正确的是(   )。

    A. 一张图表中可以囊括多条信息,方便理解

    B. 图表越复杂越好,可以吸引读者的兴趣

    C. 在图表的标题中应直接说明观点或者需要强调的重点信息,切中主题

    D. 好的图表要尽可能增强和突出数据元素和非数据元素

2. 现计划在图表中展现某店铺第三季度的销售额在全年销售额中的占比情况,适合选用(   )。

    A. 条形图   B. 雷达图   C. 饼图   D. 折线图

3. 下面属于图表中数据元素的是（　　　）。

    A. 填充色　　　　　B. 曲线　　　　　C. 网格线　　　　　D. 装饰性的图片

4. 现计划对某款羽绒服及其竞品从面料质量、填充物质量、保暖性、舒适性、价格5个维度进行比较，选用（　　　）较为合适。

    A. 矩阵图　　　　　B. 饼图　　　　　C. 柱形图　　　　　D. 雷达图

5. 下列行为不符合数据分析人员职业道德的是（　　　）。

    A. 实事求是，对企业统计数据不瞒报、不谎报

    B. 在制作图表时，改变呈现方式，人为缩小数据间的差异

    C. 未经允许不私自泄露任何非公开数据

    D. 参考、借鉴他人优秀的分析思路和方法

二、多选题

1. 下列关于散点图的优势表述错误的是（　　　）。

    A. 数据以点的形式展现，以显示变量间的相互关系或者影响程度

    B. 反映单项与单项、单项与多项的数据关系

    C. 可以清楚直观地看到页面上每一个区域的访客兴趣焦点

    D. 适合用来展示四维以上的数据

2. 图表制作完成后，还需要对图表进行美化，使得所呈现出来的图表简约大方，美化要点体现在（　　　）。

    A. 最大化数据墨水比　　　　　　　B. 选择合适的字体及数字格式

    C. 图表的色彩应柔和、自然、协调　　D. 图表中字体只能使用宋体或者微软雅黑

3. 若想要展现不同类别数据之间的占比构成，可选用哪种类型的图表进行展示（　　　）。

    A. 饼图　　　　　B. 散点图　　　　　C. 堆积柱形图　　　　　D. 雷达图

4. 图表的目的在于更清晰地表现和传递数据中的信息，在制作图表的过程中，需要注意的事项有（　　　）。

    A. 图表信息完整

    B. 图表的主题应明确，在标题中清晰体现

    C. 图表需尽可能美观，背景图、网格线、填充色都要添加

    D. 避免生成无意义的图表

5. 关于图表的数据墨水比最大化，下列表述正确的是（　　　）。

    A. 想要图表的数据墨水比最大化，可去除所有不必要的非数据元素

    B. 图表的数据墨水比有严格的搭配比例

    C. 好的图表要尽可能将墨水用在数据元素上，而不是非数据元素上

    D. 不要在一幅图表中放置太多的数据系列，只抽取关键的、重要的数据放入图表

三、判断题

1. 在所有情境下，图表一定比表格更能有效传递信息。　　　　　（　　）

2. 如果想表达数据的占比构成，如"份额""百分比"等，可以用饼图、堆积柱形图、瀑布图、漏斗图。　　　　　（　　）

3. 柱形图延伸出的堆积柱形图不仅可以直观地展示出每个系列的值，还能够反映系列的总和。　　　　　（　　）

4. 雷达图仅适用于四维数据，且每个维度必须可以排序。　　　　　（　　）

5. 图表中的标题属于数据元素，曲线属于非数据元素。　　　　　（　　）

四、案例分析题

1. 表5-6是4个汽车制造商5年的汽车产量数据。

表5-6　4个汽车制造商5年的汽车产量

（单位：百万辆）

制　造　商	第1年	第2年	第3年	第4年	第5年
A	8.97	9.35	8.28	6.46	8.48
B	8.04	8.53	9.24	7.23	8.56
C	5.68	6.27	6.44	6.07	7.34
D	2.51	2.62	2.78	4.65	5.76

要求：

（1）根据上述资料，绘制折线图，说说能得出什么样的结论。

（2）根据上述资料，绘制簇状条形图，并做出简要的分析。

2. 2021年的4月23日世界读书日，光明日报社联合腾讯公司和京东集团成立的"思想文化大数据实验室"，推出首款大数据《从阅读指数看城市气质》，首次对全国300多个城市阅读情况进行分析，全方位、多维度呈现了不同城市读者的阅读状况及城市气质，其主要数据来源为京东的图书销量数据和腾讯阅文的在线阅读数据。

要求：

（1）京东纸质图书销售、腾讯阅文在线阅读在不同年龄段的情况比较，如表5-7所示。

表5-7　京东纸书与腾讯阅文在不同年龄段的情况比较

年　　龄	京 东 纸 书	腾 讯 阅 文
16～25岁	20%	59%
26～35岁	44%	28%
36～45岁	30%	9%
46～55岁	4%	3%
56岁以上	2%	1%

请建立合适的图表，统计各年龄段购买纸质图书和在线阅读情况，并结合图表进行分析评价。

（2）根据表5-8提供的京东图书各月占全年的销售率数据制作图表，反映京东图书销售变化趋势。对制作的图表进行美化加工，突出重点，从而快速获取信息。

■ 表5-8　京东图书各月占全年的销售率数据 ■

月　份	月销售率	月　份	月销售率
1月	6.0%	7月	8.2%
2月	8.7%	8月	7.0%
3月	7.8%	9月	10.7%
4月	6.2%	10月	8.2%
5月	7.9%	11月	10.7%
6月	10.5%	12月	8.1%

3. 某店铺的运营人员对售后环节出现纠纷的原因进行了统计分析，并选用饼图进行展现，如图5-46所示。

出现纠纷原因	客服态度	物流太慢	宝贝包装磨损严重	宝贝质量问题	尺码有偏差	其他
纠纷率	32.6%	20.3%	17.8%	7.8%	13.7%	7.8%

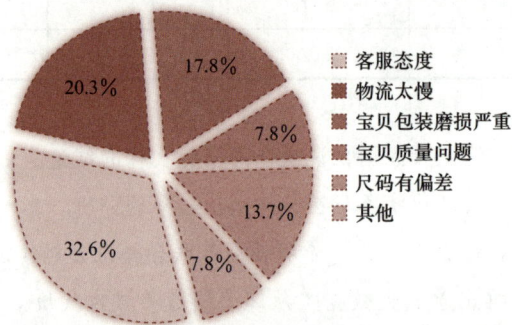

■ 图5-46　售后环节出现纠纷的原因 ■

要求：

（1）领导看后十分不满，要求运营人员重新制作图表，请协助运营人员分析图表中存在的问题并进行美化。

（2）针对售后环节纠纷率高的情况提出优化建议。

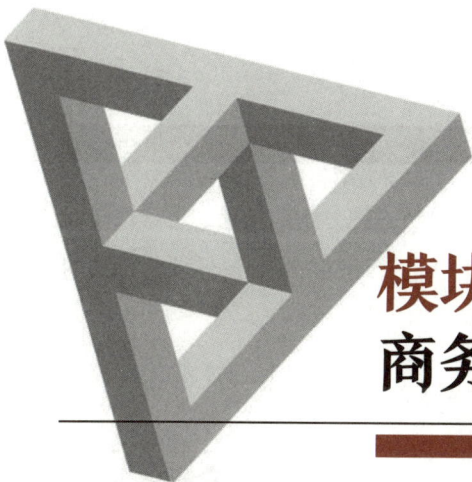

模块6
商务数据分析报告

学习目标

知识目标

◆ 能熟悉数据分析报告写作原则

◆ 了解报告的结构

技能目标

◆ 能设计数据分析报告框架

◆ 独立完成数据分析报告的撰写

引导案例

　　小王是一名初入职场的数据分析专业毕业生，他刚刚被某科技有限公司录用为数据分析专员。

　　一天，老板找到小王，他说："小王，你刚进公司不久，需要尽快熟悉公司的业务。我给你一份数据，你好好研究分析一下，下周给我一份数据分析报告。"

　　接到任务，小王心里十分紧张，这可是进入公司的第一个任务，一定要好好表现！于是他认真地观看了老板以前做过的数据分析教学视频，还在网上查阅了很多相关资料。

【引入问题】

1. 该案例中数据分析报告的作用是什么？

2. 该案例中数据分析报告的撰写需要哪几个步骤？

　　商务数据分析报告的撰写是商务数据分析工作必不可少的环节之一，任何项目都需要在围绕数据分析报告目标的基础上，对数据进行整理、分析并提炼要点，最后形成一份有指导意义、易读且美观的数据分析报告。

6.1　商务数据分析报告基础认知

数据分析报告是通过对整个项目数据全方位的科学分析，把分析的结果、可行性建议以及其他有价值的信息传递给决策者，为决策者提供科学、严谨的依据，降低项目投资的风险。

6.1.1　商务数据分析报告的作用

商务数据分析报告实质上是一种沟通与交流的形式，主要目的在于将分析结果、可行性建议以及其他有价值的信息传递给决策者。它需要对数据进行适当的包装，让决策者能对结果做出正确的理解与判断，并可以根据其做出有针对性、操作性、战略性的决策。

商务数据分析报告主要有三个方面的作用，即展示分析结果、验证分析质量，以及为决策者提供参考依据。

1．展示分析结果

商务数据分析报告以某种特定的形式将数据分析结果呈现给决策者，使其能够迅速理解所研究问题的基本情况、结论与建议等内容。

2．验证分析质量

通过数据分析报告中对数据方法的描述、对数据结果的处理与分析等几个方面来检验数据分析的质量，并让决策者能够感受到整个数据分析过程是科学并且严谨的。

3．提供参考依据

虽然做数据分析的人往往是没有决策权的工作人员，但分析报告的结论与建议将会被决策者重点阅读，为决策者做出最终决策提供参考依据。

【想一想】
商务数据分析报告撰写需要掌握哪些写作原则呢？

6.1.2　商务数据分析报告的写作原则

一份完整的商务数据分析报告，应当围绕目标确定范围，遵循一定的前提和原则，系统地反映项目数据分析的全貌，从而推动整个项目的进一步发展。因此，一份好的数据分析报告应遵循以下几个原则，如图 6-1 所示。

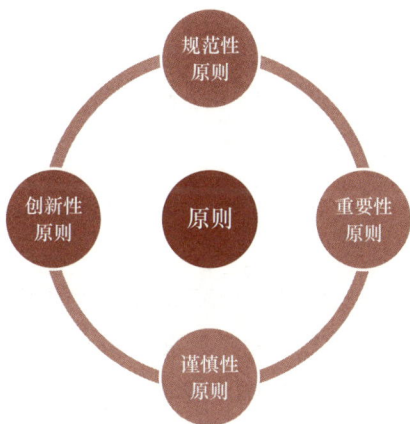

图6-1　数据分析报告的写作原则

1. 规范性原则

数据分析报告中所使用的名词术语要规范，标准统一，前后一致，要与业内公认的术语一致。

2. 重要性原则

数据分析报告要体现项目分析的重点，在各项数据分析中，应根据分析目标重点选取关键指标，构建相关模型，科学专业地进行分析。此外，针对同一类问题，其分析结果也应当按照问题重要性的高低来分级阐述。

3. 谨慎性原则

数据分析报告的编制过程一定要谨慎，基础数据必须真实完整，分析过程必须科学合理全面，分析结果要可靠，报告内容要实事求是。

4. 创新性原则

数据分析报告要适时引入一些新的分析方法、研究模型，要有一定的前瞻性、操作性、预见性。

总之，无论数据收集的过程多么科学，数据分析的方法多么高深，数据处理多么先进，如果不能将它们有效地组织展示出来，并与决策者进行沟通交流，就无法向决策者提供一个令人满意的答案，所以，写好数据分析报告非常重要。

【案例阅读】

张丽经常去家附近的一家蛋糕店，因此跟店主非常熟，店主对她也非常了解。在张丽进店铺之前，店主就会把她想要买的蛋糕准备好；当张丽准备付钱时，店主会提醒张丽预订蛋糕，因为下个月就是她妈妈的生日。由于张丽已经在这家店得到了很好的"个性化服务"，因此她也就不会想再去其他蛋糕店购物。大数据的兴起为根据顾客的喜好提供出色的个性化服务提供了依据，数据分析报告为营建这种客户关系提供了支持。

6.1.3　商务数据分析报告的种类

由于数据分析报告的对象、内容、时间、方法等不同，因而存在着不同形式的报告类型。我们常用的几种数据分析报告有专题分析报告、综合分析报告、日常运营报告等。

数据分析报告
的种类

1. 专题分析报告

专题分析报告是对社会经济现象的某一方面或某一个问题进行专门研究的一种数据分析报告，它的主要作用是为决策者制定某项政策、解决某个问题提供决策参考和依据。专题分析报告具有以下两个特点。

（1）单一性。专题分析报告不要求反映事物的全貌，主要针对某一方面或某一个问题进行分析，如用户流失分析、提升用户消费分析、提升企业利润率分析等。

（2）深入性。由于专题分析报告内容单一，重点突出，因此便于集中精力抓住主要问题进行深入分析。它不仅要对问题进行具体描述，还要对引起问题的原因进行分析，并且提出切实可行的解决办法。这就要求对公司业务的认知要有一定的深度，由感性上升至理性，切忌蜻蜓点水，泛泛而谈。

2. 综合分析报告

综合分析报告是全面评价一个地区、单位、部门业务或其他方面发展情况的一种数据分析报告，如世界人口发展报告、全国经济发展报告、某某企业运营分析报告等。综合分析报告具有以下两个特点。

（1）全面性。综合分析报告反映的对象，无论是一个地区、一个部门还是一个单位，都必须以这个地区、这个部门、这个单位为分析总体，站在全局的高度，反映总体特征，做出总体评价，得出总体认识。在分析总体现象时，必须全面、综合地反映对象各个方面的情况。

（2）联系性。综合分析报告要把互相关联的一些现象、问题综合起来进行全面系统的分析。这种综合分析不是对全面资料的简单罗列，而是在系统地分析指标体系的基础上，考察现象之间的内部联系和外部联系。这种联系的重点是比例关系和平衡关系，分析研究它们的发展是否协调，是否适应。因此，从宏观角度反映指标之间关系的数据分析报告一般属于综合分析报告。

3. 日常运营报告

日常运营报告（又称日常数据通报）是以定期数据分析报表为依据，反映计划执行情况，并分析影响和形成原因的一种数据分析报告。这种数据分析报告一般是按日、周、月、季、年等时间阶段定期进行，所以也叫定期分析报告。

日常运营报告可以是专题性的，也可以是综合性的。这种分析报告的应用十分广泛，各个企业、部门都在使用。日常运营报告具有以下三个特点。

（1）进度性。由于日常运营报告主要反映计划的执行情况，因此必须把计划执行的进度与时间的进展结合起来分析，观察比较两者是否一致，从而判断计划完成的好坏。为此，需要进行一些必要的计算，通过一些绝对数和相对数据指标来突出进度。

（2）规范性。日常运营报告基本上成了数据分析部门的例行报告，定时向决策者提供。所以这种分析报告就形成了比较规范的结构形式。日常运营报告一般包括以下几个基本部分：反映计划执行的基本情况，分析完成或未完成的原因，总结计划执行中的成绩和经验，找出存在的问题，提出措施和建议。这种分析报告的标题也比较规范，一般变化不大，有时为了保持连续性，标题只变动一下时间，如"××月××日业务发展通报"。

（3）时效性。日常运营报告的性质和任务决定了它是时效性较强的一种分析报告。只有及时提供业务发展过程中的各种信息，才能帮助决策者掌握企业经营的主动权，否则将会丧失良机，贻误工作。对大多数公司而言，这些报告主要通过微软 Office 中的 Word、Excel 和 PowerPoint 系列软件来表现。这三种软件各有优劣势，具体内容如表6-1所示。

表6-1　三种软件制作报告的优劣势对比

项目	软件名称		
	Word	Excel	PowerPoint
优势	易于排版； 可以装订成册	可含有动态图表； 结果可实时更新； 交互性更强	可加入丰富的元素； 适合演示汇报； 增强展示效果
劣势	缺乏交互感； 不适合演示汇报	不适合演示汇报	不适合大篇文字
适用范围	综合分析报告； 专题分析报告； 日常数据通报	日常数据通报	综合分析报告； 专题分析报告

6.1.4　商务数据分析报告的结构

商务数据分析报告是项目的结果展示，是数据分析结果的有效承载形式。一份思路清晰、言简意赅的数据分析报告能直戳问题痛点，提高沟通效率。通常情况下数据分析报告的结构主要包括引入、正文、结论三大部分，如图6-2所示。

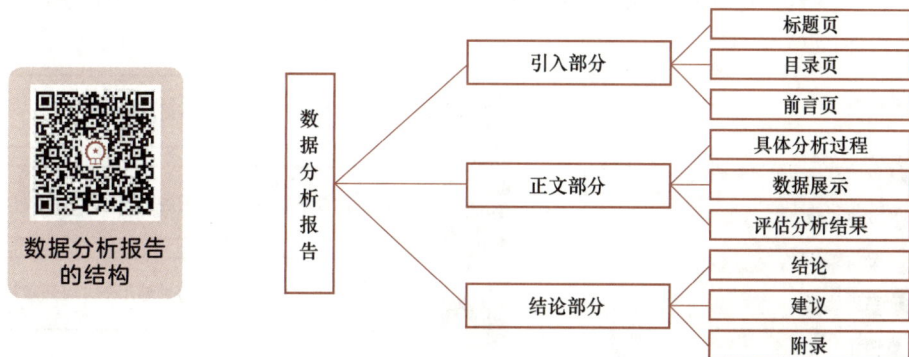

数据分析报告
的结构

数据分析报告
- 引入部分
  - 标题页
  - 目录页
  - 前言页
- 正文部分
  - 具体分析过程
  - 数据展示
  - 评估分析结果
- 结论部分
  - 结论
  - 建议
  - 附录

图6-2　数据分析报告的结构

1. 引入部分

引入部分主要包括标题页、目录页、前言页。

（1）标题页。标题页一般要写明报告标题、数据来源、呈现日期等内容。报告标题要精简干练，抓住阅读者的兴趣，根据版面的要求在一两行内完成。

1）标题常用类型。

① 解释基本观点。这类标题往往用观点句来表示，点明数据分析报告的基本观点，如"数据分析师在 AI 大环境下需求直线上升""MOOC 是高等教育发展重要方向"等。

② 概括主要内容。这类标题着重用数据说话，概括分析报告的主要内容，让阅读者抓住中心，如"×× 公司网站流量增长 20%""2019 年公司业务运营情况良好"等。

③ 交代分析主题。这类标题主要反映分析的对象、范围、时间和内容等情况，并不点明分析师的看法和主张，如"网络营销效果分析报告""2018 年 ×× 公司销售额分析"等。

④ 提出问题。这里标题以设问的方式提出报告所要分析的问题，引起阅读者的注意和思考，如"客户转化率为什么下降""数据分析师的职业生涯规划在哪里"等。

2）标题制作要求。标题制作要做到直接、确切、简洁，力求新鲜活泼、独具特色。由于数据分析报告是一种应用性较强的文体，它直接用来为决策者的决策和管理服务，因此标题必须用毫不含糊的语言，直截了当、开门见山地表达基本观点，让读者一看标题就能明白数据分析报告的基本精神，加快对报告内容的理解；标题的撰写要做到文题相符、宽窄适度，恰如其分地表现分析报告的内容和对象的特点；还需要注意的是，标题要直接反映出数据分析报告的主要内容和基本精神，就必须具有高度的概括性，用较少的文字集中、准确、简洁地进行表述；同时标题还应具有一定的艺术性，可以抓住数据分析对象的特征展开联想，适当运用修辞手法给予突出和强调。

（2）目录页。目录页是数据分析报告中各部分内容索引和附录的顺序提要，帮助阅读者快速了解报告的整体结构，并能根据喜好，快速定位到自己感兴趣的部分。目录页需要清晰地体现出数据分析报告的分析思路，但是目录页也不要太过详细，应小于三级，过多的层级会让人感觉冗长耗时、眼花缭乱。报告撰写人如果在 Word 中展示报告，需要在章节名称后面加上对应的页码，对于比较重要的二级目录，也可以将其列出来。PPT 目录页如图 6-3 所示。

（3）前言页。前言页包括数据分析的背景、目的、思路等内容，可从这三个方面进行概括，如图 6-4 所示。

图 6-3　PPT 目录页

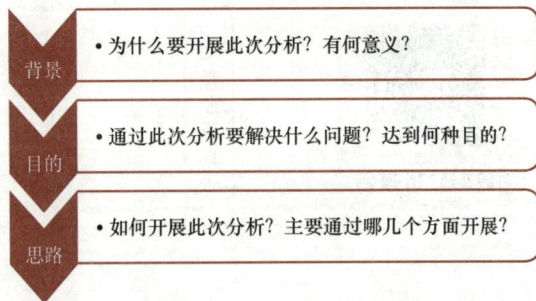

图 6-4　前言页

分析背景主要说明此项分析报告的背景和意义，分析目的展示分析报告要达成的目标，分析思路展示数据分析报告的内容和指标。撰写数据分析报告有时可将研究背景和目的合二为一，数据分析报告目的越明确，针对性就越强，也就越有指导意义。前言是分析报告的重要组成部分，前言的写作一定要经过深思熟虑，前言内容是否正确，对最终报告是否能解决业务问题，能否给决策者提供有效依据起决定性的作用。

2. 正文部分

正文部分主要包括具体分析过程、数据展示、评估分析结果。正文部分是一篇数据分析报告的核心部分，必须与分析思路相结合，要以严谨科学的论证，确保观点的合理性和真实性；正文部分要以图文并茂的方式将数据分析过程与分析结果进行展示，不仅需要美观，还需要统一，不要加入太多的样式，否则会给人留下不严谨的感觉。

正文部分是通过展开论题对论点进行分析论证，表达报告撰写者的见解和研究成果的核心部分，因此正文占分析报告的绝大部分篇幅；正文部分在撰写过程中要一步一步得出结论，给出观点，思路最好不要出现跳跃的地方；数据的结论一定要从数据中得出来，要严谨地切合数据分析的主题；报告中的分析方法和术语要及时解释，便于各类阅读者查看。

3. 结论部分

结论部分主要包括结论、建议、附录。数据分析报告的结论是以数据分析结果为依据得出的分析结果，作为决策者在决策时重要的参考依据，结论应该措辞严谨、准确、鲜明，与正文紧密衔接，与前言相呼应，使分析报告首尾呼应，通常以综述性文字来说明。建议是根据数据分析结论对企业或业务等所面临的问题而提出的改进方法，建议主要关注在保持优势及改进劣势等方面。附录并不是必备的，需要根据需求进行撰写。一般来说，在附录中补充正文应用到的分析方法、展示图形、专业术语、重要原始数据、地图等内容，每个内容都需要有编号，以备查询。

6.1.5　撰写商务数据分析报告时的注意事项

一份数据分析报告的价值，并不取决于其篇幅的长短，而在于其内容是否丰富，结构是否清晰，是否有效反映业务真相，提出的建议是否可行。因此在撰写数据分析报告时，要注意以下事项。

1. 分析报告要有逻辑性

分析报告通常要遵循"发现问题—总结问题—解决问题"这样一个流程来写，如果报告的分析过程逻辑混乱，各章节界限不清晰，没有按照业务逻辑或内在联系有条理地论证，那么报告阅读者就无法从中得出有用的决策依据。

2. 分析报告要有正确性

分析报告的数据来源一定要正确，没有正确的数据来源，就不能确保分析结果的正确。此外，对事实的分析和说明也必须遵从科学、实事求是的做法，符合客观事物的本来面目。

一定要保持中立的态度，不要加入自己的主观意见。

3. 分析报告要有可读性

分析报告的价值主要在于提供给决策者所需要的信息，并且这些信息能够解决他们的问题。换句话说，就是分析报告要满足决策者的需求。因此，要考虑数据分析报告阅读者是谁、他们最关心什么，必须站在阅读者的角度去写分析报告。

4. 分析报告要有合理性

分析报告不仅要能基于数据来分析问题，图文并茂，还应该紧密结合公司的具体业务提出可行性建议，因此分析结果需要与分析目的紧密结合起来，切忌远离目标的结论和不现实的建议，否则将是纸上谈兵，脱离实际。

【拓展知识】

1952年8月7日，为了适应社会主义经济建设的需要，中央人民政府决定成立中华人民共和国国家统计局（http://www.stats.gov.cn/）。国家统计局是国务院直属机构，主管全国统计和国民经济核算工作，拟定统计工作法规、统计改革和统计现代化建设规划以及国家统计调查计划，组织领导和监督检查各地区、各部门的统计和国民经济核算工作，监督检查统计法律法规的实施。

中国互联网络信息中心（http://www.cnnic.net.cn/）是经国家主管部门批准，于1997年6月3日组建的管理和服务机构，行使国家互联网络信息中心的职责。

艾瑞集团（https://group.iresearch.com.cn/）成立于2002年，共有艾瑞咨询、艾瑞数据与艾瑞资本三项核心业务。集团总部位于北京、上海两地，业务覆盖超过20个行业，服务客户超过2 000家企业。艾瑞咨询集团以"汇聚智慧 成就价值"为理念，为用户提供创新性的产品服务，是一家具有强动态竞争力、为企业提供商业决策服务的企业。

亿邦动力网（http://www.ebrun.com/）是国内具有影响力的电子商务及产业数字化知识服务平台，围绕产业互联网、B2C、B2B、跨境电商、移动电商、电商服务、电商资本、电商政策等领域与方向，提供电商资讯、电商案例、电商数据、电商研究、电商会议、电商战略咨询等业务。

阿里研究院（http://www.aliresearch.com）是依托阿里巴巴集团海量数据、深耕小企业前沿案例、集结全球商业智慧，以开放、合作、共建、共创的方式打造的具有影响力的新商业知识平台。阿里研究院与业界顶尖学者、机构紧密合作，聚焦电子商务生态、产业升级、宏观经济等研究领域，共同推出aSPI-core、aSPI、aEDI、aCCI、aBAI及数据地图等多个创新性数据产品、大量优秀信息经济领域研究报告，以及数千个经典小企业案例。

6.2　商务数据分析案例解析

> **↘ 案例背景**
>
> ×铭公司是集销售和服务于一体的手机经销商，已经在32个城市开设实体店，并配备了完善的渠道营销网络和售后服务分支机构，为客户带来了高质量、高性能的手机及其配件。为了顺应潮流，公司准备在淘宝上销售产品，服务更多的客户。

6.2.1　明确目的与思路

确定分析目的主要是为了明确分析能带来何种效果，可以解决什么问题。案例中 ×铭公司需要提供的决策建议重点在于：哪类手机更有利于在淘宝网销售？由于相关决策建议涉及商品类目与平台，因此要同时对产品和行业的数据进行分析。

分析思路用来指导我们如何进行一个完整的分析过程，即确定需要分析的内容或者指标。这是很多人困惑的地方，不知道该从哪个点入手。只有在相关的理论指导下，才能确保数据分析维度的完整性，分析结果的有效性和正确性。此处需要注意的是，目的越明确，针对性就越强，也就越有指导意义，否则数据报告就会失去生命力。案例中商品类目的选择，要考虑不同子行业的市场容量、品牌、卖家等竞争因素，还要考虑买家的偏好等多方面因素。

6.2.2　数据收集与处理

当明确了分析目的，也确定了需要收集的指标和时间，那么接下来就需要进行数据收集。数据分析的方向有很多种，同样收集的方式其实也是多变的。譬如对于店铺的数据收集、店铺产品的收集，最实用的方式就是通过生意参谋查看和下载。生意参谋的"取数"功能，就有上百个指标维度（针对店铺的、商品的），可以提供给我们去选择和排序，再选择好时间周期（日、周、月），系统就能自动生成报表并提供给我们下载。当然，自己店铺的指标数据是可以免费下载的，而如果我们分析的是同行数据或者竞品数据，就需要购买生意参谋付费功能。

除了付费的数据下载，我们也可以根据情况进行手动数据记录，譬如销量排名分析、评价分析、属性分析等，都可以简单地进行人工手动记录，但数据不一定精准，可以作为参考。

案例中 ×铭公司网店的开设平台是淘宝，可以通过生意参谋中的模块查看和分析相关数据，另一方面可以运用 Excel 进行相关数据的统计处理，如图6-5所示。

屏幕大小	商品名称	销量	价格	在卖商家数
超大屏6.01"	摩托罗拉 Moto Z	215	3999	共有13商家在售
大屏5.7"	中兴 Blade V9	296	999	共有13商家在售
30万像素	泰美利 S8	694	171	共有13商家在售
大屏5.99"	海信 哈利	40	1299	共有21商家在售
大屏5.5"	华硕 灵智S	64	999	共有9商家在售
大屏5.8"	惠族 X	4377	495	共有17商家在售
30万像素	酷和 T99	2276	144	共有59商家在售
大屏6.0"	摩托罗拉 e5plus	39	1625	共有8商家在售
中屏5.2"	荣耀 荣耀7	1725	455	共有146商家在售
大屏5.5"	欧博信 V8	47	296	共有65商家在售
大屏5.5"	OPSSON R11s Plu	243	469	共有65商家在售
中屏5.3"	凌鹰 A8	444	502	共有22商家在售
小屏2.0"	百合 C21	396	99	共有23商家在售
小屏2.4"	邦华 A9	6	173	共有9商家在售
小屏3.0"	天科讯 M2	7	224	共有5商家在售
中屏5.0"	捷语 亚奥星6000	4	571	共有8商家在售
大屏5.5"	vivo Y37	73	670	共有41商家在售
小屏2.31"	守护宝 L630	3021	164	共有2商家在售
中屏5.2"	摩托罗拉 Moto X	36	376	共有15商家在售
大屏5.5"	酷派 锋尚MAX	76	608	共有55商家在售
小屏3.0"	索尼爱立信 U10	41	265	共有13商家在售
大屏5.5"	三星 Galaxy On7(	163	431	共有25商家在售

图6-5 采集数据（部分）

6.2.3 数据分析与展现

当指标数据采集并处理好之后，便可以按照数据分析思维进行分析，汇总数据如图6-6所示。

屏幕大小	销量		卖家数	销量
超大屏	344675		1-10	386697
大屏	619346		11-20	553297
小屏	159009		21-30	240629
中屏	352214		31-40	3460
总计	1475244		41-50	51614
			51-60	100442
价格	销量		61-70	46535
37-2036	986432		101-110	4532
2037-4036	269489		111-120	3592
4037-6036	128851		141-150	57955
6037-8036	89590		总计	1448753
8037-10036	881			
32037-34036	1			
总计	1475244			
商品型号	销量			
华为Mate40 Pro	47559			
红米K30	49474			
红米Note9 4G	56804			
红米10X	64577			
iPhone12 Pro MAX	76659			
红米Note9 Pro	85804			
红米9A	86173			
iPhone12	89212			
小米11	96306			
iPhone11	104803			
总计	757371			

图6-6 汇总数据

对整理好的数据，进行数据可视化处理，如图6-7所示。

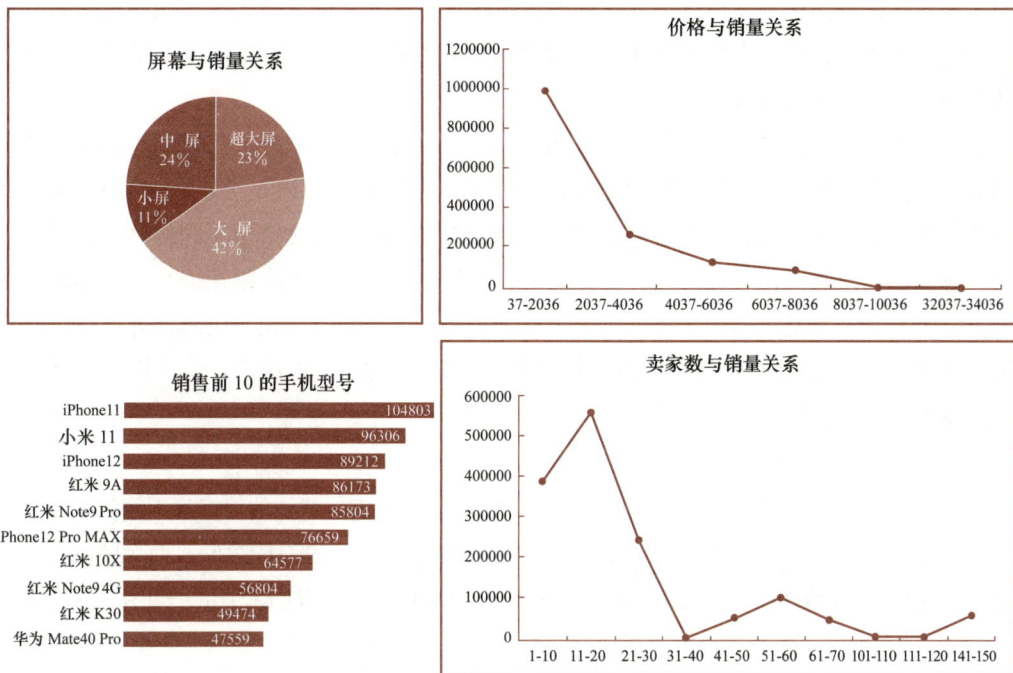

屏幕与销量关系

中屏 24%
超大屏 23%
小屏 11%
大屏 42%

价格与销量关系

销售前10的手机型号

iPhone11	104803
小米 11	96306
iPhone12	89212
红米 9A	86173
红米 Note9 Pro	85804
iPhone12 Pro MAX	76659
红米 10X	64577
红米 Note9 4G	56804
红米 K30	49474
华为 Mate40 Pro	47559

卖家数与销量关系

图6-7 数据展示

6.2.4 结论建议

通过以上的数据分析，得出结论：中大屏手机销量最高，超大屏手机并非受人追捧，主要由于手机屏幕超过6寸以上单手没法操作；价格与销量成反比趋势，2 000元以下手机性价比最高，也是顾客最能接受的价格；销量前三的品牌为小米、苹果、华为，其中小米占据了58%的席位，成为性价比之王；卖家数与销量不成比例，其中11～20家卖家数的商品销量最好，说明11～20家卖家属于最适宜的卖家比例。

综上所述，建议2000元左右、大屏手机、卖家数处于11～20家的手机很大概率有很好的销量。

【例6-1】 数据分析报告

某化妆品公司希望开拓彩妆市场，重点产品为口红，通过调查分析，制作数据分析报告。

步骤1：口红市场发展行情

口红市场规模快速扩张的根基离不开日益庞大的消费群体。阿里巴巴的商业数字营销中台阿里妈妈在其首届M营销峰会上发布的数据显示，2019年，在彩妆领域，男性用户成交增速超过整体增速2.2倍。在口红这个单品上，男性用户通常愿意花费女性三倍的价格进行购物。

iiMedia Research(艾媒咨询)发布的《2021年中国化妆品用户调研与发展预判研究报告》显示，国内化妆品市场仍由女性群体主导；男性消费群体对化妆品的购买意愿及接受价位有所提高，男性市场的整体消费水平具有更大的上升空间；不同年龄群体的护肤消费品类不同，口红消费有低龄化趋势。

消费者频繁使用的六大类彩妆中，除了口红的主要消费群体集中在26～30岁之外，其他五个品类的主要消费者皆为31～40岁群体。其原因在于26～30岁人群不满足于单一的彩妆颜色，部分人群甚至会针对不同的打扮风格和出席场合搭配不同的色号，因此在口红方面的需求和支出方面较高。相比品牌，口红品类扩张更令人眼花缭乱，唇部彩妆成为第二大彩妆消费品。口红按质地可分为唇膏、唇釉、唇彩、唇蜜、染唇液等，按妆效可分为哑光、珠光、丝绒等，按功效可分为遮瑕、修护、滋润、提亮等。除此以外，基于人们健康的关注，出现了有机口红。

步骤2：数据分析

口红的价格定位在100元到300元是一个方向，不同定位口红的价格都不同，低端品牌的口红价格一般在100元以内，中端品牌的口红价格在100～250元之间，而大牌口红的价格一般在250～350元之间。在坚守品牌文化和品质的同时也可以扩大销量，如图6-8所示。

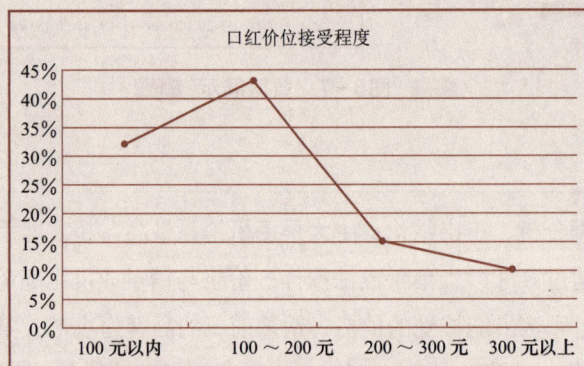

图6-8　口红价位接受程度

在调查情况反馈中，影响客户选择最多的是对于口红颜色的选择以及口红对客户健康的影响，如图6-9所示。

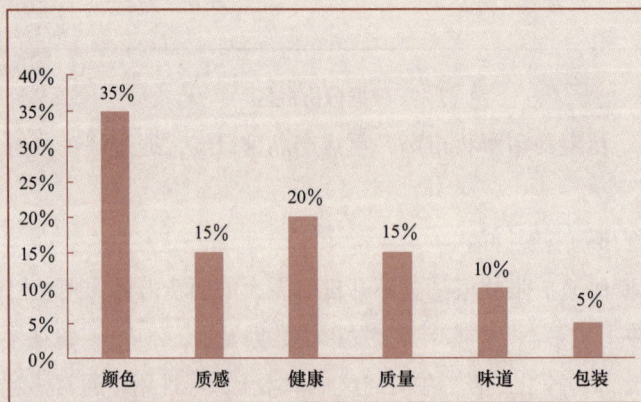

图6-9　口红品质选择

建议：推出更多的适合消费者的色号以及具有文化色彩的包装系列，彩妆口红要采用健康原料，打消消费者顾虑，让美丽与健康同在。

对于口红材质的接受程度，客户更愿意接受天然植物萃取精华含量高的产品，充分证明彩妆口红的原料应偏向天然、绿色，抓住消费者心理，如图6-10所示。

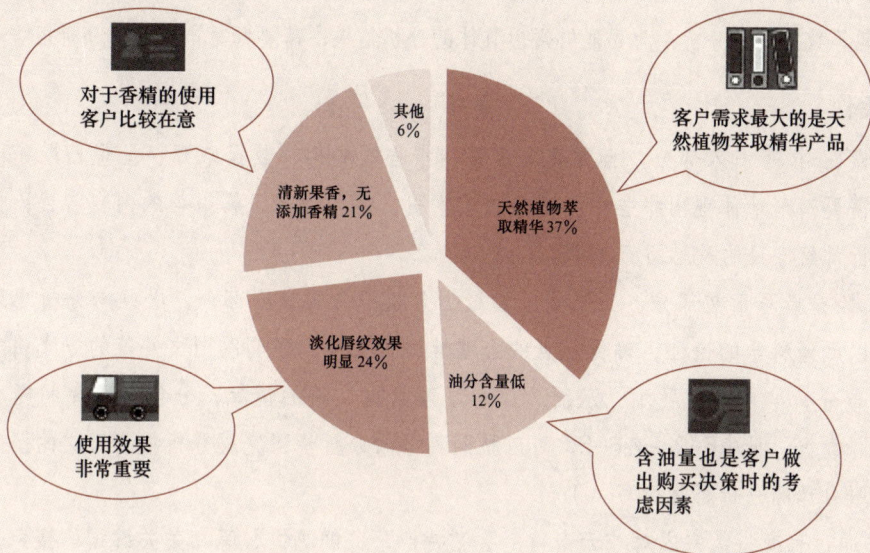

对于香精的使用客户比较在意

客户需求最大的是天然植物萃取精华产品

其他6%

清新果香，无添加香精21%

天然植物萃取精华37%

淡化唇纹效果明显24%

油分含量低12%

使用效果非常重要

含油量也是客户做出购买决策时的考虑因素

图6-10　口红材质接受程度

步骤3：结论

人们的生活水平不断提高，不断追求生活质量，消费水平也在稳步上升；彩妆口红最大的发展方向是平民化、大众化，向更广阔的市场开拓；爱美是不分年龄和性别的，女性对彩妆的使用需求非常大，同时更多的男士开始尝试彩妆，这对于口红是一个很好的发展方向，可以推出相应的商品满足市场需求。

步骤4：建议

（1）积极改良彩妆口红的原材料，最大限度地采用天然植物萃取精华。

（2）对消费水平不同的客户推出不同系列的产品，抓住消费者的心理。

（3）加大广告推广力度，抓住性别和年龄不同的消费者，积极研发适合男性使用的彩妆产品以及适合不同年龄阶段的消费者的产品。

实战任务

任务 6-1

任务背景

一家商贸公司有着较为丰富的线下货源渠道，计划以云南当地特产为产品在淘宝平台开设店铺，现需要分析云南特产整体的市场环境，进而确定店铺选品，为店铺开业做好筹备。

任务分析

市场环境分析是企业创投项目、制定战略、店铺选品等活动的基石。该商贸公司在云南特产中选择合适的产品，就需要对云南特产的客户搜索情况、市场容量、活跃店铺类型、产品价格区间等数据进行分析，为了能够得出具体的分析结果，需要撰写市场环境分析报告。

任务操作

步骤1：撰写引入部分。标题页需要写明报告的名称、数据来源、呈现日期等内容；目录页需要清晰地体现出报告中各部分内容索引，方便读者了解报告的内容名目；前言页撰写分析背景、目的及思路三方面。

步骤2：撰写正文部分。正文是一篇数据分析报告的核心部分，必须与分析思路相结合，要以严谨科学的论证，确保观点的合理性和真实性，还要以图文并茂的方式将数据分析过程与分析结果进行展示，从而为读者了解数据反映的情况，分析、研究问题服务。（参考源数据，见表6-2～表6-6，可以按照列举的分析步骤完成分析报告正文的撰写，也可以按照自己的分析思路撰写。）

① 通过百度指数完成对"云南特产""特产""鲜花饼"等相关关键词的搜索，从趋势研究、需求图谱、人群画像三方面数据进行汇总分析。

② 活跃店铺类型分析。选择合适的图形对活跃店铺类型进行直观展示，并简单描述分析结果。

③ 活跃店铺信誉分析。选择合适的图形对店铺类型占比进行直观展示，并简单描述分析结果。

④ 单品价格区间分析。完成价格区间分布的图形制作，并简单描述分析结果。

⑤ 促销折扣分析。完成宝贝折扣分析图制作，并简单描述分析结果。

⑥ 所在地分布分析。完成宝贝所在地分布图制作，并简单描述分析结果。

步骤3：撰写结论部分。结论部分是对整个数据分析报告的综合与总结，是得出结论、提出建议、解决矛盾的关键所在，起着画龙点睛的作用，是整篇分析报告的总结。

表6-2　全类目下活跃店铺信誉数据

序　号	信　誉	数量（个）	总数（个）	占比（%）
1	4皇冠	47	916	5.13
2	5皇冠	16	916	1.75
3	3心	3	916	0.33
4	3钻	19	916	2.07
5	4心	1	916	0.11
6	4钻	51	916	5.57
7	5心	3	916	0.33

序　号	信　誉	数量（个）	总数（个）	占比（%）
8	5钻	35	916	3.82
9	1钻	10	916	1.09
10	2钻	12	916	1.31
11	1皇冠	41	916	4.48
12	1金冠	10	916	1.09
13	2皇冠	62	916	6.77
14	3皇冠	24	916	2.62
15	1蓝冠	367	916	40.07
16	未知	215	916	23.47

■ 表6-3　全类目下单品价格区间数据 ■

序　号	价格（元）	数量（个）	总数（个）	占比（%）
1	0～10	74	916	8.08
2	10～20	204	916	22.27
3	20～50	412	916	44.98
4	50～100	121	916	13.21
5	100～150	20	916	2.18
6	150～200	34	916	3.71
7	200～300	33	916	3.60
8	300～500	16	916	1.75
9	500～1000	2	916	0.22

■ 表6-4　全类目下促销折扣数据 ■

序　号	折　扣	数量（个）	总数（个）	占比（%）
1	0～1折	19	2 192	0.87
2	1～2折	69	2 192	3.15
3	2～3折	196	2 192	8.94
4	3～4折	222	2 192	10.13
5	4～5折	315	2 192	14.37
6	5～6折	800	2 192	36.50
7	6～7折	125	2 192	5.70
8	7～8折	86	2 192	3.92
9	8～9折	130	2 192	5.93
10	不打折	230	2 192	10.49

表6-5　全类目宝贝所在地分布数据

序　号	地　区	数量（个）	总数（个）	占比（%）
1	北京	6	916	0.66
2	福建	6	916	0.66
3	广东	19	916	2.07
4	广西	2	916	0.22
5	河南	1	916	0.11
6	湖北	4	916	0.44
7	湖南	8	916	0.87
8	吉林	6	916	0.66
9	江苏	3	916	0.33
10	江西	16	916	1.75
11	辽宁	5	916	0.55
12	山东	5	916	0.55
13	陕西	1	916	0.11
14	上海	9	916	0.98
15	四川	22	916	2.40
16	天津	1	916	0.11
17	云南	796	916	86.90
18	浙江	5	916	0.55
19	安徽	1	916	0.11

表6-6　全类目下有销量的活跃店铺数据

序号	店铺类别	数量（个）	总数（个）	占比（%）
1	天猫店铺	857	2 142	40
2	淘宝 C 店	1285	2 142	60

模块小结

　　本模块阐述了数据分析报告的作用、写作原则、结构、撰写时的注意事项以及数据分析报告综合案例分析。数据分析报告的撰写是对数据分析任务的总结和提炼。

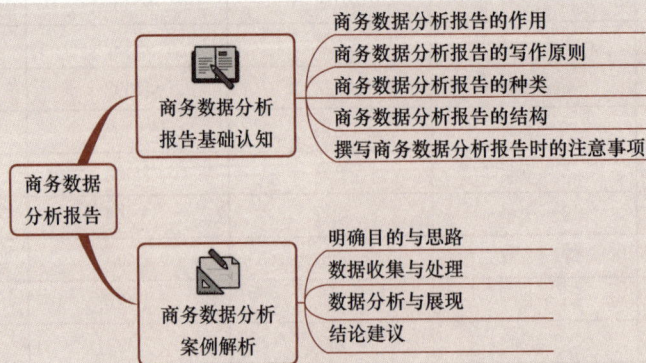

用"工匠精神"追求更高的数据精准度

十年磨一剑，广西壮族自治区生态环境监测中心的洪欣始终专注地扎根在实验室，凭借过人的专业能力，良好的职业素养，细致的工作作风，2019年获第二届全国生态环境监测专业技术人员大比武个人二等奖、团体三等奖，广西生态环境监测专业技术人员大比武个人一等奖。2020年，广西壮族自治区总工会决定授予洪欣"广西五一劳动奖章"。

广西是全国14个重金属污染重点防控省（区）之一，农用地详查工作量约占全国详查总任务量的10%。2017～2018年，广西开展农用地详查工作，时间紧、任务重、质控严。当时，农产品稻谷样品制备不统一，有的实验室采用精米机脱壳，而有的实验室采用砻谷机脱壳，造成农产品检测结果存在一定差异。这些问题如不解决，便会影响到样品检测进度。为此，洪欣和同事对比多个技术规范，多方论证，最后统一规范，要求未使用砻谷机脱壳的实验室重新制样分析，以确保数据的准确性和可比性。

除了参与农用地详查工作之外，近十年来洪欣连续参加了广西开展的污染企业周边地区土壤环境监测、基本农田土壤环境监测、饮用水源地周边土壤环境监测、蔬菜地环境质量监测、大型禽畜养殖场周边土壤监测、基础点位和背景点监测、土壤环境质量监测风险监控点等多项工作，参与土壤样品分析、监测数据评价和调查报告编写工作。这些工作对广西重金属污染现状、防治形势展开了全面系统的调查研究，提出一系列操作性好、针对性强的综合防治对策，为广西乃至全国重金属污染环境管理工作提供了技术支撑，切实加强了广西土壤环境质量监测工作和管理能力建设，推动广西环境管理实现"改善质量、防范风险"跨越式发展。

"生态环境监测中心是用数据说话的部门。我们开展现场调查、编写方案、样品采集、运送保管、化验分析、数据处理、报告编写等，最后落实到纸上的只是几个简简单单数据。"洪欣说参加工作以来一直做的都是最基础的实验工作，每天都重复操作实验项目，核对环境样本数据，跟瓶瓶罐罐打交道，枯燥乏味自不必说。"但每次当监测实验中疑难问题被攻克，监测数据用于环境保护决策时，那份成就感不言而喻。"

同步练习

一、单选题

1. 数据分析报告中的前言页主要包括哪三个方面的内容（　　）。

　　A. 标题、目录及前言

　　B. 分析背景、目的及思路

C. 分析背景、趋势及整体结论

D. 目的、思路及框架

2. 数据分析报告要"以数据说话"，所使用的数据单位、名词术语一定要标准统一、前后一致，要与业内公认的术语一致，这是对（　　）原则的详细解释。

A. 突出重点　　　　　　　　　　B. 谨慎性

C. 规范性　　　　　　　　　　　D. 创新性

3. 数据分析报告是对整个数据分析过程的一个总结与呈现。那么，针对数据分析撰写，下列说法错误的是（　　）。

A. 报告需图文并茂，让数据更加生动活泼

B. 报告需要结构清晰、主次分明，能使读者正确理解报告内容

C. 报告需要注重数据分析报告的科学和严谨性

D. 数据展示内容一般在结论部分进行展示

4. 以下属于使用PowerPoint制作数据分析报告优势的是（　　）。

A. 结果可实时更新

B. 可含有动态图表

C. 适合演示汇报

D. 适合日常数据通报

5. 数据分析报告中的结论部分不包括（　　）。

A. 建议　　　　B. 附录　　　　C. 参考文献　　　　D. 专业术语

二、多选题

1. 正文是一篇数据分析报告的核心部分，必须与分析思路相结合，要以严谨科学的论证，确保观点的合理性和真实性。以下对正文部分的描述正确的是（　　）。

A. 正文部分要包括分析背景、目的及思路三方面

B. 正文部分以图文并茂的方式将数据分析过程与分析结果进行展示

C. 正文部分的展示需要美观，可以风格多样，加入多种展示样式，丰富展示的类型

D. 正文在编写过程中应科学严谨、结构清晰、结论明确

2. 数据分析报告的标题具有（　　）的要求。

A. 直接　　　　B. 简洁　　　　C. 确切　　　　D. 数字化

3. 数据分析报告的主要类型包括（　　）。

A. 专题分析报告　　　　　　　　B. 综合分析报告

C. 日常数据通报　　　　　　　　D. 异常数据报告

4. 数据分析报告的作用可以描述为（　　）。

A. 展现分析技巧　　　　　　　　B. 展示分析结果

C. 验证分析质量　　　　　　　　D. 提供参考依据

5. 一份好的数据分析报告，应遵循的原则（　　　　）。

    A. 规范性原则　　　　　　　　B. 谨慎性原则

    C. 重要性原则　　　　　　　　D. 创新性原则

三、判断题

1. 数据分析报告在撰写的过程中需注意以下四项原则：规范性原则、突出重点原则、创新性原则及标准性原则。（　　　）

2. 一份完整的数据分析报告，应当围绕目标确定范围，遵循一定的前提和原则，系统地反映存在的问题及原因，从而进一步找出解决问题的方法。（　　　）

3. 由日常数据通报的性质和任务决定，它是时效性最强的一种分析报告。（　　　）

4. 前言页包括数据分析的背景、目的、思路等内容。（　　　）

5. 数据分析报告一定要遵循"发现问题—总结问题—解决问题"这样一个流程来写。（　　　）

四、技能训练题

请选择某一电商品牌，对其2022年第一季度品牌累计在天猫、京东、苏宁易购及其他线上平台产生的网络销售额情况进行数据分析并撰写数据分析报告。

参 考 文 献

[1] 杨子武. 商务数据分析 [M]. 北京：高等教育出版社，2021.

[2] 王翠敏. 电子商务数据分析与应用 [M]. 上海：复旦大学出版社，2020.

[3] 吴洪贵. 商务数据分析与应用 [M]. 北京：高等教育出版社，2019.

[4] 王娟，华东，罗建平. Python 编程基础与数据分析 [M]. 南京：南京大学出版社，2019.

[5] 梅长林，范金城. 数据分析方法 [M]. 2 版. 北京：高等教育出版社，2018.

[6] 卜言彬，杨艳，薛雁丹，等. Excel 数据处理与分析案例教程 [M]. 南京：东南大学出版社，2018.

[7] 肖睿，王涛，帅晓华，等. 深入浅出 SEM 数据分析 [M]. 北京：人民邮电出版社，2017.

[8] 闵敏，方锐. 电商运营数据分析 [M]. 北京：高等教育出版社，2018.

[9] 喻梅，于健. 数据分析与数据挖掘 [M]. 2 版. 北京：清华大学出版社，2020.

[10] 宁赛飞，李小荣. 数据分析基础 [M]. 北京：人民邮电出版社，2018.

[11] 坎姆，科克伦. 商业数据分析：原书第 3 版 [M]. 耿修林，译. 北京：机械工业出版社，2022.

[12] 杨伟强，朱洪莉. 电子商务数据分析 [M]. 北京：人民邮电出版社，2016.

[13] 李杰臣，韩永平. 网店数据化运营　大数据分析　流量转化　SEO　网店管理 [M]. 北京：
     人民邮电出版社，2015.